道路运输政策法规文件汇编

（2012年3月~2014年5月）

（第4册）

交通运输部运输司　编

U0914492

人民交通出版社股份有限公司
China Communications Press Co.,Ltd.

内 容 提 要

《道路运输政策法规文件汇编》（第3册和第4册），对2012年3月至2014年5月交通运输部制定出台的道路运输行业相关法规、部门规章、规范性文件进行了整理汇编，并收录了这一时期国务院及国务院有关部门出台的相关重要文件。

全书按业务分类编排为8类：国务院文件、综合、城乡客运、货运与物流、出租汽车与城市轨道交通、机动车维修与车辆技术、运输安全应急、驾培与从业人员。同一类文件按发布实施时间排序。

本书适合各级交通运输主管部门、道路运输管理机构、道路运输经营者及相关人员学习参考。

图书在版编目（CIP）数据

道路运输政策法规文件汇编. 第3、4册 / 交通运输部运输司编. — 北京：人民交通出版社股份有限公司，2014.5

ISBN 978-7-114-11425-0

Ⅰ.①道… Ⅱ.①交… Ⅲ.①公路运输政策－法规－汇编－中国 Ⅳ.①D922.296.09

中国版本图书馆CIP数据核字（2014）第099942号

Daolu Yunshu Zhengce Fagui Wenjian Huibian

书　　名：道路运输政策法规文件汇编（第4册）
著 作 者：交通运输部运输司
责任编辑：智景安
出版发行：人民交通出版社股份有限公司
地　　址：（100011）北京市朝阳区安定门外外馆斜街3号
网　　址：http://www.ccpress.com.cn
销售电话：（010）59757973
总 经 销：人民交通出版社股份有限公司发行部
经　　销：各地新华书店
印　　刷：北京市密东印刷有限公司
开　　本：720×960　1/16
印　　张：57.25
字　　数：820千
版　　次：2014年5月　第1版
印　　次：2014年5月　第1次印刷
书　　号：ISBN 978-7-114-11425-0
定　　价：118.00元（第3册和第4册合计定价）
（有印刷、装订质量问题的图书由本公司负责调换）

编委会

Bianweihui

主　任： 刘小明

副主任： 徐亚华　王水平　李志强

委　员： 谢家举　徐文强　蔡团结　战榆林　俞卫江

王绣春　刘美银

编写组

Bianxiezu

主　　编： 徐文强

副 主 编： 曾　嘉

主要成员： 关笑楠　余兴源　曹　磊　郭谨一　李良华

同　保　刘明君　韩东方　李旭辉　张　强

席锦池　孟文戟　田桂飞

前言

Qianyan

道路运输是交通运输业的重要组成部分，是综合运输体系中服务范围最广、承担运量最大、从业人员最多、包容性和衔接性最强的运输方式，在服务保障民生、支撑经济社会发展等方面，发挥着越来越重要的作用。

2009年3月，交通运输部组建道路运输司，负责对城乡道路运输实行统一管理。2014年2月，交通运输部实施了新一轮大部门体制改革，道路运输司更名为运输司，新增了拟定综合交通运输基本公共服务标准并监督实施，承担协调与衔接工作，指导城乡客运及有关设施的规划、运营管理工作等职能，运输行业进入了构建综合运输体系的新时期。为履行好行业管理和综合运输服务职能，交通运输部结合行业实际，制定出台了一系列法规政策，涵盖了城乡客运、货运与物流、出租汽车与城市轨道交通、机动车维修与车辆技术、运输安全应急、驾培与从业人员、运输服务等各个方面。我们对这一时期出台的运输相关法规、部门规章和规范性文件，以及这一时期国务院和国务院办公厅出台的有关重要文件进行了整理，汇编为《道路运输政策法规文件汇编》第3册和第4册两本书，供各级交通运输主管部门、道路运输管理机构、道路运输经营者及相关人员学习和查阅，也可供其他相关领域的从业者及管理人员借鉴。

相信学习和应用好这些书籍，对于贯彻落实政策法规，加强行业管理，改进、提升服务质量，推进综合交通、智慧交通、绿色交通、平安交通发展将产生积极作用。

交通运输部运输司
2014年5月

目录

Mulu

第 3 册

国务院文件

综　　合

城 乡 客 运

货运与物流

出租汽车与城市轨道交通

机动车维修与车辆技术

第 4 册

运输安全应急

驾培与从业人员

运输安全应急

关于印发“道路客运安全年”活动方案的通知

（2012 年 3 月 16 日　交通运输部　公安部　安全监管总局
文运发〔2012〕112 号）

各省、自治区、直辖市、新疆生产建设兵团交通运输厅（局、委）、公安厅（局）、安全生产监督管理局：

为进一步贯彻落实党中央、国务院关于加强道路交通安全工作的决策部署，深入扎实开展“安全生产年”活动，坚决遏制重特大道路交通事故，交通运输部、公安部、国家安全生产监督管理总局决定今年联合开展“道路客运安全年”活动。现将《“道路客运安全年”活动方案》印发给你们，请结合各地实际，认真抓好落实。

“道路客运安全年”活动方案

一、目标任务

深入贯彻科学发展观，始终坚持把安全发展作为加强交通运输公共服务能力建设的核心内容，坚持安全第一、预防为主、综合治理，坚持把生命高于一切的理念贯穿于交通运输服务的全过程，以有效遏制和减少重特大道路交通事故的发生为目标，以落实道路客运企业安全生产主体责任为主线，以提升客运驾驶人安全意识和应急处置能力，增强客车被动安全性，完善并落实道路客运企业安全管理机制和规范，建立健全道路运输车辆动态监管制度，细化和完善客运站各项安全管理制度为主要手段，努力解决道路客运安全工作中存在的薄弱环节和突出问题，提高道路客运安全生产水平。

二、活动组织

“道路客运安全年”活动由交通运输部、公安部、国家安全生产监督管理总局联合部署。各级交通运输部门、公安部门和安全监管部门负责职责范围内相关工作的组织开展。

三、活动内容

（一）全面开展道路客运驾驶人安全素质教育。认真贯彻落实公安部、交通运输部《关于进一步加强客货运驾驶人安全管理工作的意见》，切实提高驾驶人的安全意识、驾驶技能和应急处置能力。一是严格客运驾驶人培训、考试。交通运输部门要组织推广计算机计时培训系统，进一步加强对驾培机构培训质量的监督，突出驾驶人安全意识的培养，督促驾培机构落实培训大纲。公安部门要提高大中型客车驾驶人安全驾驶意识和行为以及夜间、应急处置和复杂路况安全驾驶考试要求，从严查处违规考试违法行为。二是把好客运驾驶人从业准入关。各地交通运输部门要加强考点标准化建设，严格落实道路客货运输驾驶人从业资格考试大纲，进一步规范从业资格考试。要会同公安部门建立客货车驾驶人信息管理平台，实现驾驶证信息、从业信息、交通违法和事故等信息共享；建立被吊销从业资格证件的营运驾驶人“黑名单”库，并定期向社会公布。三是全面推进道路运输驾驶人继续教育。各地交通运输部门要督促运输企业按照《道路运输驾驶员继续教育办法》要求，组织好本企业运输驾驶人的继续教育，重点加强典型事故案例警示以及恶劣天气和复杂道路驾驶常识、紧急避险、应急救援处置等方面的教育，提升从业驾驶人的职业道德和文明安全素质。四是强化经常性交通安全宣传教育。在全国范围内组织客运驾驶人开展以危险源辨识、应急处置为重点的安全知识竞赛；通过广播电台，开设空中大讲堂节目，定期请专家学者、行业、企业管理人员、优秀驾驶人讲课，向广大驾驶人普及安全知识；充分利用广播电视报刊网络等媒体，开辟专栏，以文字、视频、动漫等多种形式普及安全知识，在全社会营造驾驶人积极学习安全知识的良好氛围。五是全面开展“牵手平安行”活动。各地公安机关要以客货运驾驶人为重点，实行驾驶人属地化服务管理，组织全体交通民警、交通协管员牵手驾驶人，动员运输企业、发动社会组织参与牵手驾驶人，完善驾驶人在线服务管理，利用微博、手机短信向客货运驾驶人开展经常性交通安全警示、提示。组织民警深入运输企业，集中走访客货运驾驶人，有针对性地宣讲道路交通安全法律法规和安全常识。通过牵手驾驶人，加强警民协作，共创良好交通秩序，共保道路交通安全畅通。六是联合评比表彰。广泛开展安全文明行车驾驶人评比活动，对优秀驾驶人进行表彰奖励，进一步增强驾驶人的职业荣誉感和责任心。

（二）全面落实道路客运企业安全管理规范。认真贯彻落实《道路旅客运输企业安全管理规范（试行）》（以下简称《规范》），提升客运企业安全管理水平及从业人员的安全意识，促进企业安全主体责任的落实。一是加强客运企业规范化管理。各地交通运输、公安、安全监管部门要依据职责，督促运输企业切实落实《规范》要求，完善安全管理机制，强化运输组织管理，合理安排班次，限定客运驾驶人每日驾驶时间，并积极探索接驳运输的方式，保证长途客运驾驶人停车换人、落地休息，严禁客运车辆夜间在达不到安全通行要求的三级以下山区公路运行。二是联合组织宣贯活动。各地交通运输部门要会同公安、安全监管部门，在全国范围内分片举办培训班，组织管理部门、企业管理人员和相关人员进行培训，加强分类指导，并督促道路旅客运输企业对照《规范》要求，进行企业安全管理情况自查，找出存在的问题和薄弱环节，逐一落实整改，进一步完善安全生产管理体系。三是联合组织专项检查。各地交通运输部门要会同公安、安全监管部门组成联合检查组，采取明察暗访等形式，加强对本辖区内道路旅客运输企业贯彻落实《规范》情况检查，及时总结和推广《规范》实施过程中的成功经验和做法，研究解决实施中存在的问题，切实督促企业落实好、执行好《规范》。

（三）建立健全道路运输车辆动态监管制度。通过建章立制，进一步提高卫星定位装置的应用水平，规范联网联控各级系统平台、车载终端的运行管理和安装使用，落实企业监控主体责任。一是交通运输部、公安部、国家安全生产监督管理总局联合制定《道路运输车辆动态监管工作管理办法》，规范具有行驶记录功能的卫星定位装置安装、使用行为，完善相关管理机制和制度，明确运输企业监控主体责任和部门监管责任，切实发挥好动态监管系统的作用。二是各地交通运输部门要督促运输企业按照行业标准及规定时间要求，完成系统平台的改造，尽快通过标准符合性审查。三是完善联合监管机制。交通运输部门要利用动态监控手段加强对运输市场秩序管理，尽快向公安、安全监管等部门开放数据接口，实现车辆动态信息的共享；公安部门要利用动态监控手段，严格查处超速行驶、疲劳驾驶等违法行为；安全监管部门要利用动态监控手段，做好应急指挥及事故处置工作。

（四）加强和改进旅游包车客运安全管理。各地交通运输、公安、安全监管部门要联合开展旅游包车客运整治，加大综合治理力度，切实加强和改进旅游包车客运安全管理。一是交通运输部门要研究加强旅游包车客运安全管理制度，规范旅游包车运营行为和路线，认真执行相关法律法规，以旅游包车车籍地为核心，严格审批旅游路线，严禁发放加盖公章的空白包车牌证，严查擅自变更旅游行驶路线违法行为。二是联合开展旅游包车专项整治。各地交通运输、公安、安全监管部门要对辖区内所有旅游客运企业、车辆及其驾驶人进行一次全面的清理整顿，重点清理企业、车辆和驾驶人的资质，包车牌证的发放，车载卫星定位装置的安装和使用情况。对不符合法定条件的，要依法撤销相应许可证照；对未按规定安装车载卫星定位装置或未接入全国重点营运车辆联网联控系统的旅游包车，一律停止营运。

（五）在高速公路客运全面推广使用安全带。通过开展“安全带—生命带”专项行动，提高道路客运企业和旅客对佩戴安全带预防交通事故伤害的认识，提高高速公路客运安全带佩戴率，有效减少事故伤亡人数。一是联合开展宣传教育活动。广泛利用电视、广播、报刊等新闻媒体大力宣传使用安全带的重要意义及正确方法，刊播公益广告；在高速公路服务区、客运站场等场所广泛张贴、发放倡导安全带使用的挂图、车贴、折页等宣传品，组织好本辖区内的“安全带—生命带”主题宣传教育活动，营造良好活动氛围。二是各地交通运输部门要督促运输企业对通行高速公路未按规定安装座椅安全带的客运车辆，联系客车生产厂家进行安装改造。对新进入运输市场的客运车辆，必须全部安装座椅安全带。公安部门要在车辆登记、检验等环节严格检查，对不符合要求的，及时督促整改。三是道路客运企业和客运站场要建章立制，并对相关人员进行培训，把握好客运车辆出站前、上高速公路前、服务区休息发车前等环节，提醒、检查旅客佩戴安全带。四是加强执法检查。客运站要将高速公路长途客车旅客佩戴安全带作为出站检查的内容，旅客未佩戴安全带的，禁止出站。公安部门在路面执法过程中要加大对规定客车安装、佩戴安全带情况的检查力度，发现驾驶人和旅客不佩戴安全带的要及时纠正并依法予以处罚。

（六）严管客运车辆严重交通违法行为。各地公安机关要积极会同交通运输、安全监管等部门，加大对客运车辆交通违法的综合整治力度，进一步深化“三超一疲劳”专项整治行动。一是启动省际交通安全服务站，会同交通运输部门，对长途客车、卧铺客车、旅游包车等客运车辆进行检查，查看车辆载客情况，了解连续驾驶时间、卫星定位装置使用情况，消除超员载客、疲劳驾驶违法行为。二是依托区域警务合作机制，联合开展客运车辆交通违法区域集中整治，严查超速行驶、疲劳驾驶、超员载客、不按规定车道行驶、违法停车上下客等交通违法行为。三是建立联动执法机制。各地公安部门要每月对客运车辆交通违法进行清理，督促客运企业接受处理，并将查处的客运车辆严重交通违法行为及时抄告机动车登记地交通运输和安全监管部门。四是倒查企业负责人责任。对两年内有两次以上超员违法行为记录的客运企业，公安部门要依法对企业主要负责人、主管安全和经营的企业负责人和部门负责人以及安全管理人员进行处罚。对于所属车辆交通违法行为多发或有严重交通违法行为的客运企业，交通运输和安全监管部门要依法对客运企业及其负责人进行处罚。

（七）进一步完善和细化客运站安全管理制度。各地交通运输部门要研究制定道路客运站相关岗位工作规范，进一步细化和明确客运站进站安全员、出站安检员、安全管理员的岗位职责、工作内容和流程等，积极推行客运站安全监管的标准化作业。

四、活动安排

（一）制定方案宣传发动阶段（3 月份）。

3 月份，三部局将联合召开电视电话会议，对“道路客运安全年”活动进行部署。各地要根据本方案的要求，结合本地实际，进一步细化工作方案或计划，做好组织发动工作。各地要于 4 月 5 日前，将本地的工作方案或计划分别报交通运输部、公安部、国家安全生产监督管理总局。

（二）全面推进阶段（4～11 月份）。

各地要统筹安排各项工作的实施计划，全面推进“客运安全年”活动各项工作的落实，不定期地对活动的开展情况进行督促检查。交通运输部、公安部、国家安全生产监督管理总局将适时组织专项督查。

（三）总结完善阶段（12 月份）。

各地对“道路客运安全年”各项工作进行全面总结，修改完善制度规定，评选出活动开展好的先进地区和先进运输企业，并于 12 月 20 日前将工作开展情况和先进地区、先进运输企业的材料分别报交通运输部、公安部、国家安全生产监督管理总局。三部局拟在全国联合表彰一批活动开展好的地区和运输企业。

五、相关要求

（一）加强组织领导。三部局将成立活动领导小组，领导小组下设办公室，交通运输部道路运输司承担办公室日常工作。各地也要成立相应的领导小组，制定切实可行的工作方案，建立工作机制，明确工作任务，制定工作措施，强化工作落实。

（二）狠抓活动效果。各地要围绕活动整体安排，认真分析研究道路客运安全工作存在的突出问题和薄弱环节，抓住重点，加强活动情况的跟踪督查和考核，确保各项工作取得明显成效。

（三）形成共管合力。各地要注重相关部门之间的沟通协调和信息共享，形成部门配合、社会支持、全员参与、协调高效的工作机制。

（四）加强宣传和信息报送。各地要做好活动的宣传工作，加强舆论引导，构建良好的活动氛围。活动期间，各省级交通运输、公安和安全监管部门每月底前要向办公室报送活动开展情况电子版（电子邮箱：dlkyaqn@126.com，传真：010－65292740），好的经验和做法要及时报送。

联系人及电话：

交通运输部道路运输司　柴晓军，010－65293754

公安部交通管理局　王　强，010－66261793

安全监管总局监管二司　侯景雷，010－64464002

关于认真做好道路运输车辆卫星定位系统平台标准符合性审查工作的通知

(2012年4月12日　交通运输部办公厅　厅运字〔2012〕89号)

各省、自治区、直辖市、新疆生产建设兵团交通运输厅（局、委），中国交通通信信息中心：

部《关于认真贯彻〈道路运输车辆卫星定位系统平台技术要求〉和〈道路运输车辆卫星定位系统车载终端技术要求〉两项技术标准的通知》(交运发〔2011〕158号）印发后，大多数省（区、市）交通运输主管部门都已按照标准，组织对本地区的省级道路运输动态监管平台（以下简称省级监管平台）进行了改造，并向部通信信息中心提交了系统平台标准符合性审查申请。目前，部公布了第一批通过标准符合性审查的省级监管平台。但仍有部分地方行动迟缓，没有及时开展此项工作。为进一步做好道路运输车辆卫星定位系统平台标准符合性审查工作，现就有关事项通知如下：

一、省级监管平台标准符合性审查的基本情况

目前，全国共有27个省（区、市）提交了标准符合性审查的申请，其中，天津、河北、黑龙江、山东、湖北、湖南、海南、四川、贵州、陕西、甘肃、青海、新疆共13个省级监管平台通过了标准符合性审查，云南省级监管平台已通过检测。虽经多次催促，但至今仍有北京、山西、浙江、安徽省（市）未提交标准符合性审查申请。

二、高度重视，切实做好平台标准符合性审查工作

各级交通运输主管部门和道路运输管理机构要充分认识做好道路运输车辆卫星定位系统平台标准符合性审查工作的重要性。系统平台标准是卫星定位系统的基础标准，是开展道路运输动态监管工作的重要规范。通过开展标准符合性审查工作，可以确保系统平台标准执行到位，从而明晰企业监控平台和各级监管平台的职责，规范企业的监控行为和管理部门的监管行为，促使动态监控系统真正发挥作用。特别是省级监管平台，作为重点营运车辆联网联控系统的关键环节，如果不能及时通过符合性审查，将会严重影响道路运输车辆动态监管工作的整体进展。为此，提出如下要求：

（一）省级监管平台未通过检测的，各省级交通运输主管部门要督促厅内有关部门和机构继续组织技术力量，抓紧按照平台标准要求进行升级改造；仍未提交标准符合性审查申请的北京、山西、浙江、安徽等省（市），各省级交通运输主管部门要对厅内有关部门和机构予以批评，并督促其改进工作作风，加快工作进度，尽早提交申请。鼓励各地采用部组织开发的免费省级监管平台系统。省级监管平台应按照部的统一要求，在2012年6月30日前全部通过标准符合性审查。

（二）省级监管平台已通过审查的，由省级道路运输管理机构通知并督促辖区内在用的政府监管平台和企业监控平台尽快进行升级改造，按照要求向部交通通信信息中心提出符合性审查申请。在用的各级政府监管平台和企业监控平台应在2012年10月31日前全部通过标准符合性审查。

（三）部交通通信信息中心要认真做好系统平台标准符合性审查工作，督促各检测机构认真做好平台检测工作，确保检测质量，并为各级政府监管平台和企业监控平台的升级改造提供技术服务。

关于集中开展旅游包车客运安全专项整治行动的通知

（2012 年 6 月 29 日　交通运输部　公安部　国家旅游局
安全监管总局　交运发〔2012〕304 号）

各省、自治区、直辖市、新疆生产建设兵团交通运输厅（局、委）、公安厅（局）、旅游局（委）、安全生产监督管理局：

今年以来，旅游包车客运车辆事故呈现高发态势，在发生的 14 起一次死亡 10 人以上的道路交通事故中，有 4 起涉及旅游包车客运，给人民群众生命财产造成了巨大损失。为进一步贯彻落实“道路客运安全年”活动的工作部署，坚决遏制重特大道路交通事故特别是旅游包车重特大道路交通事故高发的势头，交通运输部、公安部、国家旅游局、国家安全监管总局决定从 2012 年 7 月 15 日至 10 月 31 日，在全国集中开展旅游包车客运安全专项整治行动。现将有关要求通知如下：

一、高度重视，迅速进行动员部署

近期发生的几起旅游包车重大道路交通事故，暴露出部分旅游包车客运企业安全生产主体责任不落实，旅游包车经营日常管理混乱，车辆技术状况较差，驾驶人疲劳驾驶、证照不符、超范围经营，以及旅行社违法违规包用旅游车辆，管理部门对包车证的审批、发放管理不规范等问题。各地交通运输、公安、旅游、安全监管部门一定要充分认识当前加强道路交通安全工作的极端重要性和紧迫性，切实提高思想认识，高度重视，进一步增强责任心和使命感，把集中开展旅游包车客运安全专项整治行动，作为贯彻落实党中央、国务院关于加强安全生产的一系列安排部署和国务院领导重要指示精神的实际举措，作为开展“道路客运安全年”活动的重要内容，迅速制定切实可行方案，细化各项措施，明确工作责任，严密部署，深入排查隐患，切实加强旅游包车客运安全管理。

二、进一步落实旅游包车客运企业、旅行社安全生产主体责任

各地交通运输、公安、旅游、安全监管部门要联合对旅游客运企业、旅行社开展一次全面的清理整顿，督促企业落实安全生产主体责任。交通运输部门要会同公安、安全监管部门督促企业建立健全安全生产责任制，加强对企业安全管理人员和从业人员的教育培训考核，开展安全生产自查自纠工作，及时发现和消除事故隐患；严格审查驾驶人从业资格，对无从业资格的驾驶人一律清退并对责任人进行处理；组织驾驶人参加安全学习和培训，定期对所属车辆进行隐患排查，完善车辆日常安全检查和维护制度，落实专人负责车辆安全工作，对车辆进行安全检查和二级维护，并记入车辆技术档案；对承担单程运行里程超过400公里（高速公路直达客运600公里）包车任务的旅游、包车客运车辆，要配备两名以上客运驾驶人，并严格依法限定每日驾驶时间，落实落地休息制度，保护驾驶人休息的权利；利用卫星定位监控平台，加强动态监管，及时提醒和纠正旅游包车各类违法违规行为，并督促企业对违法驾驶人进行教育、停班或辞退等处理。公安部门要每月清理驾驶人的交通违法记录、记分和道路交通事故信息，清查客运车辆逾期未参加机动车安全技术检验情况，督促企业和违法驾驶人依法接受处罚，依法参加机动车安全技术检验，严厉查处驾驶人超速、超员、疲劳驾驶、驾驶资格与所驾车型不符、驾驶报废车辆或者安全性能不符合国家标准车辆上路行驶等违法问题。旅游部门要对旅行社组团包租车辆的情况进行检查，确保依法依规包租车辆并签订正式合同，明确安全保障责任。

各地要结合目前正在进行的《道路旅客运输企业安全管理规范（试行）》宣贯活动，进一步加强对旅游包车客运企业的督促检查。对在检查中发现的不符合法定条件的企业，要依法撤销相应许可证照；对不具备安全运营条件、安全管理混乱、存在重大安全隐患的，要依法责令停业整顿，整顿仍不达标的，坚决取消相应经营资质。

三、切实加强对旅游包车运行全过程的动态监控

旅游包车客运企业要进一步落实监控主体责任，按规定为所属旅游客车安装符合标准（JT/T 794—2011）的卫星定位装置，接入符合标准

（JT/T 796—2011）的监控平台；制定和完善卫星定位装置安装使用规定，建立动态监控台账；建立监控制度，配备专职人员监控所属车辆行驶动态，充分利用卫星定位监控平台，及时发现和纠正不按规定路线行驶、超速等各类违法违章行为，对各类违法信息要留存在案，并对违法驾驶人给予相应处罚。对未按规定安装车载卫星定位装置或未接入全国重点营运车辆联网联控系统的旅游包车，一律停止营运。

2012 年 6 月底前，旅游包车客运企业要确保所属从业车辆全部安装卫星定位装置并正常使用，保持车辆运行时在线。各地交通运输、公安、旅游、安全监管部门要加强信息共享，完善联合监管机制。对故意遮挡车载卫星定位装置信号、破坏车载卫星定位装置的旅游包车客运企业及驾驶人员，以及不严格监控车辆行驶动态的企业值守人员，督促企业按照《道路旅客运输企业安全管理规范（试行）》的规定给予处罚。

四、进一步加大对旅游包车的监管力度

各地交通运输、公安、旅游、安全监管部门要根据各自的工作职责，精心组织，密切配合，抓好各项工作措施的落实。

交通运输部门要根据本地区旅游客运市场供求状况，加强旅游客运运力投放调控，严格准入许可。要加强对旅游包车客运企业的运营监管，坚决杜绝车辆长期在外地经营，以及线路两端均不在车籍所在地等经营行为。规范旅游包车客运标志牌管理，特别是要完善包车客运标志牌的申领、核发流程，建立包车客运标志牌发放规定，严禁发放加盖公章的空白包车客运标志牌。积极推行包车客运标志牌的网上申领与核发。

公安部门要严格旅游客运车辆安全检查工作，进一步规范交通安全服务站设置及检查程序，加强对旅游包车特别是跨省际旅游包车的登记检查，重点检查驾驶人驾驶资格、车辆定期检验情况、车辆核载及实载人数、驾驶人驾驶时间、车辆轮胎磨损状况等情况。要针对旅游客运线路、易发生道路交通事故的路段以及旅游车辆通行密集的路段，加大巡逻管控力度，严查旅游包车超员、超速、疲劳驾驶、违法超车等交通违法行为。

旅游管理部门要加强对旅行社安全监督管理，督促旅行社按照公安、交通运输和旅游部门有关道路交通、旅游车辆管理的规定，从具备营运资质的旅游汽车公司租用车辆，严格审查旅游包车车辆和驾驶人的资质，选择符合资质条件的车辆和驾驶人；进一步强化旅游行程和线路安排的安全评估；加强对旅行社及其导游的安全教育培训，提高从业人员的道路交通安全意识，明确相应职责，落实监督责任，对违规的旅游汽车公司及驾驶人，旅行社要及时提示、纠正并向相关部门反映情况；经提示、纠正仍未改正的，要暂停其旅游运营活动并重新选取旅游汽车公司，重新租用旅游客运车辆。

安全监管部门要充分发挥综合监管作用，加强安全生产督促检查。对发生旅游包车客运道路交通事故的，要依法严格事故责任倒查，严肃追究相关企业负责人、安全管理人以及相关部门的责任。

五、进一步加强旅游客运安全宣传教育

各地要对旅游客运企业驾驶人进行一次面对面的交通安全教育，通过剖析典型案例、分析事故原因等形式督促客运驾驶人严格遵守交通法律法规，增强驾驶人交通安全意识和守法意识。交通运输部门要督促旅游客运企业组织开展一次安全生产管理人员和客运驾驶人的教育培训，认真宣传贯彻《道路旅客运输企业安全管理规范（试行)》、《关于进一步加强客货运驾驶人安全管理工作的意见》（公通字〔2012〕5 号）等规定要求，增强贯彻落实的自觉性和主动性。整治期间，各地要充分利用报纸、广播、电视等媒体宣讲旅游出行的安全常识，及时向社会发布主要旅游景区的交通流量、交通状况和气象信息、出行提示，营造良好交通安全宣传氛围。要进一步提高全民道路交通安全意识，多形式，多渠道，多方位的开展交通安全宣传，提高群众的安全意识，坚决不上超员车，对旅游客运车辆交通违法违规行为进行监督和举报。

六、集中开展督导检查

各地要对道路旅游客运企业发生道路交通事故的责任倒查、追究情况开展一次清查，对事故暴露问题的整改情况进行一次检查，未整改的或整改不到位的，依法责令停业整顿，整顿合格后，方可继续从事营运。各地交通运输、公安、旅游、安全监管部门要联合组成工作组，深入重点地区、重点企业、重点旅游线路、重点旅游景区，通过明察暗访等方式，加强督导检查和信息沟通，及时发现隐患整治行动中存在的突出问题，现场督办整改解决。整治期间，交通运输部、公安部、国家旅游局、国家安全监管总局将派出工作组，对各地开展旅游包车客运专项整治情况进行明察暗访。对于工作不落实、隐患排查和整治不力的，将在全国范围内予以通报。

请各地于2012年11月15日前上报旅游包车集中整治工作总结（电子邮箱：dlkyaqn@126.com，传真：010－65292740）。

联系人及电话：

交通运输部道路运输司　　柴晓军，010－65293754
公安部交通管理局　　王　强，010－66261793
国家旅游局综合协调司　　龙晓华，010－65201736
国家安全监管总局监管二司　　侯景雷，010－64464002

交通运输部办公厅
关于2011年道路运输安全生产情况的通报

（2012年7月24日　　厅运字〔2012〕160号）

各省、自治区、直辖市、新疆生产建设兵团交通运输厅（局、委），天津市、上海市交通运输和港口管理局：

2011年是“十二五”开局之年。各级交通运输主管部门和道路运输管理机构认真贯彻落实党中央、国务院关于加强道路交通安全工作的决策部署，积极开展道路客运安全隐患排查治理和专项整治，加强安全管理制度建设和基础工作，强化车辆动态监管，全力做好重大活动期间道路运输安全保障工作。在经济运行环境趋于复杂、交通运输事业持续发展、应急保障任务较多的情况下，全年道路运输行业安全形势持续平稳，重大行车事故有所下降，道路运输安全发展能力和水平得到进一步提升。

一、2011年道路运输行业安全生产总体情况

2011年，公路客运行车事故总量有所反弹，重大事故有所下降。全年共发生一次死亡3人及以上的公路客运行车事故158起，占全国一次死亡3人及以上道路交通事故的13.2%，造成889人死亡、1535人受伤，同比分别上升24.4%、17.6%和18.0%。其中，一次死亡10人及以上公路客运行车事故15起，占全国一次死亡10人及以上道路交通事故的55.6%，造成243人死亡、269人受伤，分别下降11.8%、2.4%和2.5%。

全年共发生一次死亡3至9人城市客运行车事故13起，造成44人死亡、44人受伤。其中，出租车行车事故12起，造成41人死亡、36人受伤，公共电汽车行车事故1起，造成3人死亡、8人受伤。全年未发生一次死亡10人及以上城市客运行车事故。

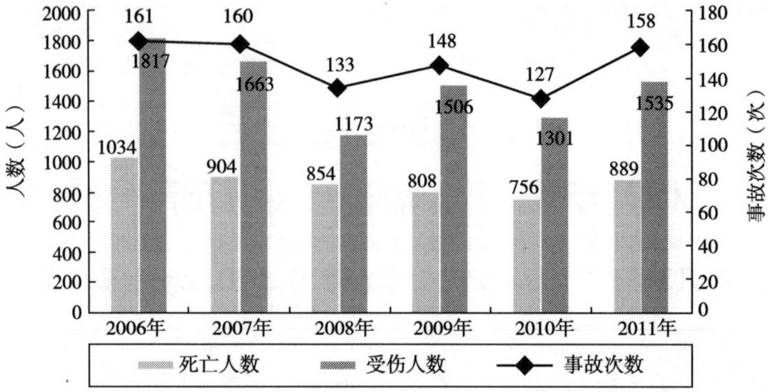

图1　2006～2011 年一次死亡 3 人及以上公路客运行车事故情况

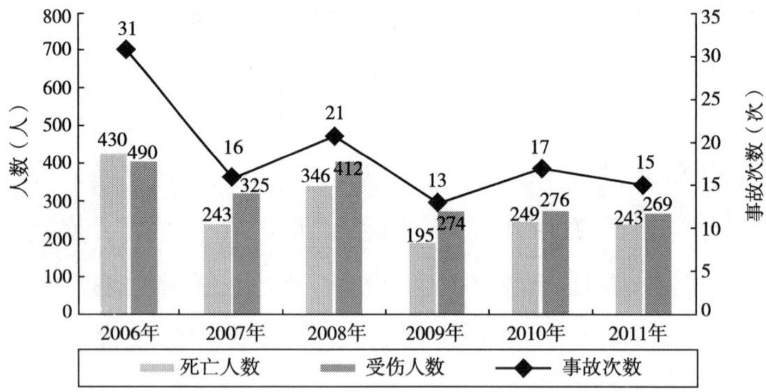

图2　2006～2011 年一次死亡 10 人及以上公路客运行车事故情况

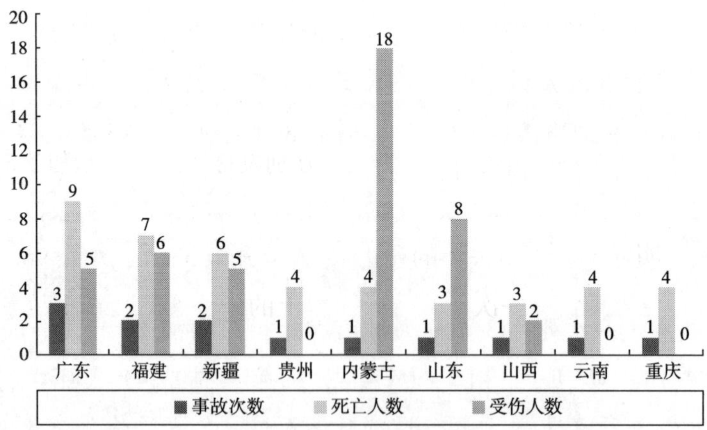

图3　2011 年一次死亡 3 人及以上城市客运行车事故情况

二、2011 年公路客运安全生产情况

（一）从区域分布看，涉及重大公路客运行车事故的省份有所减少，新疆、安徽、吉林、宁夏、陕西、西藏六省公路客运事故总量有所增多。

按肇事车辆车籍地统计，全年发生一次死亡 10 人及以上公路客运行车事故共计 15 起，涉及 10 个省份，同比减少 5 个省份。其中，湖北、西藏、宁夏共发生 8 起，共造成 150 人死亡、199 人受伤，分别占总数的 53.3%、16.9% 和 13.0%。

2011 年，一次死亡 3 人及以上的公路客运行车事故共涉及 27 个省份。其中，事故次数超过 10 起的省份有四川、新疆、云南、广西，以上四省共计发生一次死亡 3 人及以上的公路客运行车事故 50 起，造成 228 人死亡、374 人受伤，分别占全国的 31.6%、25.6% 和 24.4%。事故造成死亡人数超过 50 人的省份有新疆、湖北、四川、云南、西藏，以上五省共计死亡 315 人，占全国的 35.4%。

与上年相比，四川省所属客车一次死亡 3 人及以上行车事故次数及伤亡人数的绝对量及占全国比重都有较大幅度下降。全年共发生事故 15 起、死亡 64 人、受伤 189 人，分别减少 8 起、70 人，与上年基本持平，占比分别下降 8.5%、10.3% 和 2.2%。

新疆、安徽、陕西、宁夏、吉林等省（区）所属客车一次死亡 3 人及以上行车事故次数及死亡人数明显上升。其中，新疆、安徽发生事故次数分别为 14 起、9 起，均比上年增加了 7 起，死亡人数分别为 76 人、39 人，分别增加了 41 人、26 人。陕西、吉林、宁夏三省（区）所属客车 2010 年均未发生一次死亡 3 人及以上行车事故，2011 年分别发生 5 起、3 起和 3 起，死亡人数分别为 28 人、31 人和 29 人。西藏所属客车一次死亡 3 人及以上行车事故的死亡人数明显上升，由去年的死亡 27 人上升至 53 人，增长 96.3%。

按事故发生地统计，一次死亡 3 人及以上的公路客运行车事故共涉及 29 个省份。其中，事故次数超过 10 起的省份有广西、新疆、四川、云南、广东，以上五省共计发生事故 61 起，造成 266 人死亡、426 人受伤，分别占全国的 38.6%、29.2% 和 27.8%。事故造成死亡人数超过 50 人的省份有新疆、云南、广东、湖北、西藏、四川，以上六省共计死亡 349 人，占全国的 39.3%。

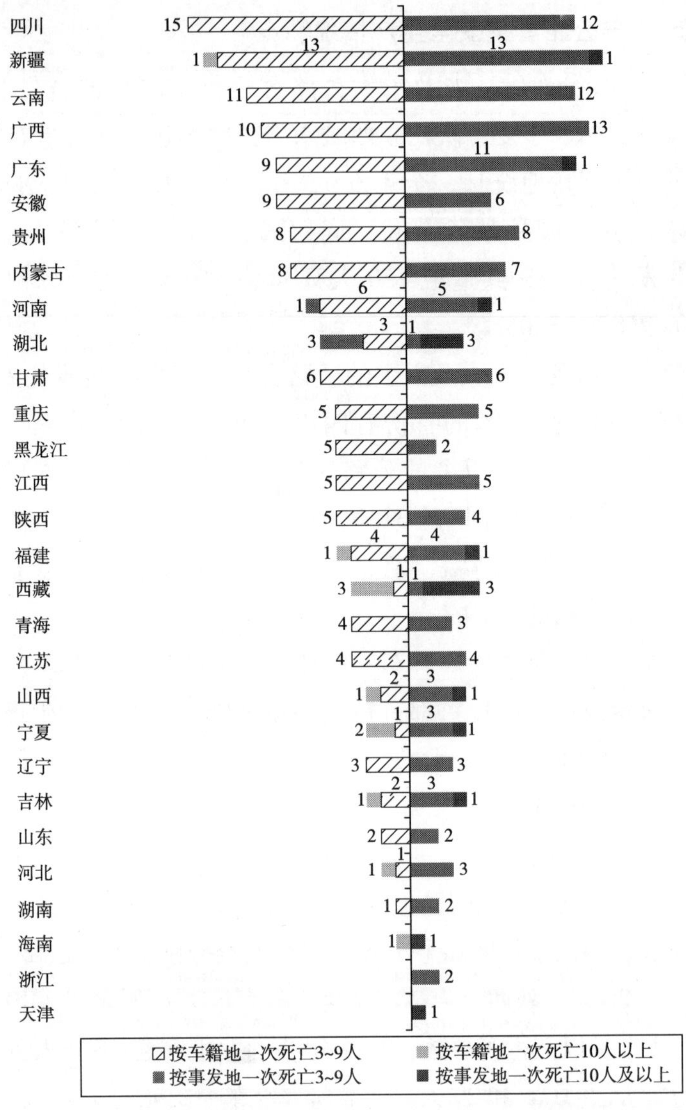

图4　2011 年一次死亡 3 人及以上公路客运行车事故次数地区分布

（二）从时间分布看，一季度仍是公路客运行车事故多发期。

2011 年一季度，共发生一次死亡 3 人及以上公路客运行车事故 50 起，造成 308 人死亡、424 人受伤，分别占总数的 31. 6%、34. 6% 和 27. 6%，一季度仍是全年事故多发期。二至四季度事故分布相对均衡，二季度为 36 起、164 人死亡、386 人受伤，分别占 22. 8%、18. 4% 和 25. 1%；三季度为 38 起、195 人死亡、453 人受伤，分别占 24.1%、21.9% 和 29.5%；四季度为 34 起，222 人死亡、304 人受伤，分别占 21.5%、25.0% 和 19.8%。与上年相比，一季度、四季度事故次数、死亡人数同比有较大幅度增长，其中一季度分别上升 31.6% 和 38.1%，四季度分别上升 54.5% 和 56.3%，二、三季度事故次数、死亡人数与上年基本持平。

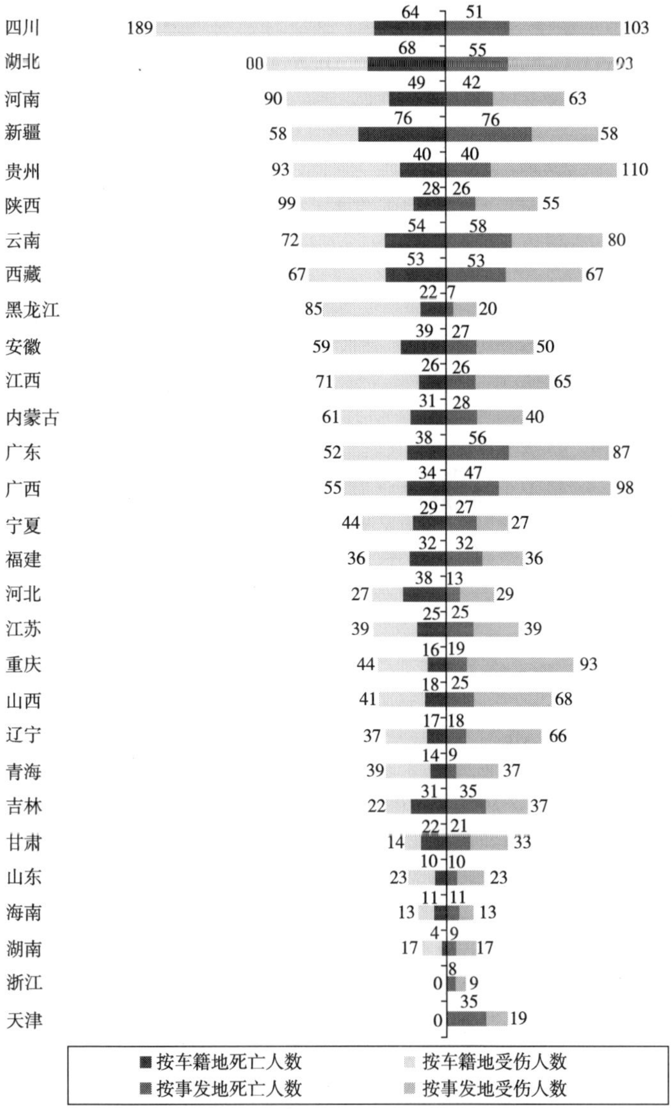

图 5　2011 年一次死亡 3 人及以上公路客运行车事故死伤人数地区分布

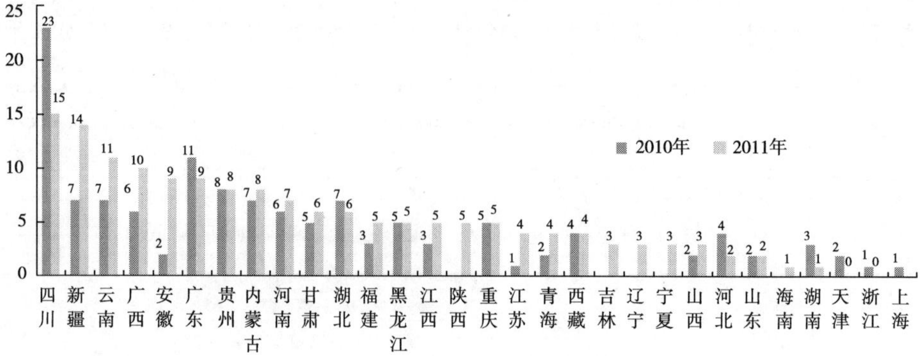

图 6　一次死亡 3 人及以上公路客运行车事故次数对比（按车籍地）

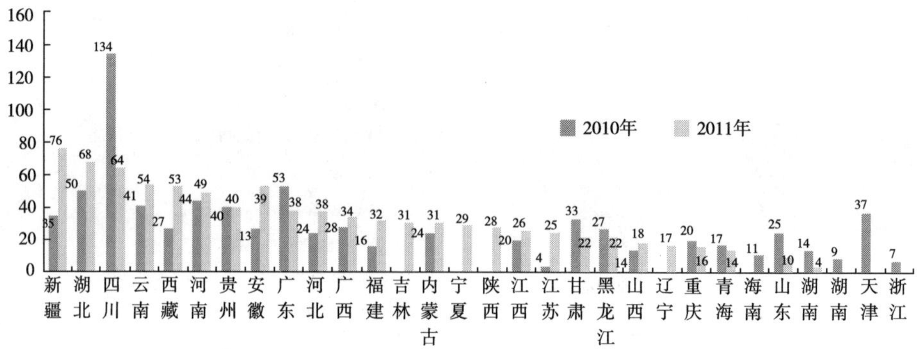

图 7　一次死亡 3 人及以上公路客运行车事故死亡人数对比（按车籍地）

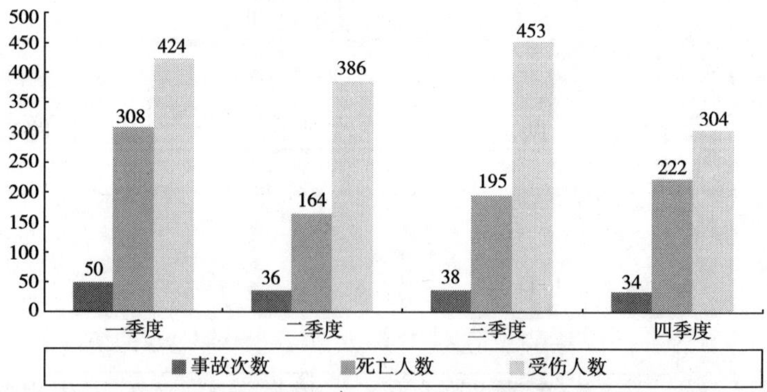

图 8　2011 年一次死亡 3 人及以上公路客运行车事故季度分布

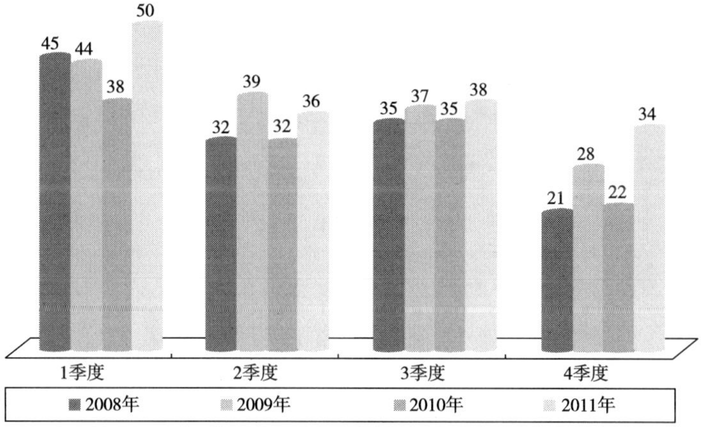

图 9　2008－2011 年一次死亡 3 人及以上公路客运行车事故次数季度分布

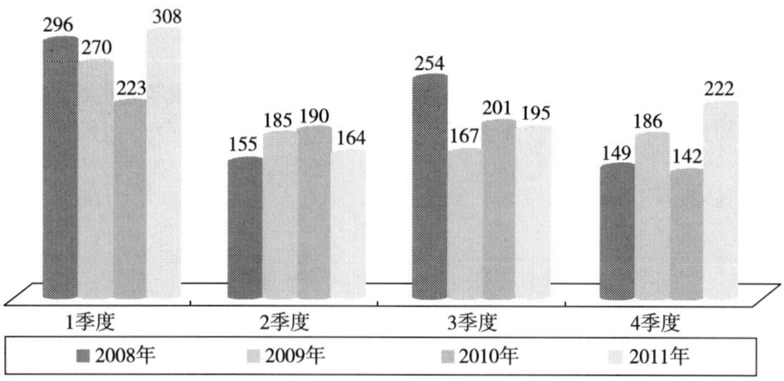

图 10　2008－2011 年一次死亡 3 人及以上公路客运行车事故死亡人数季度分布

按月份统计，2、3、6、7 月为事故多发期，事故次数均超过 15 次，四个月共计发生一次死亡 3 人及以上公路客运行车事故 68 次，造成 405 人死亡、649 人受伤，分别占总数的 43.0%、45.6% 和 42.3%。3 月与 10 月呈现重大事故高发态势，两月共发生一次死亡 10 人及以上公路客运行车事故 8 次，造成 139 人死亡、163 人受伤，分别占一次死亡 10 人及以上公路客运行车事故总数的 53.3%、57.2% 和 60.6%。

春运期间（2011 年 1 月 19 日至 2 月 28 日）共发生一次死亡 3 人及以上公路客运行车事故 28 起，造成 150 人死亡、208 人受伤。按车籍地统计，四川、贵州、广东、安徽四省事故次数相对较多，共发生事故 13 起，造成 64 人死亡、52 人受伤，分别占总数的 46.4%、42.7% 和 25.0%。按事故发生地统计，四川、广东、贵州三省事故次数相对较多，共发生事故12起，造成62人死亡、59人受伤，分别占总数的42.9%、41.3%和28.4%。福建和宁夏发生一次死亡10人及以上公路客运行车事故各1起，共造成23人死亡、31人受伤。

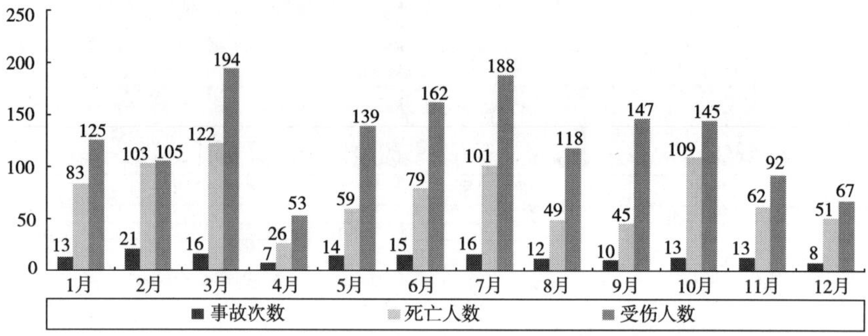

图11　2011年一次死亡3人及以上公路客运行车事故月度分布

2011年一次死亡3人及以上公路客运行车事故月度分布情况　　表1

月份	一次死亡3人及以上事故次数（起）		死亡人数（人）		受伤人数（人）	
		一次死亡10人及以上		一次死亡10人及以上		一次死亡10人及以上
1月	13	2	83	27	125	32
2月	21	1	103	12	105	9
3月	16	4	122	66	194	89
4月	7	—	26	—	53	—
5月	14	—	59	—	139	—
6月	15	1	79	11	162	21
7月	16	1	101	26	188	29
8月	12	—	49	—	118	—
9月	10	—	45	—	147	—
10月	13	4	109	73	145	74
11月	13	1	62	11	92	13
12月	8	1	51	17	67	2
合计	158	15	889	243	1535	268

法定节假日期间，共发生一次死亡3人及以上公路客运行车事故14

起，造成121人死亡、124人受伤。其中，一次死亡10人及以上行车事故4起，造成74人死亡、63人受伤。

（三）从时段分布看，白天公路客运行车事故多发，下午14至17时为重大事故多发时段。

8至10时、11至12时、13至16时是行车事故相对多发时段，以上时段每小时发生事故次数均超过了10次，共发生一次死亡3人及以上公路客运行车事故73起，造成384人死亡、710人受伤，分别占总数的46.2%、43.2%和46.3%。重大事故多发于14至17时，该时段共发生一次死亡10人及以上行车事故8起，造成123人死亡、144人受伤，分别占一次死亡10人及以上行车事故总数的53.3%、50.6%和53.5%。

2011年一次死亡3人及以上公路客运行车事故时段分布情况 表2

时段	一次死亡3人及以上行车事故次数（起）		死亡人数（人）		死亡人数（人）	
		一次死亡10人及以上		一次死亡10人及以上		一次死亡10人及以上
0~1时	3	—	13	—	8	—
1~2时	5	—	22	—	27	—
2~3时	3	—	13	—	32	—
3~4时	4	1	50	26	64	29
4~5时	1	—	8	—	11	—
5~6时	6	1	44	16	104	25
6~7时	7	—	26	—	42	—
7~8时	7	1	51	17	153	28
8~9时	12	—	48	—	64	—
9~10时	14	1	72	21	112	22
10~11时	7	—	26	—	55	—
11~12时	10	—	44	—	85	—
12~13时	7	—	30	—	56	—
13~14时	15	—	83	—	190	—
14~15时	11	3	77	38	113	57
15~16时	11	2	60	21	146	52

续上表

时段	一次死亡3人及以上行车事故次数（起）		死亡人数（人）		死亡人数（人）	
		一次死亡10人及以上		一次死亡10人及以上		一次死亡10人及以上
16～17时	8	3	90	64	76	35
17～18时	7	1	34	12	55	9
18～19时	2	—	9	—	16	—
19～20时	4	1	27	16	14	10
20～21时	2	—	8	—	9	—
21～22时	6	1	29	12	38	2
22～23时	4	—	17	—	46	—
23～24时	2	—	8	—	19	—
合计	158	15	889	243	1535	269

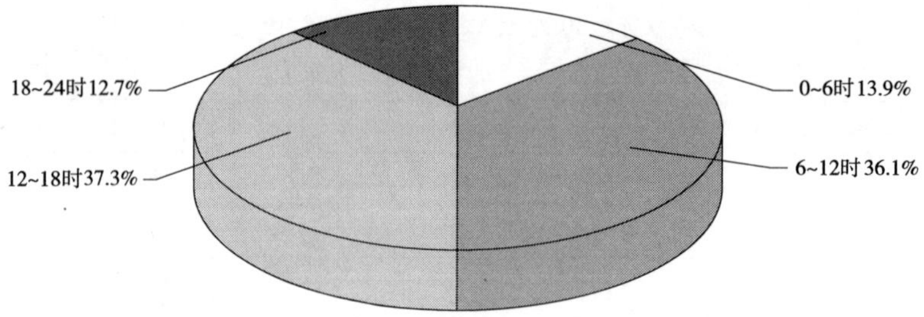

图12　2011年一次死亡3人及以上公路客运行车事故时段分布（按事故次数）

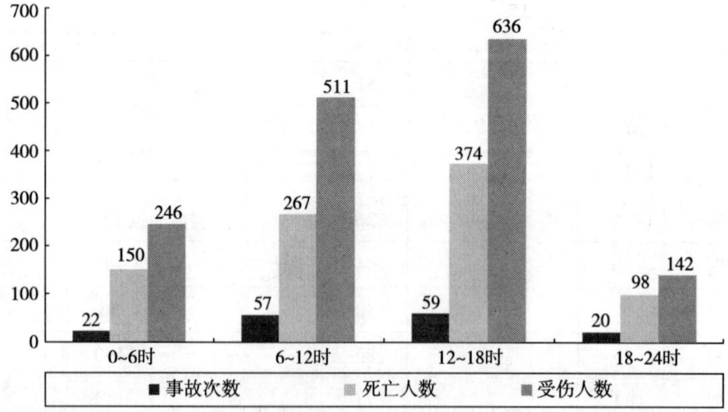

图13　2011年一次死亡3人及以上公路客运行车事故时段分布

（四）从事故形态看，碰撞和翻车是公路客运行车事故的主要形态。

2011 年，碰撞所导致的公路客运行车事故为 101 起，造成 565 人死亡、827 人受伤，分别占总数的 63.9%、63.6% 和 53.9%，所占比重分别比上年提高 1.7%、9.0% 和 5.5%。其中，碰撞造成一次死亡 10 人以上行车事故 8 起、死亡 144 人、伤 130 人，分别占一次死亡 10 人以上公路客运行车事故的 53.3%、59.3% 和 48.3%。近年来，碰撞导致的行车事故呈逐步上升趋势。

翻车所导致的公路客运行车事故为 49 起，造成 287 人死亡、616 人受伤，分别占总数的 31.0%、32.3% 和 40.1%。其中，翻车造成一次死亡 10 人以上行车事故 7 起、死亡 99 人、伤 139 人，分别占一次死亡 10 人以上行车事故的 46.7%、40.7% 和 51.7%。

2011 年一次死亡 3 人及以上公路客运行车事故形态分布情况 表 3

事故形态	一次死亡 3 人及以上行车事故次数（起）		死亡人数（人）		受伤人数（人）	
		一次死亡 10 人及以上		一次死亡 10 人及以上		一次死亡 10 人及以上
碰撞	101	8	565	144	827	130
翻车	49	7	287	99	616	139
撞静止车辆	3	—	15	—	11	—
刮擦	2	—	7	—	23	—
撞固定物	2	—	12	—	50	—
坠车	1	—	3	—	8	—
总计	158	15	889	243	1535	269

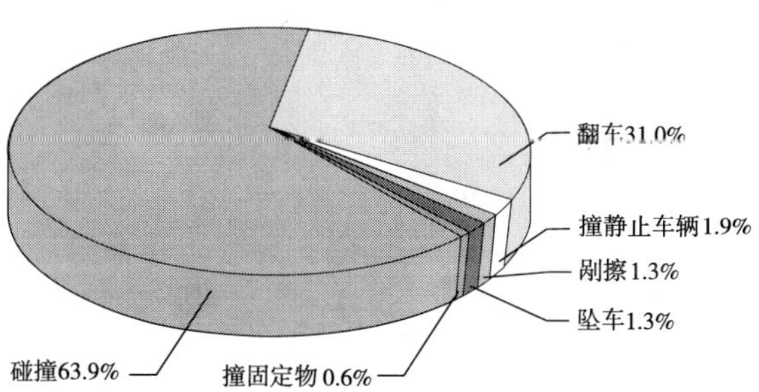

图 14 2011 年一次死亡 3 人及以上公路客运行车事故形态比例（按事故次数）

（五）从肇事车型看，客货车间安全事故略有反弹，与其他交通参与者之间的事故呈现下降。

2011 年，在一次死亡 3 人及以上的公路客运行车事故中，客车与货车相撞以及客车自身引发的事故仍占主要比例，其中客车与货车相撞事故占 35.4%，与上年相比占比上升了 5.4 个百分点，客车自身事故占 29.4%，比重略有下降。客车与轿车、客车与面包车相撞事故合计占 20.9%。

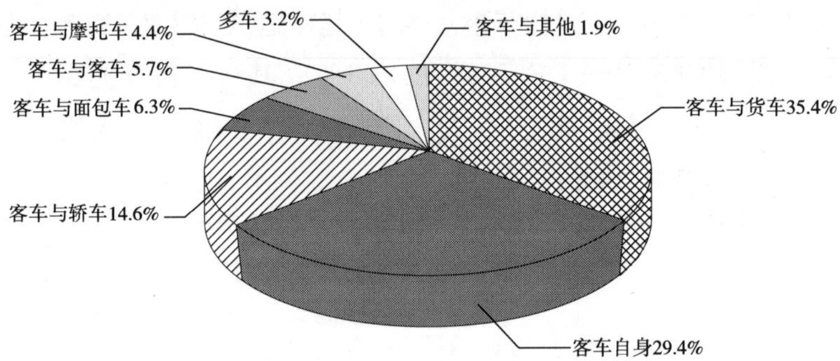

图 15　2011 年一次死亡 3 人及以上公路客运行车事故肇事车辆类型分布

在一次死亡 10 人及以上的公路客运行车事故中，客车与货车之间的事故共 8 起，造成 124 人死亡、176 人受伤，分别占全年一次死亡 10 人及以上公路客运行车事故总量的 53.3%、51.0% 和 65.4%。客车与客车之间的事故共 5 起，造成 72 人死亡、72 人受伤，分别占全年一次死亡 10 人及以上公路客运行车事故总量的 33.3%、29.6% 和 26.8%。

（六）从线路类别看，长途客运行车事故比重相对较高，旅游包车客运重大事故隐患突出。

2011 年，省际班线客运发生的一次死亡 3 人及以上行车事故 44 起，造成 271 人死亡、685 人受伤，分别占总数的 27.8%、30.5% 和 44.6%；市际班线客运发生事故 43 起，造成 204 人死亡、282 人受伤，分别占总数的 27.2%、22.9% 和 18.4%；县际班线客运发生事故 27 起，造成 126 人死亡、233 人受伤，分别占总数的 17.1%、14.2% 和 15.2%；县内班线客运发生事故 24 起，造成 144 人死亡、162 人受伤，分别占总数的 15.2%、16.2% 和 10.6%。旅游包车客运发生的一次死亡 3 人及以上行车事故 20 起，造成 144 人死亡、173 人受伤，分别占总数的 12.7%、16.2% 和

11.3%。其中，一次死亡10人及以上行车事故3起，造成63人死亡、46人受伤，分别占包车客运行车事故总数的15.0%、43.8%和26.6%。

相对而言，包车客运群死群伤重大行车事故比重较高。主要原因如下：一是包车客运多数是承包经营，部分车辆长期异地经营，运输企业对车辆和人员的安全管理手段不足；二是部分包车客运驾驶员对运行线路不熟悉，不按审批线路行驶，运行过程存在安全隐患。

2011年一次死亡3人及以上公路客运行车事故线路类别分布情况 表4

事故形态	一次死亡3人及以上行车事故次数（起）		死亡人数（人）		受伤人数（人）	
		一次死亡10人及以上		一次死亡10人及以上		一次死亡10人及以上
省际	44	5	271	81	685	124
市际	43	3	204	39	282	40
县际	27	1	126	11	233	13
县内	24	3	144	49	162	46
旅游及包车	20	3	144	63	173	46
合计	158	15	889	243	1535	269

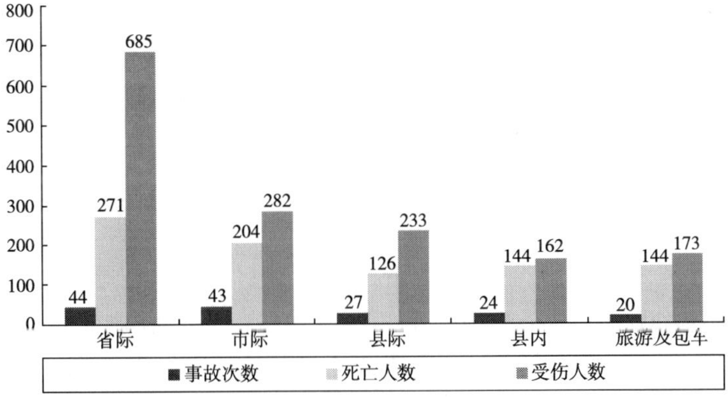

图16 2011年一次死亡3人及以上公路客运行车事故线路类别分布

（七）从事故原因看，超员、超速、驾驶员操作不当是诱发重特大行车事故的最主要原因。

驾驶员因素导致的交通事故仍占据事故总数的主要比例，主要表现为驾驶员违法超速、违法占道行驶、违法超车、疲劳驾驶和操作不当，违法超载加重了事故的后果。

2011 年一次死亡 10 人及以上的 15 起公路客运行车事故中，由于超员、超速导致的行车事故有 7 起，共造成 128 人死亡，分别占总数的 46.7% 和 52.7%；由于驾驶员操作不当导致的行车事故有 11 起，共造成 180 人死亡，分别占总数的 73.3% 和 74.1%。

可见，针对冰雪路面驾驶、恶劣天气驾驶、夜间驾驶、急弯等特殊路型驾驶等方面加强驾驶员培训，提高驾驶员操作水平和应急处置能力，同时采取措施杜绝超员、超速等违法违规行为，是避免重特大事故发生的有效途径。

（八）从死伤比例来看，与上年相比基本持平，客车被动安全性能需引起重视。

2011 年，一次死亡 3 人及以上的公路客运行车事故共计 158 起，造成 889 人死亡、1535 人受伤，死伤比例为 1∶1.73。其中，一次死亡 10 人及以上公路客运行车事故共计 15 起，造成 243 人死亡、269 人受伤，死伤比例接近 1∶1。一次死亡 3 人至 9 人公路客运行车事故共计 143 起，造成 646 人死亡、1266 人受伤，死伤比例为 1∶1.96。与上年相比，死伤比例基本持平。

通过对一次死亡 10 人及以上公路客运行车事故进一步分析，由于缺少安全带等有效的防护设施、车身结构强度不足、客车油箱位置布置不合理等原因进一步加剧了事故后果，营运客车被动安全性较差是造成死伤比例较高的直接原因。

三、2012 年道路运输安全生产发展展望

2012 年是“十二五”承上启下的一年。针对上年公路客运安全事故有所反弹、旅游包车安全隐患突出、农村客运安全基础薄弱且监管难度大等问题，全行业将认真贯彻落实党中央、国务院加强安全生产的决策部署和道路交通安全部际联席会议的工作安排，围绕夯实道路运输安全基础、落实运输企业安全主体责任，认真履行“三关一监督”的行业安全管理职责，以“道路客运安全年”活动为载体，进一步从驾驶员、营运车辆、运输企业、客运站、动态监管等方面强化道路客运安全管理工作，防范重大行车事故，减少群死群伤。

一是全面贯彻实施《道路旅客运输企业安全管理规范（试行)》，组织编制《道路旅客运输企业安全管理规范（试行）释义》，并组织宣贯活动，分片区对全国所有客运企业主要负责人、分管安全负责人、相关安全管理人员及道路运输管理机构相关人员进行宣传培训，并逐级检查安全生产规范文件中的相关精神与要求落实情况，全面提升企业安全生产管理水平及从业人员的安全意识，促进企业安全生产主体责任的落实。

二是开展营运驾驶员安全素质教育专项行动，贯彻落实营运驾驶员考试大纲和继续教育制度，重点加强典型案例警示、危险源辨识、防御性驾驶、安全意识培养等相关教育内容。同时，严格从业资格考试，并举办各类安全知识竞赛，全面提升营运驾驶员队伍的安全意识和应急处置能力。

三是制定《旅游包车客运安全管理办法》，出台《关于进一步加强旅游客运包车客运安全管理的意见》，针对旅游客运包车源头管理混乱等突出问题，会同有关部门，开展旅游包车客运专项整治，消除安全隐患，坚决遏制群死群伤重特大道路交通事故。

四是开展“安全带—生命带”专项行动，制作招贴画、公益广告、视频等宣传资料，提高客运企业和旅客对佩戴安全带预防交通事故伤害的认识，在高速公路客运全面推广使用安全带，有效减少恶性事故死亡比例。

五是制定《道路运输车辆动态监督管理办法》，建立联网联控系统运行与考核长效机制，组织开展卫星定位系统平台标准符合性审查工作，加强道路运输车辆动态监管，提高卫星定位系统应用水平。

六是进一步完善和细化客运站安全管理制度，细化和明确客运站进站安全员、出站安检员、安全管理员的岗位职责、工作内容和流程等，积极推行客运站安全监管的标准化作业。

七是开展货运车辆动态监管试点工作，推进新出厂货车强制安装使用具有行驶记录功能的卫星定位装置和限载装置，并接入道路货运公共监管与服务平台，有效监管货车运营过程中存在的超速、超载及疲劳驾驶等安全隐患，提升对货运车辆的监管水平。

附件：2011年道路运输行业一次死亡10人及以上交通事故汇总表

附件

2011 年道路运输行业一次死亡 10 人及以上交通事故汇总表

序号	时间	事故概况	死亡（人）	受伤（人）
1	1 月 11 日 19：00	2011 年 1 月 11 日 19 时，平顶山汽车运输总公司豫 D34401 客车在许平南高速 163km + 200m 处，与豫 NQ0517 相撞，造成 16 人死亡，10 余人受伤。	16	10
2	1 月 29 日 14：40	2010 年 1 月 29 日 14 时 40 分左右，西吉县祥龙农村客运有限责任公司驾驶员马继仁驾驶宁 D06895 中型客车，从西吉县汽车站发车（出站时无乘客），行至西吉县红耀乡张白湾村附近，在下坡转弯中由于冰雪路滑，车辆严重超员，导致车辆失控，翻入山沟。	11	22
3	2 月 4 日 17：23	闽 HY1151 在 316 国道邵武市拿口路段因避让一辆摩托车翻入富屯溪千岭电站水库中，造成 12 人死亡（其中儿童、婴儿各 1 名），9 人受伤。	12	9
4	3 月 11 日 5：00	藏 F－A2130 号大客车于 2011 年 3 月 11 日凌晨 5 点左右，在 219 线 218 公里处，因路面有雪，在拐弯处加速较快，造成翻车事故，翻下 70m 山沟，造成 16 人死亡，25 人受伤。	16	25
5	3 月 12 日 9：50	白山市抚松县境内发生一客车与货车相撞的交通事故，死亡 21 人，受伤 22 人。	21	22
6	3 月 14 日 7：30	2011 年 3 月 14 日上午 7：30 左右，在国道 318 线巴宿县邦达镇同尼初级小学附近发生交通事故，事故车辆为林芝地区客运公司藏 GA3109 号车，核载 40 人，实载 45 人（2 名驾驶员，43 名乘客。其中乘客 38 人是在客运站买票搭乘的，另 5 人是在站外搭乘的），造成死亡 17 人，伤 28 人。	17	28
7	3 月 16 日 5：30	2011 年 3 月 16 日 5 时 30 分许，临汾汽车运输有限公司客运一分公司驾驶员戚后峰驾驶的车牌号为晋 L36267 宇通客车（核载 55 人，实载 27 人）执行临汾至徐州客运班线任务，在返程途中，途经临汾大运路口与南外环大韩村交叉路口处，与陕 K79136（挂陕 KM662）半挂货车相撞，造成 12 人死亡，16 人受伤。	12	14

续上表

序号	时　　间	事故概况	死亡（人）	受伤（人）
8	6月4日14：42	2011年6月4日12时40分，广州市二汽公司属下客运分公司驾驶员陈锦贤驾驶粤AG1932号大客车，执行由广州市客运站开往惠州方向的营运任务。当日14时42分，车辆实载32人（核载51人），以91km时速正常行驶至惠河高速惠州路段时（该路段为双向四车道，中间有防护铁栏，坡长约3km，对向车道为下坡路，路面限速为100km/h），对向车道有一台本田雅阁小客车（载客3人）失控碰撞中心护栏后，被后面一台宁C25268号牵引大货车（长约24m）碰撞，大货车失控打左方向冲过中心护栏撞向大客车左侧车身中后部位，大客车被推至路边水沟（约1m深）仰翻，造成大客车上8人当场死亡，2人送院途中死亡，1人抢救无效死亡，3人重伤。	11	21
9	7月4日3：50	2011年7月4日凌晨3点50分左右，武汉市海龙旅游客运有限责任公司一台鄂AE3892大客，由驾驶员梁伟驾驶，从南向北行驶，途经随岳高速公路229km300m处（仙桃市毛嘴镇珠玑村）时停车下客，被襄樊市青林顺达物流有限公司一辆车牌号为鄂F1N210的半挂货车（挂车号牌为鄂FEA30）追尾相撞，导致大客车撞断右侧波形护栏和护栏外交通标志立杆后，翻入路侧排水沟，造成26人死亡，29人受伤。	26	29
10	10月1日14：37	鄂D14566由荆州开往神农架途中，在峡口镇泗湘溪路段冲开波形护栏坠入香溪河中，出事车辆核载35人，实载34人。造成死亡16人（其中2人在医院抢救无效死亡），14人受伤，另有4人失踪。	16	14
11	10月7日16：00	河北唐山市交通运输集团有限公司下属公司号牌为冀B99998的大型客车从河北保定市开往河北唐山市，当行驶至天津市境内滨保高速60km+500m处时，与鲁AA356W小轿车右后门与右后轮之间相撞，大客车向右避让，造成侧翻，造成35人死亡，19人受伤。	35	19
12	10月16日15：35	荆州市恒信旅游运输有限公司客车鄂D08102于2011年10月16日下午15：37在湖南张家界景区转运游客时，在永顺县S306公路72km处与一货车相挂，造成侧翻于路边沟内，造成10人死亡，8人重伤，31人轻伤。	10	39

续上表

序号	时　　间	事 故 概 况	死亡（人）	受伤（人）
13	10月23日21：40	2011年10月23日21：38分新疆喀什策勒县运输有限公司艾买尔江·买买提江·艾力驾驶新R04882中型客车与一辆同向行驶的三轮摩托车相撞，造成三轮摩托车上12人死亡，2人受伤。	12	2
14	11月29日15：45	11月29日15时45分，吴维锋驾驶琼C32691号中型普通客车载23人（含驾驶人），从保亭县往五指山市方向行驶，当行至国道224线195km+750m连续下坡急转弯路段时，与王杰驾驶的桂J08588号重型自卸货车发生对向碰撞，造成当场死亡11人，受伤13人。	11	13
15	12月6日16：30	藏BA9186于6日12时左右从昌都县发往面达乡，下午16时许途径柴维乡境内翻入江中，造成4人失踪，13人死亡，2人轻伤。	17	2

注：2011年7月22日，河南信阳发生卧铺客车燃烧事故，造成41人死亡、6人受伤，属于违规携带危险化学品上车引发的事故，不纳入道路运输行车事故统计。

交通运输部关于贯彻落实《国务院关于加强道路交通安全工作的意见》的通知

（2012年9月27日　交运发〔2012〕490号）

各省、自治区、直辖市、新疆生产建设兵团交通运输厅（局、委），天津市、上海市交通运输和港口管理局，部属各单位：

为深入贯彻落实《国务院关于加强道路交通安全工作的意见》（国发〔2012〕30号，以下简称《意见》），进一步加强道路交通安全工作，现就有关工作要求通知如下：

一、充分认识加强道路交通安全工作的重要意义，认真贯彻落实《意见》要求

道路交通安全事关人民群众切身利益和经济社会发展大局，加强道路交通安全工作，切实把道路交通安全风险降至最低，是党和政府执政能力的重要体现。《意见》从适应我国道路通车里程、机动车和驾驶员数量、道路交通量大幅增长的新形势出发，进一步明确了道路交通安全工作的指导思想和基本原则，提出了全面加强道路交通安全工作的一系列政策举措，是新时期做好道路交通安全工作的重要指导性文件。各级交通运输部门要认真学习领会《意见》精神，充分认识做好道路交通安全工作的重要意义，抓好《意见》的贯彻落实。切实加强组织领导，结合交通运输实际，制定切实可行的工作方案，明确任务分工，落实各项工作措施。要把贯彻落实《意见》与正在开展的“安全生产年”、“道路客运安全年”、“打非治违”等活动结合起来，统筹安排，统一部署，确保各项工作有序开展，取得实效。在地方政府的统一领导下，积极配合公安部门，加强与其他相关部门的合作，形成齐抓共管、协调高效的工作局面。

二、进一步落实运输企业安全生产主体责任

（一）强化企业安全生产主体责任。运输企业要建立健全安全生产责任制、岗位责任制和安全生产管理各项制度，制定和完善安全管理标准体系和岗位操作规程，健全安全管理机构，配备专兼职安全管理人员，保障安全生产投入，定期召开安全生产分析会、安全生产例会，开展安全生产自查自纠工作，及时发现和消除事故隐患。客运企业要严格落实《道路旅客运输企业安全管理规范（试行）》，夯实安全基础。

（二）严格营运驾驶员管理。要认真做好营运驾驶员从业资格管理工作。运输企业要严格驾驶员录用条件，严格审核相关资质，严把驾驶员聘用关；做好驾驶员的岗前培训，定期组织驾驶员参加安全学习和教育培训，按照规定开展好驾驶员的继续教育；对驾驶员从业行为定期进行考核，根据考核结果严格奖惩；根据公安部门通报的驾驶员违法和事故信息，对驾驶员进行处罚；对交通违法记满分、诚信考核不合格，以及从业资格被吊销的驾驶员，要及时调离驾驶岗位或予以辞退。

（三）防止长途客运驾驶员疲劳驾驶。长途客运企业要合理安排班次，推行长途客运车辆凌晨 2 时至 5 时停止运行或实行接驳运输措施。实行接驳运输的，要根据实际情况，实施驾驶员停车换人、落地休息制度；有条件的客运企业要积极推行旅客一票到达目的地，全程分段运营、定点换车换人制度。要做好运输组织和驾驶员调度，保障驾驶员合理休息时间。高速公路服务区、客运站要积极配合，为长途客运车辆中途休息提供便利。

（四）加强营运车辆维修保养。运输企业要使用经检测合格的车辆从事道路运输经营活动，达到规定使用年限的车辆，不得继续从事经营活动。按照规定定期对营运车辆进行维护和检测，认真落实车辆日常检查制度，确保营运车辆处于良好技术状况。

（五）加强车辆和驾驶员动态监控。运输企业要按照交通运输部、公安部、安全监管总局、工业和信息化部《关于加强道路运输车辆动态监管工作的通知》（交运发〔2011〕80 号）要求，建立和完善卫星定位装置安装使用制度，落实监控人员，建立监控台账，确保车辆实时在线，及时发现和纠正超速行驶、疲劳驾驶、不按规定路线行驶等违法违规行为。企业

调度人员要利用动态监控系统加强对车辆运行过程的管理，将安全监控与运营调度结合起来。

三、进一步加强道路客运安全管理

（一）严格长途客运班线管理。进一步严格长途客运班线审批和管理，合理确定营运线路、车型和时段。严格控制1000公里以上的跨省长途客运班线审批和夜间运行时间，对新增跨省长途客运班线，一律实行招投标制度，优先选择安全服务质量优良的骨干企业承担长途线路运营。

（二）改进旅游包车安全管理。根据本地区旅游客运市场供求状况，加强旅游客运运力投放调控。会同公安、安全监管、旅游等部门深入开展旅游包车客运安全专项整治，强化对旅游包车客运企业的监管，加强对旅游包车违法违规行为的处罚力度，坚决杜绝线路两端均不在车籍所在地的经营行为。推行包车业务网上申请和备案制度，规范旅游包车客运标志牌管理，严禁发放加盖公章的空白包车客运标志牌。

（三）严格客运站源头管理。督促客运站认真履行安全管理职责，建立健全并落实各项安全生产制度，进一步细化和明确客运站关键人员岗位职责、工作内容和流程，积极推行客运站安全监管的标准化作业。严格落实“三不进站、五不出站”规定，并将乘客佩戴安全带情况增加为车辆出站检查内容。

（四）严格落实道路客运安全告知制度。督促客运企业按规定播放安全告知短片，规范驾驶员或乘务员口头告知内容，在车内明显位置处按要求标示车辆核定载客人数、经批准的停靠站点和投诉举报电话等。

四、进一步加强机动车驾驶员培训管理工作

（一）继续强化机动车驾驶员培训与考试的衔接。加强与公安部门的沟通协调，建立信息交换机制，推进驾驶培训机构计时培训管理系统与道路运输管理机构管理系统，以及道路运输管理机构管理系统与公安考试系统的联网对接，实现数据共享；共同对驾驶培训机构培训质量、考试合格率、诚信考核等级等情况进行综合评估，建立驾驶培训机构培训质量排行榜，并对社会公布。

（二）严格监管机动车驾驶培训机构。加大市场调控力度，按照合理布局、有序发展的原则，对驾驶培训机构审批实行规划管理。严格新增驾驶培训机构的许可，采用招投标方式，确定市场准入主体和教学车辆的投放。定期开展驾驶培训机构培训能力评估，根据培训能力及培训、服务质量核定其招生人数。加强执法监督力度，重点整治挂靠经营、乱设报名点等违法违规行为，坚决查处“以包代管”、“只收钱不管理”的空壳驾校以及挂靠教练车、无牌无证教练车。

（三）加强培训质量监管。深入开展素质教育，坚持把学员安全知识的学习和安全意识的养成，作为培训的重中之重，贯穿于培训教学的全过程。推广应用计算机计时培训管理系统，改进教学方式，促进规范化教学，全面落实培训教学大纲和学时要求，坚决杜绝违规发放结业证的行为。

（四）加强大中型客货车辆驾驶员素质培养。积极引导建立集中的培训基地，提高培训场地和设施设备利用效率，切实保障大中型客货车辆驾驶员培训要求。会同相关部门，积极推进将大客车驾驶员的培养纳入国家职业教育体系，依托具备条件的职业院校，培养高素质的大客车驾驶员。鼓励客运企业通过委托培养等形式，参与大客车驾驶员职业教育。

五、进一步加强营运车辆技术管理

（一）严格营运车辆准入。继续做好营运客车类型划分和等级评定，提高营运客车安全配置要求。做好货运车辆推荐车型工作，鼓励营运货车向标准化、轻量化、厢式化发展。认真执行营运车辆准入制度，督促汽车综合性能检测机构严格对准入车辆的技术参数、配置的核查，对经检测不符合营运车辆相关标准和指标的，一律不得进入运输市场。

（二）改进营运车辆综合性能检测。严格执行营运客车综合性能检测制度，检测不合格的车辆，一律不得从事营运。加强营运车辆综合性能检测机构的资格管理，督促检测机构完善设施设备条件，提高检测能力，规范检测活动，坚决杜绝不按规定项目和标准检测、出具虚假检测报告的行为。对出具虚假检测报告的检测机构，要停业整顿直至取消其检测资格。

（三）提高营运客车被动安全性。会同公安部门深入开展。“安全带—生命带”专项行动，加强对途经高速公路营运客车乘客座椅安全带的安装、使用、宣传情况的全面督查，督促客运企业、客运站认真落实相关规定要求，积极引导旅客在客车行驶过程中自觉佩戴安全带，减少道路交通事故对乘客造成的伤害。

六、进一步加强营运车辆动态监管

（一）继续推进营运车辆卫星定位装置应用。确保旅游包车、危险品运输车辆、三类以上班线客运车辆安装符合标准的终端产品，并全部接入联网联控系统。农村客运车辆要逐步安装使用卫星定位装置，卧铺客车必须加装车载视频监控装置。推进重型载货汽车和半挂牵引车的出厂前安装卫星定位装置工作，进入运输市场的重型载货汽车和半挂牵引车必须安装符合标准的卫星定位装置，并接入道路货运车辆公共监管与服务平台（www. gghypt. net）。凡未按要求接入公共监管与服务平台的，不予市场准入审批。对在用的重型载货汽车和半挂牵引车，要逐步引导安装卫星定位装置，接入道路货运车辆公共监管与服务平台。

（二）做好平台标准符合性审查。各地交通运输部门要督促在用的政府监管平台和企业监控平台尽快进行升级改造，按照有关要求完成标准符合性审查。对未按时完成标准符合性审查的平台，予以通报并责令整改，整改不合格的，要更换符合标准的平台。

（三）规范卫星定位装置使用行为。部将联合公安部、安全监管总局共同制定《道路运输车辆动态监督管理办法》，规范卫星定位装置安装、使用行为。各地要尽快实现向公安、安全监管等有关部门开放数据传送，充分利用动态监控手段，依法实施联合监管，共同加强对企业动态监控工作的监督，督促运输企业利用好监控平台，切实加强对车辆和驾驶员违法行为的处理力度。

七、进一步加大行业监管力度

（一）完善道路运输安全监管机制。严格运输市场准入，把安全管理制度和安全生产条件作为运输企业准入审核的重要内容。完善道路运输企业服务质量信誉考核，把企业安全生产状况作为考核的重要内容，将考核结果与客运线路招投标、运力投放等挂钩，并作为市场退出的重要依据。鼓励客运企业实行公司化、规模化经营，积极培育集约化、网络化经营的货运龙头企业。鼓励运输企业采用安全统筹、行业互助等形式，提高企业抗风险能力。

（二）加强对运输企业的安全监督检查。各级交通运输部门要联合公安、安全监管等部门，加强对运输企业的安全监督检查，督促运输企业落实安全管理规范，及时整改存在的安全隐患和薄弱环节。对安全管理混乱、存在重大安全隐患的企业，要按照《安全生产法》和《国务院关于特大安全事故行政责任追究的规定》等有关法律法规规定，责令其停业整顿；对整改不达标的，撤销原批准。逐步建立客运、危险品运输企业安全生产评估制度，组织开展安全生产评估活动，实现对运输企业的分类管理和重点监管，促进运输企业安全生产管理的持续改进和不断完善。要配合公安部门，督促运输企业落实驾驶员中途休息制度，防止驾驶员疲劳驾驶。

（三）加大对事故企业的处理力度。各级交通运输部门要会同有关部门依法加大对事故企业的处理力度。对发生重大及以上或者6个月内发生两起较大及以上责任事故的运输企业，依法责令其停业整顿，肇事车辆班线停运6个月；停业整顿后符合安全生产条件的，准予恢复运营，3年内不得新增客运班线，旅游客运企业3年内不得新增旅游运力；停业整顿仍不具备安全生产条件的，吊销道路运输经营许可证或者吊销相应的经营范围。发生重特大道路交通责任事故的，依法吊销道路客运班线经营许可，并收缴有关证件。

八、完善公路安全标准体系与制度

（一）修订完善相关公路安全标准体系，提升安全标准水平。按照“先进理念、系统管理、经济可靠、有效实施”的总体要求，对公路安全设施设计、施工、安全性评价等行业标准进行修订完善，合理设置安全防护设施，提高公路设施防灾、抗灾及防护能力。

（二）加强公路勘察设计，提高公路设计质量和安全水平。要认真贯彻地形选线、地质选线、安全选线原则，公路线形设计要考虑机动车实际运行速度，避免出现线形突变，保证行车安全；组织开展公路设施安全风险评估工作，针对特殊复杂桥梁和隧道工程，应综合评估工程设计、施工和运营各阶段风险，合理设置安全储备，提高工程安全度；推广标准化结构、标准化施工，从源头消除质量通病和安全隐患，保证结构的安全可靠性；加强防护、排水工程安全设计，在工程位置、尺寸、形式等方面充分考虑交通安全的需要，特别是要评估特殊天气造成的泥石流、洪涝等次生灾害对公路带来的影响，提高公路基础设施的防灾抗灾能力；加强交通安全设施设计，要充分考虑工程具体使用情况，适应交通安全运行需要，提高交通安全设计的针对性。

（三）加强工程建设管理，提高工程耐久性。各地要全面推行现代工程管理，深入开展施工标准化活动，以标准化促进项目规范管理；严格执行基本建设程序和标准规范，不得随意降低标准，对技术标准中可灵活运用的非强制性指标，应在确保安全的基础上经过综合论证后确定；加强设计变更管理，规范变更程序，严禁未批准、先实施，任何变更不得影响工程质量和安全；加强建设材料特别是安全设施材料准入把关，确保公路设施的安全可靠。

（四）加强工程竣（交）工验收工作，全面检验工程质量、安全等指标，把好工程投运前最后一道关口。根据工程竣（交）工验收工作规定，严格工程质量安全指标的检验，核查交通标志、标线、标牌的设置，确保交通安全设施设计、施工、使用“三同步”；加强与相关部门的协同配合，公路工程交工验收工作应当请公安、安全监管等部门人员参加，交通安全设施验收不合格的不得通车运行。

九、全面加强公路养护管理

（一）要保证公路养护管理投入，强化养护责任落实。确保公路养护资金、机构、人员“三到位”，健全养护制度、优化养管措施、落实养管责任，采取预防性养护、日常养护、小修保养、大中修相结合的方式全面提升养护成效，确保公路安全、畅通。各级交通运输主管部门要努力协调和争取地方政府支持，有计划、分步骤地逐年增加和改善公路交通安全设施，安排更多财政性资金用于公路养护；收费公路要在通行费收入中列支足额资金用于公路养护。

（二）要强化管理，加大危桥改造力度，确保桥梁使用安全。各级交通运输主管部门和公路管理机构要严格执行桥梁检查和管养工作的相关规定，通过建立专门的桥梁技术档案，全面系统掌握桥梁的使用情况，对于安全隐患较大的四、五类桥梁，要按规定及时协调当地公安交通管理部门，实施交通管制措施，禁止或限制车辆通行；按照“轻重缓急”原则，组织对辖区内公路上危桥进行改造，努力实现危桥数量逐年减少。

（三）加强公路安保工程建设。加强与公安交管部门合作，重点结合交通事故发生率、事故形态等关键数据和指标，不断完善安保工程实施内容，对于临水临崖、连续下坡、急弯陡坡等事故易发路段，校车途经路线等重要路段的安全隐患，要按照技术标准积极完善交通安全设施。省级交通运输主管部门要根据《交通运输部关于认真做好〈校车安全管理条例〉贯彻实施工作的通知》（交运发〔2012〕327 号）要求，将校车途经公路线路的安全隐患排查结果于 2012 年 10 月底前报部（公路局）。

（四）抓好公路灾害防治工程建设。贯彻“预防为主、防治结合、因地制宜、综合治理”的原则，结合历史数据，组织对重点路段进行灾害预评估，合理确定公路灾害防治标准和处治方案，采取多种措施进行综合整治，不断提高抗灾能力、通行能力和行车安全水平。

（五）开展公路隐患排查治理。密切与公安交警等部门协作，结合交通事故统计分析，排查确定事故多发路段和存在安全隐患的路段，全面梳理桥涵隧道等风险点，结合公路养护工程进行隐患危险路段工程改造，消除公路设施隐患。

十、进一步推进农村公路交通安全设施建设

县级人民政府要落实农村公路建设和管理养护主体责任，科学制定改善农村公路交通安全设施的计划，落实资金，加大建设、管理和养护力度。对新改建农村公路应根据需要同步安装完善安保等附属设施，对已建成的农村公路应按照“安全、有效、经济、实用”的原则，认真排查安全隐患点，分期分批进行整治。要结合农村公路特点，研究制定符合本地实际的农村公路安全技术标准，规范安全设施建设行为，总结推广既有的安全设施建设经验，鼓励探索既能够节约成本又能有效解决问题的新方法，使有限资金发挥最大效益，提升农村公路安全保障水平。

十一、进一步加强公路货运车辆超限超载治理

（一）加强重点货物运输装载源头监管。建立完善重点货运源头单位名单及治超责任考核管理办法，加大货运源头治超投入力度，强化货运源头派驻、巡查等措施，切实防止违法超限超载运输车辆出厂（站、矿）上路。

（二）加强路面执法工作。会同公安交管部门加大工作力度，完善路面治超执法协作机制，以固定超限检测站为依托，以治理车货总重超过55吨的违法超限超载运输车辆为重点，切实加大检测和执法工作力度，严格卸载措施，及时消除违法行为。有条件的公路桥梁，要根据实际情况和需要配置称重检测设备，及时检测和预警，防止违法超重车辆上桥行驶。

（三）强化信息共享和监管处罚。加快推进治超检测站点的信息系统联网工作，加快推进治超管理信息系统、运政管理系统和公安交通管理信息系统间的数据交换与共享，促进路面执法与源头监管密切配合、联防联治。各地交通运输主管部门要按照有关规定，对违法超限超载运输的货运车辆、驾驶员和道路运输企业，严格实施吊销车辆营运证和道路运输经营许可证等处罚。

十二、进一步加强路网运行监测和应急处置

（一）加强路网运行监测体系建设。重点加强高速公路和重要干线公路沿线监控设施建设，加大路网运行信息自动化采集力度，重点推进部省两级路网管理与应急处置平台建设和联网，逐步形成完善的公路网运行监测网络。

（二）加强公路交通气象灾害监测预报预警。进一步深化与气象部门的合作，及时做好公路交通气象预报预警工作，共同推进公路交通气象观测网络建设，不断提高公路交通气象灾害监测预报预警水平，逐步形成长期、稳定、可靠的公路交通气象信息采集、预测分析与发布机制。

（三）加强应急救援能力建设。加快组建以地方公路管理机构现有力量为主体的公路应急养护中心以及专业化的公路应急抢险保通队伍。加快推进公路交通应急装备物资储备体系建设，重点建设国家区域性公路交通应急装备物资储备中心。加快高速公路应急救援装备、队伍建设，会同公安、卫生、消防等部门，建立高速公路应急救援联动机制，全面提升应急救援能力。

交通运输部关于印发《道路运输行业行车事故统计报表制度》的通知

（2012 年 12 月 17 日　　交运发〔2012〕737 号）

各省、自治区、直辖市、新疆生产建设兵团交通运输厅（局、委），天津市、上海市交通运输和港口管理局：

现将《道路运输行业行车事故统计报表制度》印发给你们，请认真贯彻实施。

道路运输行业行车事故统计报表制度

中华人民共和国交通运输部制定

中华人民共和国国家统计局批准

2012 年 11 月

本报表制度根据《中华人民共和国统计法》的有关规定制定

《中华人民共和国统计法》第七条规定："国家机关、企业事业单位和其他组织以及个体工商户和个人等统计调查对象，必须依照本法和国家有关规定，真实、准确、完整、及时地提供统计调查所需的资料，不得提供不真实或者不完整的统计资料，不得迟报、拒报统计资料。"

《中华人民共和国统计法》第九条规定："统计机构和统计人员对在统计工作中知悉的国家秘密、商业秘密和个人信息，应当予以保密。"

《中华人民共和国统计法》第二十五条规定："统计调查中获得的能够识别或者推断单个统计调查对象身份的资料，任何单位和个人不得对外提供、泄露，不得用于统计以外的目的。"

目　　录

一、总说明

（一）为加强道路运输行业安全生产监督管理，做好道路运输行业行车事故统计工作，及时、准确、完整地反映道路运输行业行车事故情况，保障及时、有效开展道路运输行业行车事故应急处理和全面统计分析，特制定本统计报表制度。

（二）本报表制度的统计范围为城市公共交通企业、出租汽车企业及个体运输业户、道路运输企业及个体运输业户（以下简称运输经营者）在运输活动中所发生的行车事故（以下简称运输行业行车事故）。

（三）本报表制度由各级交通运输主管部门或道路运输管理机构组织实施，各地发生运输行业行车事故后，应按照本制度的要求及时上报。

（四）运输经营者发生运输行业行车事故后，应当迅速报告事故发生地和运输经营者所属地交通运输主管部门或道路运输管理机构。事故发生地和运输经营者所属地交通运输主管部门或道路运输管理机构接到报告后应当及时报告省级交通运输主管部门或道路运输管理机构。

（五）各省级交通运输主管部门或道路运输管理机构对辖区内所属运输经营者所发生的一次死亡 3 人及以上 10 人以下的行车事故——包括客运班线车辆、旅游车及包车、货运车辆（含危险化学品运输车）、城市公共汽电车、出租汽车、城市轨道交通车辆，涉及外籍人员（包括港、澳、台）死亡的行车事故，造成重大污染的危险化学品（包括剧毒、放射、爆炸品等）运输事故，应当在接到报告后 12 小时之内按照《道路运输行业行车事故快报》的表式报交通运输部，并及时续报事故伤亡人数变化、事故调查和处理情况。

各省级交通运输主管部门或道路运输管理机构对辖区内及所属运输经营者所发生的一次死亡 10 人及以上的行车事故，应当在接到报告后 2 小时之内按照《道路运输行业行车事故快报》的表式报交通运输部，并及时续报事故伤亡人数变化、事故调查和处理情况。

（六）各省级交通运输主管部门或道路运输管理机构对辖区内所属运输经营者发生的一次死亡 1 人及以上的行车事故，应当按照《道路运输行业行车事故统计表》的表式按月汇总后，于每月 15 日之前将上月的统计表报交通运输部。

（七）如以上事故报表存在错、漏，应及时用电话、传真等给予更正并随后报送更正的报表。

（八）上报统计表须标明单位负责人、统计负责人、填表人、联系电话、报出时间，并加盖单位公章。

（九）本制度由交通运输部道路运输司负责解释。

二、报表目录

表号	表名	报告期别	填报范围	报送单位	报送日期及方式	页码
交运15表	道路运输行业行车事故快报	小定期	道路运输行业发生一次死亡3人及以上的行车事故——包括客运班线车辆、旅游车及包车、货运车辆（含危险化学品运输车）、城市公共汽电车、出租汽车、城市轨道交通车辆，涉及外籍人员死亡的行车事故，造成重大污染的危险化学品运输事故	各省、自治区、直辖市交通运输主管部门或道路运输管理机构	不定期，纸质报表（传真）及报送系统	9
交运16表	道路运输行业行车事故统计表	月报、年报	道路运输行业发生一次死亡1人及以上的行车事故	各省、自治区、直辖市交通运输主管部门或道路运输管理机构	月报于月后15日前报送，年报于次年1月15日前报送，纸质报表（传真）及报送系统	13

三、调查表式

（一）道路运输行业行车事故快报

表　　号：交运 15 表
制定机关：交通运输部
批准机关：国家统计局
批准文号：国统制〔2012〕131 号
有效期至：2014 年 11 月

填报单位（盖章）：

事故分类		1. 死亡 3 人及以上的行车事故 2. 涉及外籍人员死亡的行车事故 3. 造成重大污染的危险化学品运输事故			
事故形态		1. 碰撞　2. 剐擦　3. 碾压　4. 翻车　5. 坠车 6. 失火　7. 撞固定物　8. 撞静止车辆　9. 其他			
事故发生时间	年　月　日　时　分				
事故发生地点					
天气情况		1. 雾　2. 雨　3. 冰雪　9. 其他			
事发路段公路技术等级		1. 高级 2. 一级 3. 二级 4. 三级 5. 四级 6. 等外			
事发路段线性状况		1. 直线 2. 弯道 3. 坡道 4. 山区路 5. 临崖路 6. 临河路 7. 高架桥 9. 其他			
事发路段路面状况		1. 积水 2. 积雪 3. 覆冰 4. 占道施工 9. 其他			
事故直接原因		1. 超载　2. 超速　3. 驾驶员操作不当　4. 疲劳驾驶　5. 机械故障 6. 爆胎　7. 公路及设施原因　9. 其他			
运行线路					
线路类别		1. 省际班线　2. 市际班线　3. 县际班线 4. 县内班线　5. 旅游线路　6. 包车线路			
发生事故单位		企业资质等级			
始发站（地）					
车站等级		1. 一级车站　2. 二级车站　3. 三级车站 4. 四级车站　5. 五级车站　9. 未评定			
车牌号		营运证号			
车　型		1. 大型客车　2. 中型客车　3. 小型客车 4. 公共汽电车　5. 货车　6. 危险品运输车 7. 出租车　8. 城市轨道交通车辆			
核定人（吨）数		实载人（吨）数		危险化学品品名	
驾驶员姓名		从业资格类别		从业资格证号	
人员伤亡情况					
死亡（人）	外籍人员	失踪（人）	外籍人员	受伤（人）	外籍人员
事故概况					
事故初步原因及责任分析：					

单位负责人：　　统计负责人：　　填表人：　　联系电话：　　报出时间：201　年　月　日　时

交运 15 表指标解释及填报说明

一、填报范围

道路运输行业发生的一次死亡 3 人及以上的行车事故、涉及外籍人员死亡的行车事故、造成重大污染的危险化学品运输事故。

二、指标解释

1. 事故分类：请填写相应的代码（1. 死亡 3 人及以上的行车事故；2. 涉及外籍人员死亡的行车事故；3. 造成重大污染的危险化学品运输事故）。

2. 事故形态：请填写相应的代码（1. 碰撞；2. 刮擦；3. 碾压；4. 翻车；5. 坠车；6. 失火；7. 撞固定物；8. 撞静止车辆；9. 其他）。

3. 事故发生时间：请采用 24 小时制填写，如“2012 年 8 月 31 日 13 时 18 分”。

4. 事故地点：指事故发生的地点（注明事故发生路段具体位置），如：“××省××市××县××乡（镇）××地点（××路段，桩号××—桩号××之间）”。

5. 天气情况：请填写相应的代码（1. 雾；2. 雨；3. 冰雪；9. 其他）。

6. 事发路段公路技术等级：请填写相应的代码（1. 高级；2. 一级；3. 二级；4. 三级；5. 四级；6. 等外）。

7. 事发路段线性状况：请填写相应的代码（1. 直线；2. 弯道；3. 坡道；4. 山区路；5. 临崖路；6. 临河路；7. 高架桥；9. 其他）。

8. 事发路段路面状况：请填写相应的代码（1. 积水；2. 积雪；3. 覆冰；4. 占道施工；9. 其他）。

9. 事故直接原因：请填写相应的代码（1. 超载；2. 超速；3. 驾驶员操作不当；4. 疲劳驾驶；5. 机械故障；6. 爆胎；7. 公路及设施原因；9. 其他）。

10. 运行线路：请按照客运标志牌标注的起讫点或合同约定的承运起讫点填写，如“××地至××地”。

11. 线路类别：请填写相应的代码（1. 省际班线；2. 市际班线；3. 县际班线；4. 县内班线；5. 旅游线路；6. 包车线路）。

12. 企业资质等级：道路客货运输企业资质等级填写相应代码（1. 一级；2. 二级；3. 三级；4. 四级；5. 五级），出租车企业、公共汽电车企业的资质等级按照实际情况填报。

13. 车站等级：请填写相应的代码（1. 一级车站；2. 二级车站；3. 三级车站；4. 四级车站；5. 五级车站；9. 未评定）。

14. 车型：请填写相应的代码（1. 大型客车；2. 中型客车；3. 小型客车；4. 公共汽电车；5. 货车；6. 危险品运输车；7. 出租车；8. 城市轨道交通车辆）。

三、填报注意事项

1. 线路类别、车站等级只针对客运班线车辆，其他车辆可不填写上述内容。

2. 对于轨道交通车辆事故，路况（事发路段公路技术等级、线性状况、路面状况）、资质等级、车站等级、车牌号、车辆型号、营运证号、从业资格类别及证号栏目可不填。

3. 涉及外籍人员（包括港、澳、台）死亡的行车事故，人员伤亡情况中应注明外籍人员的死亡人数、失踪人数、受伤人数，并在“事故概况”栏中注明各死亡外籍人员的国籍。

4. 如发生危险化学品运输事故，并初步判断会对环境造成重大污染的，应在事故概况中予以说明。

5. 事故概况在填写时，格式要求如下：

××××年××月××日××时××分，××省××公司（企业），车牌号为××的客（货）车，从××地开往××地，当车辆行驶至××地时（即事故发生地点），发生××类型事故（即事故形态），造成死亡××人（其中当场死亡××人，经抢救无效死亡××人），受伤××人（其中重伤××人），事故简要概况如下：……

（二）道路运输行业行车事故统计表

表　　号：交运 16 表
制定机关：交通运输部
批准机关：国家统计局
批准文号：国统制〔2012〕131 号
有效期至：2014 年 11 月

填报单位（盖章）：　　　　201　年　月

指　标	代码	事故次数（次）				死伤人数（人）							
						死亡（人）				受伤（人）			
		合计	一次造成死亡 10 人及以上	一次造成死亡 3 至 9 人	一次造成死亡 1 至 2 人	合计	一次造成死亡 10 人及以上	一次造成死亡 3 至 9 人	一次造成死亡 1 至 2 人	合计	一次造成死亡 10 人及以上	一次造成死亡 3 至 9 人	一次造成死亡 1 至 2 人
甲	乙	01	02	03	04	05	06	07	08	09	10	11	12
合计	1												
班线客车	2												
旅游车及包车	3												
货车	4												
其中：危险化学品运输车	5												
城市公共汽电车	6												
出租汽车	7												
城市轨道交通车辆	8												

单位负责人：　　统计负责人：　　填表人：　　联系电话：　　报出日期：201　年　月　日

交运 16 表指标解释及填报说明

一、填报范围

道路运输行业发生一次死亡 1 人及以上的行车事故。

二、填报注意事项

1. 本表填报时按照发生事故的车辆类型，将事故起数、死伤人数分别填写在班线客车、旅游车及包车、货车、危险化学品运输车、城市公共汽电车、出租汽车、城市轨道交通车辆的对应单元格中。

2. 本表填报时，班线客车与其他类型车辆发生碰撞事故的，当其他类型车辆负主要责任或全责时，事故起数和伤亡人数计入其他类型车辆对应的单元格中。

3. 本表填报时，班线客车与其他类型车辆发生碰撞事故的，班线客车负同等及以上责任或不能确定责任时，事故起数和伤亡人数计入班线客车对应的单元格中。

三、表内逻辑关系

1 行（本月合计）=2 行 +3 行 +4 行 +6 行 +7 行 +8 行；

4 行≥5 行；

01 列（合计）=02 列 +03 列 +04 列；

05 列（合计）=06 列 +07 列 +08 列；

09 列（合计）=10 列 +11 列 +12 列。

交通运输部关于印发汽车客运站营运客车安全例行检查及出站检查工作规范的通知

(2012 年 12 月 24 日　　交运发〔2012〕762 号)

各省、自治区、直辖市、新疆生产建设兵团交通运输厅（局、委），天津市、上海市交通运输和港口管理局：

现将《汽车客运站营运客车安全例行检查工作规范》和《汽车客运站营运客车出站检查工作规范》印发给你们，请做好贯彻落实工作。

认真组织实施好上述两个规范，是贯彻落实《交通运输部关于贯彻落实〈国务院关于加强道路交通安全工作的意见〉的通知》（交运发〔2012〕490 号）的具体体现，是进一步加强道路旅客运输业相关安全制度执行的客观要求，对促进汽车客运站安全管理工作的标准化、规范化具有十分重要的现实意义。各地交通运输部门要结合实际工作，认真抓好上述两个规范的学习宣传、检查督导和贯彻落实工作。为配合各地做好规范的贯彻执行工作，部组织力量编写了宣贯材料，请各地抓紧组织培训工作，使道路旅客运输企业、汽车客运站等相关单位和人员，深入了解和掌握规范的具体内容和相关要求，增强贯彻执行规范的自觉性和主动性，切实落实好这两个规范。

汽车客运站营运客车安全例行检查工作规范

第一条 为进一步加强汽车客运站（以下简称客运站）营运客车安全例行检查（以下简称安全例检）工作，规范客运站安全例检行为，依据《中华人民共和国道路运输条例》（中华人民共和国国务院令第406号）、《道路旅客运输及客运站管理规定》（交通运输部令2012年第2号）、《汽车客运站级别划分和建设要求》（交通行业标准JT/T 200—2004）等规定，制定本规范。

第二条 本规范适用于三级及以上客运站。其他客运站可参照执行。

第三条 营运客车实行安全例行检查制度。本规范所称安全例行检查是指在受检车辆进行了正常维护并检验合格的前提下，由客运站车辆安全例检人员（以下简称例检人员）在不拆卸零部件的条件下，借助简单的工具量具，采用人工检视的方法，对影响营运客车行车安全的可视部件技术状况所实施的例行检查。

第四条 客运经营者和营运客车驾驶人（以下简称驾驶人）应严格执行有关法规、规章和标准，定期对车辆进行安全技术检验、综合性能检测与维护，保持车辆技术状况完好。

第五条 客运站应高度重视安全例检工作。客运站应与进入该站的营运客车所属客运经营者签订营运客车进站协议，明确双方关于安全例检的责任和权利，并严格履行协议。

第六条 客运班线单程营运里程小于800公里的客运班车和往返营运时间不超过24小时的营运班车，实行每日检查一次；客运班线单程营运里程在800公里（含）以上的客运班车和往返营运时间在24小时（含）以上的营运班车，实行每个单程检查一次。未经安全例检或安全例检不合格的营运客车，客运站不得排班发车，驾驶人不得用其运送旅客。

第七条 客运站应设立安全例检机构，负责安全例检的组织实施。例检机构应建立健全岗位职责、工作程序和监督机制等，保障安全例检工作正常有效运行。

第八条 客运站应按日检车辆数配备例检人员。客运站例检人员配置可以参照附件1执行。

第九条 客运站应当制订安全例检工作人员培训计划，明确培训内容、培训时间和考核目标，做好培训记录与总结。

第十条 例检人员应具备必要的汽车专业知识和实际工作能力，掌握客车构造和常用检验方法，熟悉客运管理相关政策法规和技术规范，参加客车安全例行检查岗前专项培训并经考核合格，持、有机动车维修质量检验员（安全例检）从业资格证。

例检人员工作中，应遵守行为规范，佩戴标识，用语文明，认真作业，秉公办事，不徇私情。

第十一条 客运站应及时向客运经营者通报安全例检信息。

第十二条 客运站应当制订包含安全例检内容的应急预案。

第十三条 客运站应当建立安全例检抱怨处理制度，接受驾驶人和社会的监督。

客运站对接到的举报和投诉应当及时予以调查和处理。

第十四条 客运站应设置例检场所，其中应包括辅助用房。同时应设置明显的车辆通行指示标志，正确引导营运客车顺畅进入车辆安全例检场所（以下简称例检场所）。应在例检场所醒目位置公布安全例检流程图示，安全例检项目、检查方法、技术要求及其他注意事项。

第十五条 例检场所面积应满足车辆安全例检的作业要求，例检场所地面应坚实、平整，并具备防风、防淋、防晒及良好的采光、照明和通风等条件。例检场所应配置对讲设备。例检场所应设有供检查客车使用的地沟或举升装置。

新建或改建的客车检查地沟或举升装置配置数量可以参照附件1执行。地沟的长度应当不小于承检车辆最大长度的1.1倍，宽度不小于0.65m，深度不小于1.3m，并配备安全电压的照明设施。

第十六条 例检场所应配备保证安全例检工作安全的停车楔及安全例检工作所需的检验工具和量具。

检验工具和量具主要有：检验锤、便携式照明器具、轮胎气压表、轮胎花纹深度尺，以及套筒扳手、扭力扳手、钢卷尺、钢板尺等。

第十七条 检验量具须经法定或授权的计量检定机构检定，并取得计量检定合格证，且在有效期内使用。

第十八条 安全例检机构应对设施设备加强管理，保持设施设备技术状况良好。

第十九条 客运站营运客车安全例行检查工作流程可以参照附件2执行。

例检人员应按照《营运客车安全例行检查技术规范（试行）》（附件3）的要求进行检查，并填写检查记录或录入安全例检信息管理系统。

第二十条 例检人员对经检验合格的车辆签发安全例检合格通知单，作为营运客车报班发车的依据。

安全例检合格通知单自签发时起，24小时内报班有效。安全例检合格通知单超过时限的营运客车，须重新进行安全例检，合格后，方可报班。

《营运客车安全例检合格通知单》式样见附件4。实行安全例检信息化管理的，可另行规定。

第二十一条 安全例检不合格的营运客车，需要修理的，由例检人员开具安全例检不合格项目告知单，交当班驾驶人将车辆送到具有相应资质的维修企业进行维修。维修合格后，维修企业检验员开具维修合格凭证，加盖维修企业印章。当班驾驶人凭维修企业出具的合格凭证到安全例检机构办理复检。

第二十二条 安全例检机构应建立健全安全例检台账并妥善保存，保存期不少于6个月。

第二十三条 客运站应逐步建立安全例检信息化管理系统，提高安全例检效率和质量。安全例检信息化管理系统应能够实现营运客车经车辆身份识别进入例检场所完成安全例检的功能。

第二十四条 客运站所在地县级以上道路运输管理机构负责客运站监督检查。

附件：1. 客运站车辆安全例检人员、设施配置推荐表

2. 客运站车辆安全例检工作流程图

3. 营运客车安全例行检查技术规范（试行）

4. 营运客车安全例检合格通知单（式样）

附件 1

客运站车辆安全例检人员、设施配置推荐表

日检车辆数（辆）	例检人员数（人）	检验地沟数（条） 或举升装置数（台）
600 以上	12	3
400～600	9	2
200～400	6	2
100～200	4	1
100 以下	2	1

附件 2

客运站车辆安全例检工作流程图

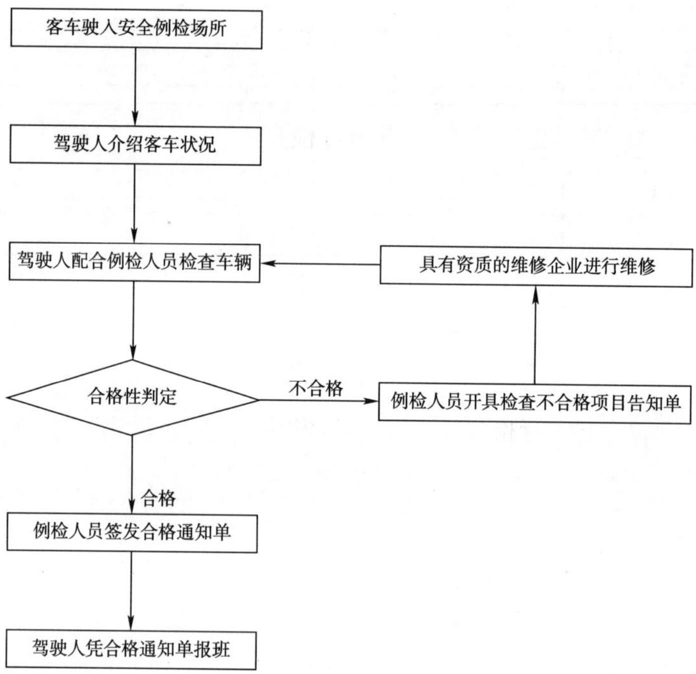

附件 3

营运客车安全例行检查技术规范（试行）

1　范围

本标准规定了营运客车安全例行检查的术语和定义、设施条件、检查项目、检查方法、技术要求和工艺流程。

本标准适用于营运客车的安全例行检查。

2　术语和定义

营运客车安全例行检查

在受检车辆按照相关规定进行了正常维护并检验合格的前提下，由车辆安全例检人员在不拆卸零部件的条件下，借助简单的工具，采用人工检视的方法，对影响营运客车行车安全的可视部件技术状况所实施的检查。

营运客车安全例行检查与车辆的日常维护、一级维护和二级维护为非替代关系。

3　设施条件

3.1　车辆安全例行检查场所应满足实施安全例行检查、承检车型和发车频次的需要。

3.2　车辆安全例行检查场所应设有车辆检验地沟或举升装置。检验地沟的结构尺寸、举升装置的规格应与承检车型相适应。检验地沟推荐尺寸：长度不小于承检车辆最大长度的 1.1 倍，宽度不小于 0.65m，深度不小于 1.3m。车辆安全例行检查场所及地沟内应安装照明设施，地沟内的照明设施应采用安全电源。

3.3　三级以上汽车客运站车辆安全例行检查应采用计算机管理系统，具有车辆信息登录、检查数据存储、检查信息查询、检查报告生成、人工录入等功能。

3.4　车辆安全例行检查场所应配备无线扩音设备，具有车辆安全例行检查人员间、车辆安全例行检查人员与驾驶人间的语音联络功能。

3.5　安全例行检查场所应配备灭火器等消防设备，地沟内灭火器的放置数量不少于1具。

3.6　车辆安全例行检查场所应具有醒目的文字标志和限速标志。

3.7　车辆安全例行检查的工具及设备：

a）检验锤；

b）便携式照明器具；

c）轮胎气压表；

d）轮胎花纹深度尺；

e）套筒扳手、扭力扳手；

f）钢卷尺、钢板尺；

g）停车楔，数量不少于2只；

h）其他工具及设备。

4　检查项目、方法及要求

4.1　外观

4.1.1　目视检查车身外观及车内环境，车身应整洁、周正，无开裂、明显锈蚀和变形，车窗玻璃齐全、完好，车内应整洁、无杂物。

4.1.2　目视检查左右后视镜、内后视镜，应完好、无损毁。

4.1.3　打开前风窗玻璃刮水器开关，刮水器各挡位应工作正常，关闭刮水器时刮片应能自动返回到初始位置。

4.1.4　目视检查发动机、水箱，应无漏油、漏液现象。

4.2　制动系统

4.2.1　气压表工作状况

起动发动机，观察气压表指示情况，气压表应能正确指示系统压力。

4.2.2　制动管路密封性

采用气压制动的车辆，在储气筒保持一定压力条件下，关闭发动机，踏下制动踏板，检查各车轮制动气室、气阀及制动管路的密封性，应无漏气声。

4.2.3　制动系统自检

接通发动机起动开关，察看制动系统各故障指示灯指示状况，应无故障报警。

4.2.4　空气压缩机传动带

目视检查并指压空气压缩机传动带，应无龟裂、油污和异常磨损，松紧度应适当。

4.3　转向系统

左、右转动转向盘，检视转向系统各球销总成、横直拉杆，球销总成应无松旷和开裂，横直拉杆应无变形和裂纹，各锁销齐全、紧固。同时检查转向机构连接状况，各连接部位应连接可靠、无松动。

4.4　传动系统

4.4.1　传动机构及连接

目视检查传动轴支架，传动轴支架应无破损和变形。通过晃动传动轴的方式检查传动机构连接状况，万向节、中间轴承应无松旷。

4.4.2　自动变速器、液力缓速器密封性

对于同时装有自动变速器和液力缓速器的车辆，目视检查自动变速器、液力缓速器的密封状况，油液应无泄漏。

4.5　照明、信号指示灯

4.5.1　前照灯

目视检查前照灯，前照灯应齐全、完好、表面清洁，无松脱；开启前照灯，前照灯应工作正常；操作远近光变换开关，远近光变换应正常。

4.5.2　信号指示灯

巡视检查转向灯（前、后、侧）、制动灯、示廓灯、危险报警灯、前后雾灯，应齐全、完好、表面清洁；进行对应操作，分别目视检查上述各信号指示灯，均应工作正常。

4.6　轮胎

4.6.1　轮胎外观

目视检查胎冠、胎壁等部位，不得有长度超过25mm或深度足以暴露出帘布层的破裂、割伤以及凸起、异物刺入等影响使用的缺陷。同时目视检查并装轮胎间，应无异物嵌入。

4.6.2　轮胎花纹深度

目视检查轮胎磨损状况。必要时用轮胎花纹深度尺检测轮胎胎冠花纹

深度。营运客车转向轮的胎冠花纹深度不小于3.2mm，其余轮胎胎纹深度不小于1.6mm。

4.6.3　轮胎规格和花纹

目视检查轮胎规格和花纹，同轴两侧轮胎规格、花纹应一致。

4.6.4　轮胎气压

巡视检查各轮胎充气状况，必要时用气压表测量轮胎气压，轮胎气压应符合要求。

4.6.5　轮胎及半轴螺栓、螺母

巡视检查轮胎螺栓、螺母以及可视的半轴螺栓，各轮胎及半轴的螺栓、螺母应齐全、完好，紧固可靠。

4.7　悬架系统

目视检查悬架的弹性元件，应安装牢固，无断裂、塑性变形等异常情况。检查空气弹簧的气密性，应无泄漏。

目视检查钢板弹簧的U形螺栓螺母、吊耳销（套）、锁销等部件，U形螺栓螺母应齐全、紧固，吊耳销（套）、锁销应齐全、无断裂和松旷。

4.8　安全设施

4.8.1　车门应急开关

目视检查动力启闭车门的车内应急开关，应急开关的标识、机件应齐全、完好。当对应急开关的技术状况有质疑时，应进行启闭检查。

4.8.2　安全顶窗

目视检查安全顶窗，安全顶窗机件应齐全、完好。当对安全顶窗的功能有质疑时，应进行启闭检查。

4.8.3　安全锤

目视检查封闭式客车的应急窗，应配备安全锤并在规定的位置放置。

4.8.4　灭火器

目视检查灭火器，应随车配备。

4.9　摄像头

目视检查车内摄像头，摄像头的拍摄方向应符合规定且无遮挡。

5　工艺流程

营运客车安全例行检查应在驾驶人的配合下，由2名车辆安全例行检查人员（以下称例检人员甲、例检人员乙）进行。以发动机后置的营运客车为例，其安全例行检查推荐工艺流程如图1所示。

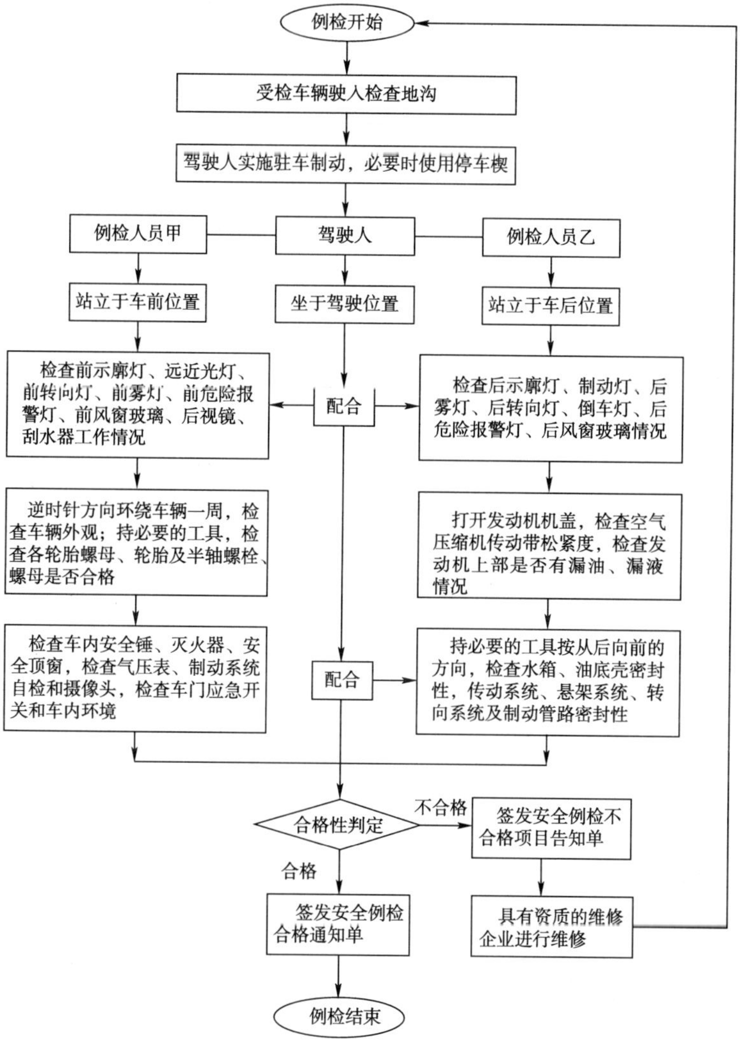

图1　营运客车安全例行检查推荐工艺流程

营运客车安全例行检查报告单（式样）

<table>
<tr><td>车牌号码</td><td></td><td>车属单位</td><td></td><td>营运证号</td><td></td></tr>
<tr><td colspan="2">检查日期</td><td colspan="4">年　月　日　时　分</td></tr>
<tr><td colspan="6">检 查 记 录</td></tr>
<tr><td>序号</td><td>检查项目</td><td>检 查 内 容</td><td>缺陷描述</td><td colspan="2">检查结果</td></tr>
<tr><td rowspan="5">1</td><td rowspan="5">外观</td><td>车身外观</td><td></td><td colspan="2"></td></tr>
<tr><td>车内环境</td><td></td><td colspan="2"></td></tr>
<tr><td>后视镜</td><td></td><td colspan="2"></td></tr>
<tr><td>刮水器</td><td></td><td colspan="2"></td></tr>
<tr><td>发动机、水箱</td><td></td><td colspan="2"></td></tr>
<tr><td rowspan="4">2</td><td rowspan="4">制动系统</td><td>气压表工作状况</td><td></td><td colspan="2"></td></tr>
<tr><td>制动管路密封性</td><td></td><td colspan="2"></td></tr>
<tr><td>制动系统自检</td><td></td><td colspan="2"></td></tr>
<tr><td>空气压缩机传动带松紧度</td><td></td><td colspan="2"></td></tr>
<tr><td>3</td><td>转向系统</td><td>转向机构及连接</td><td></td><td colspan="2"></td></tr>
<tr><td rowspan="2">4</td><td rowspan="2">传动系统</td><td>传动机构及连接</td><td></td><td colspan="2"></td></tr>
<tr><td>自动变速器、液力缓速器密封性</td><td></td><td colspan="2"></td></tr>
<tr><td rowspan="2">5</td><td rowspan="2">照明、信号指示灯</td><td>前照灯</td><td></td><td colspan="2"></td></tr>
<tr><td>信号指示灯</td><td></td><td colspan="2"></td></tr>
<tr><td rowspan="5">6</td><td rowspan="5">轮胎</td><td>轮胎外观</td><td></td><td colspan="2"></td></tr>
<tr><td>轮胎花纹深度</td><td></td><td colspan="2"></td></tr>
<tr><td>轮胎规格和花纹</td><td></td><td colspan="2"></td></tr>
<tr><td>轮胎气压</td><td></td><td colspan="2"></td></tr>
<tr><td>轮胎螺栓、螺母</td><td></td><td colspan="2"></td></tr>
</table>

续上表

车牌号码		车属单位		营运证号	
检查日期	年　月　日　时　分				
检查记录					
序号	检查项目	检查内容	缺陷描述	检查结果	
7	悬架系统	弹性元件			
		U形螺栓螺母			
		吊耳销（套）、锁销			
8	安全设施	车门应急开关			
		安全顶窗			
		安全锤			
		灭火器			
9	摄像头	摄像头的拍摄方向			
车辆安全例检员签字			备注		

说明：1. 不合格项目应在缺陷记录栏中进行记载；

2. 有任一不合格项时，例检结果为不合格；

3. 检验结果标记："0"为合格，"×"为不合格；

4. 本表保存期应不少于六个月。

附件 4

营运客车安全例检合格通知单（式样）

编号：××××××
营运客车
安全例检合格通知单
检查合格时间：　　　年　　月　　日　　时　　分
车牌号码/颜色：
安全例检员：（签字）
安全例检机构：（章）

注：本通知单 24 小时内报班有效。

营运客车留存备查

汽车客运站营运客车出站检查工作规范

第一条 为进一步加强汽车客运站（以下简称客运站）客车出站检查工作，根据《中华人民共和国道路运输条例》（中华人民共和国国务院令第406号）、《道路旅客运输及客运站管理规定》（交通运输部部令2012年第2号）等相关法律法规规定，制定本规范。

第二条 等级客运站出站检查工作，应当遵守本规范。

第三条 本规范所称出站检查是指客运站经营者在客车出站前，对当班驾驶员资格、客车运营证件、客车安全例行检查情况、客车实际载客人数、车上人员安全带系扣情况、出站登记手续等是否符合规定所进行的核查活动。

第四条 客运站经营者应当贯彻执行国家有关安全生产法律、行政法规和政策，按照本规范，制定出站检查管理制度、工作规程和管理规则，并组织实施。

第五条 出站检查工作人员配备应当与客运站业务规模相适应，原则上日发50个班次以下的客运站配置1名出站检查人员；50个班次以上的，每增加150个班次，增加1名出站检查人员。

第六条 客运站经营者应当加强出站检查工作人员培训，制定培训计划，明确培训内容、培训时间和考核要求，确保出站检查工作人员熟练掌握出站检查工作规范、具备必要的证照真伪辨别知识和应急处置能力。

第七条 客运站经营者应当将出站检查工作情况列入安全生产工作会议和安全例会议程。

第八条 客运站经营者应当保障出站检查工作经费投入。出站检查工作经费主要包括：出站检查设备设施的购置和维护、出站检查工作人员的教育培训等经费。

第九条 客运站经营者应当制定有关节假日、重大活动及其他客流高峰期间的应急措施，保障出站检查工作严格执行和出站客车顺畅有序。

第十条 出站检查工作人员应当对每一辆出站客车进行检查，检查合格并经出站检查人员与受检驾驶员签字确认后才准予出站。

第十一条 出站检查主要包括以下主要内容：

1. 检查出站客车报班手续是否完备，确保客车出站前《安全例检合格通知单》、行驶证、道路运输证、客运标志牌等单证经过车站查验且合格。

2. 核验每一名当班驾驶员持有的从业资格证、机动车驾驶证，确保受检驾驶员与报班的驾驶员一致。

3. 清点客车载客人数，确保客车不超载出站。如发现客车有超载行为，应当立即制止，并采取相应措施安排旅客改乘。

4. 检查装有安全带的客车乘客安全带系扣情况，确保客车出站时所有乘客系好安全带。

对出站检查后的所有客车，客运站出站检查人员均需填写出站登记表，并由出站检查人员和当班驾驶员签字确认。出站登记表保存期不少于3个月，式样见附件。

第十二条 出站检查工作人员应遵守行为规范，佩戴标识，用语文明，认真作业。

第十三条 客车不配合出站检查时，出站检查工作人员应当做好解释和说服工作，经劝告仍不接受出站检查的，客运站有权拒绝客车出站。经劝阻无效，仍滞留现场扰乱秩序的，客运站应当立即采取相应措施安排客车上的旅客改乘并报当地道路运输管理机构；对强行出站的，客运站应当立即报告当地道路运输管理机构处理。对相应客车，客运站可在一定期限内禁止其进站发班。

第十四条 县级以上道路运输管理机构负责本辖区客运站客车出站检查情况的监督检查。重大节假日、重大活动及其他客流高峰期间或根据工作需要，应派专人进驻客运站对客车出站检查情况进行现场督查、抽查，确保客运站严格落实出站检查制度。

附件：出站登记表

附件

出站登记表

序号	车牌号	单证是否齐备（√/×）	是否超员（√/×）	免票儿童人数（√/×）	是否系好安全带（√/×）	驾驶员签字	检查员签字
1							
2							
3							
4							
5							
6							
7							
8							
9							
10							

填写说明：1. “单证是否齐备” 填 × 时，请注明不合格项：①安全例检合格通知单；②行驶证；③道路运输证；④客运标志牌；⑤驾驶证；⑥从业资格证。

2. “是否超员” 栏填 √ 为不超员； × 为超员。

交通运输部关于加快推进“重点运输过程监控管理服务示范系统工程”实施工作的通知

（2012 年 12 月 31 日　　交运发〔2012〕798 号）

河北、江苏、安徽、山东、湖南、贵州、宁夏、陕西省（自治区）交通运输厅，天津市交通运输和港口管理局，部通信信息中心：

“重点运输过程监控管理服务示范系统工程”（以下简称示范工程）实施以来，各单位按照示范工程领导小组的统一部署，稳步推进各项工作，完成了总体需求、信息共享技术方案、各子系统的技术规格说明书评审，以及北斗/GPS 双模车载终端招评标工作，示范工程取得了阶段性成果。目前，北斗卫星导航系统建设取得重大进展，具备了为亚太地区提供全功能服务的技术基础。为进一步加快示范工程实施进度，确保按时完成各项任务，现将有关事项通知如下：

一、进一步提高认识，切实加强组织领导

北斗卫星导航系统是我国自主建设的战略性系统工程，对保障国家安全和经济社会发展具有十分重大的战略意义。做好应用推广工作是北斗导航系统可持续发展的根本保障。道路运输是卫星导航系统应用的重要领域，在道路运输行业成功开展北斗应用示范，不仅有利于增强行业的安全监管和应急处置能力，提升现代化管理水平，而且对北斗卫星导航系统产业化和可持续发展意义重大。

本示范工程是北斗专项首个批准启动实施的示范项目，既是北斗应用的试验田，也是军民融合的试验田，是“示范中的示范”。按照交通运输部《关于重点运输过程监控管理服务示范系统工程初步设计的批复》（交水发〔2011〕471 号）和“中国第二代卫星导航系统重大项目合同”的要求，示范工程应于 2013 年 4 月底前完成所有建设任务。目前，示范工程实施工作虽然取得了阶段性成果，但与总体进度要求相比仍然存在较大差距，特别是终端安装进度明显滞后。为此，各有关单位务必要高度重视，充分认识北斗示范工程的重要性和特殊性，要把实施好示范工程作为当前一项重要的政治任务，进一步加强组织领导，进一步落实责任，细化和分解任务，制定切实可行的方案，把各项任务落实到人，落实到岗位，加快推进工程实施工作，确保按时完成示范工程各项任务。

二、切实加快系统开发建设任务

江苏、河北、安徽、陕西 4 个子系统牵头省份要抓紧完成系统招标，尽快开展系统研发工作。在研发过程中，要在统一的顶层设计框架下，按照《服务共享与信息交换技术方案》、《服务共享与交换接口技术要求》、《示范工程硬件统一部署技术要求》等技术规范的要求，处理好动、静态信息的关联，明晰各业务系统之间的关系，实现信息互通和资源共享。要在确保应用功能和性能的基础上，加快建设进度，加强与顶层设计牵头单位中国交通通信信息中心及江苏省交通运输厅运输管理局的沟通，确保各应用支撑平台及系统功能和建设进度协调。

三、切实加快北斗双模车载终端安装进度

为确保北斗兼容车载终端安装进度，进一步支持国家北斗导航战略，自 2013 年 1 月 1 日起，各示范省份在用的“两客一危”车辆（旅游包车、三类以上班线客车和危险品运输车）需要更新车载终端的，应安装北斗兼容车载终端；所有新进入运输市场的重型载货汽车和半挂牵引车应加装北斗兼容车载终端，并接入全国道路货运车辆公共监管与服务平台；鼓励农村客运车辆安装北斗兼容车载终端。自 2013 年 6 月 1 日起，所有新进入示范省份运输市场的“两客一危”车辆及重型载货汽车和半挂牵引车，在车辆出厂前应安装北斗兼容车载终端，重型载货汽车和半挂牵引车应接入全国道路货运车辆公共监管与服务平台。凡未按规定安装或加装北斗兼容车载终端的车辆，不予核发或审验道路运输证。

各示范省份要高度重视车载终端安装工作，采取切实有效的措施，确保在 2013 年 3 月底前完成本省 80% 以上的北斗兼容车载终端安装任务。同时，各示范省份的终端安装任务不受指标限制，鼓励有条件的示范省份超额完成安装任务。各示范省份要制定北斗终端安装计划，并每半个月向部书面报告终端安装进度情况。

“两客一危”车辆生产企业和重型载货汽车、半挂牵引车生产企业应选择符合北斗兼容车载终端技术规范并通过标准符合性审查的终端。

四、切实加强资金管理

示范工程实施主体较多，且资金来源复杂，既有国防资金拨款，也有部级国家财政拨款，还有省级财政拨款，各有关单位要加强工程资金管理和廉政建设，严格遵守相关财经纪律，做好资金使用计划，确保工程资金专款专用，为示范工程顺利实施提供资金保障。

交通运输部关于发布《道路运输车辆卫星定位系统北斗兼容车载终端技术规范》等两项技术规范的公告

（2013年1月23日　交通运输部公告　2013年第21号）

为进一步推进北斗卫星导航系统在交通运输行业的应用，部组织编制了《道路运输车辆卫星定位系统北斗兼容车载终端技术规范》和《道路运输车辆卫星定位系统北斗兼容车载终端通信协议技术规范》，现予发布，自发布之日起实施。

附件：1.《道路运输车辆卫星定位系统北斗兼容车载终端技术规范》

2.《道路运输车辆卫星定位系统北斗兼容车载终端通信协议技术规范》

附件 1

道路运输车辆卫星定位系统
北斗兼容车载终端技术规范

GNSS system for operating vehicles

—Technical specification for BD compatible vehicle terminals

中华人民共和国交通运输部发布

二〇一三年一月

目　次

前　言

本规范是对JT/T 794—2011《道路运输车辆卫星定位系统 车载终端技术要求》的补充和完善，与JT/T 794—2011相比，除编辑性修改外主要技术变化如下：

——修改了原3.1.3连续驾驶时间的定义，并调整为3.1.5；

——增加了3.1.3行驶开始时间、3.1.4行驶结束时间的定义；

——修改了功能要求，修改5.2.1定位功能、5.4.1驾驶员身份、5.5行驶记录、5.9警示、5.10终端管理、5.11人机交互、5.12信息服务、5.14多中心接入等章节；

——修改了功能要求，将原5.15调整为5.19，将原5.2.2调整为5.2.3；

——新增了5.2.2北斗定位功能、5.4.10车辆信号采集、5.15车辆故障远程诊断、5.16使用前锁定、5.17自动关闭通信、5.18双向语音通话等功能要求；

——修改了7.2终端主机的安装；

——修改了附录A表A.1不同类型运输车辆终端的基本功能要求。

本规范由中华人民共和国交通运输部提出。

本规范起草单位：中国交通通信信息中心。

道路运输车辆卫星定位系统车载终端技术规范

1 范围

本规范规定了道路运输卫星定位系统北斗兼容车载终端（以下简称终端）的一般要求、功能要求、性能要求以及安装要求。

本规范适用于道路运输卫星定位系统中安装在车辆上的北斗兼容终端设备。

2 规范性引用文件

下列文件对于本标准的应用是必不可少的。凡是注日期的引用文件，仅所注日期的版本适用于本文件。凡是不注日期的引用文件，其最新版本（包括所有的修改单）适用于本文件。

GB/T 19056　汽车行驶记录仪

GB/T 19951　道路车辆 静电放电产生的电骚扰试验方法

JT/T 766—2009　北斗卫星导航系统船舶监测终端技术要求

QC/T 413　汽车电器设备基本技术条件

QC/T 417.1　车用电线束插接器 第1部分：定义，试验方法和一般性能要求

QC/T 420　汽车用熔断器

QC/T 730　汽车用薄壁绝缘低压电线

YD/T 1050 800MHz　CDMA数字蜂窝移动通信网设备总测试规范：移动台部分

YD/T 1214 900/1800MHz　TDMA数字蜂窝移动通信网通用分组无线业务（GPRS）设备技术要求：移动台

YD/T 1367 2GHz　TD－SCDMA数字蜂窝移动通信网 终端设备技术要求

YD/T 1547 2GHz　WCDMA数字蜂窝移动通信网 终端设备技术要求

（第三阶段）

YD/T 1558 2GHz　CDMA2000 数字蜂窝移动通信网设备技术要求：移动台

3　术语、定义和缩略语

3.1　术语和定义

下列术语和定义适用于本文件。

3.1.1

固件 firmware

运行在终端微处理器中的嵌入式软件。

3.1.2

电子运单 electronic travel permit

包含车辆信息和客货信息等的电子数据。

3.1.3

行驶开始时间 start time of travelling

车辆从静止状态转变为行驶状态（速度大于 0km/h 且持续 10s 以上）的时间。

3.1.4

行驶结束时间 end time of travelling

车辆从行驶状态转变为静止状态（速度等于 0km/h 且持续 10s 以上）的时间。

3.1.5

连续驾驶时间 continuous driving time

同一驾驶员在相邻的且时间不少于 20min 的两个停车休息时段之间的驾驶时间。

注：少于 20min 的停车休息时间计入连续驾驶时间。

3.1.6

监控中心 monitoring centre

对车辆道路运输进行监控的软件平台。

3.1.7

休眠 sleep

车辆熄火后，终端继续保持与监控中心联系的一种特殊状态。

3.1.8

ACC

汽车用带点火开关的转向锁的专用挡位。

3.1.9

电召服务 dial a cab

为乘客提供出租汽车预约或实时叫车的服务方式。

3.2 缩略语

下列缩略语适用于本文件。

CAN——控制器局域网络（Controller Area Network）

4 一般要求

4.1 终端组成

4.1.1 主机

终端主机应包括微处理器、数据存储器、卫星定位模块、车辆状态信息采集模块、无线通信传输模块、实时时钟、数据通信接口等，可包括显示器、打印机、读卡器。如果显示器、打印机、读卡器不包含于主机本体上，则其可列为外部设备，但主机应留有相应接口。

4.1.2 外部设备

外部设备应包括卫星定位天线、无线通信天线、应急报警按钮、语音报读装置，可包括通话装置、操作键、读卡器、打印机、显示器、车辆营运状态信息显示、信息发布等设备，以及图像、视频、音频、驾驶员身份、电子运单、物流、营运、收费结算、服务评价等信息的采集设备等。

4.2 外观

终端的外观应无锈蚀、锈斑、裂纹、褪色、污迹、变形、镀涂层脱落，亦无明显划痕、毛刺；塑料件应无起泡、开裂、变形；灌注物应无溢出等现象；结构件与控制组件应完整，无机械损伤。

4.3 铭牌

终端应有清晰耐久的铭牌标志。铭牌应安装在主机外表面的醒目位置，铭牌尺寸应与主机结构尺寸相适宜。

铭牌应包括下列内容：

——终端名称、型号及规格；

——终端制造厂名及商标；

——终端出厂年月及编号；

——终端执行标准代号。

4.4 文字、图形和标志

终端应有使用说明。面板的按键、接口等部位应有文字、图形等标志，并满足以下要求：

——耐久、醒目；

——使用说明、铭牌和标志中的文字应使用中文，根据需要也可以同时使用其它文字，但应保证中文在其它文字的上面（或左面）。

4.5 材质

应符合无毒害、无放射性的要求。

4.6 机壳防护

当主机不包含显示器、打印机和读卡器时，机壳防护满足 QC/T 413 中 IP53 的等级要求；当主机包含显示器、打印机、读卡器等设备或其中之一时，机壳防护满足 QC/T 413 中 IP43 的等级要求。

5 功能要求

5.1 自检

终端应具备自检功能。通过信号灯或显示屏明确表示车载终端当前主要状态，包括：卫星定位及通信模块工作状态、主电源状态、卫星定位天线状态、与终端主机相连的其它设备状态等。若出现故障，则通过信号灯或显示屏显示方式指示故障类型等信息，存储并上传至监控中心。

5.2 定位

5.2.1 定位功能

终端的定位功能应包括以下内容：

——终端应能提供实时的时间、经度、纬度、速度、高程和方向等定位状态信息，可存储到终端内部，同时通过无线通信方式上传至监控中心，差分定位功能为可选；

——如终端支持多种卫星定位模式，终端应能上传当前采用的定位模式，并支持按监控中心指定的卫星定位模式定位；

——终端应能接收一个或多个监控中心的定位请求进行定位信息上传，并能按监控中心要求中止对应中心的实时上报；

——终端应能在通信中断时（盲区）以先进先出方式存储不少于10000条定位信息，在恢复通信后将存储的定位信息补报上传，可根据需要采用压缩方式上传；

——终端应支持时间、距离间隔或外部事件触发方式上传定位信息，当终端处于休眠状态时也应以一定时间间隔上传定位信息。且时间和距离的间隔可由监控中心设定；

——终端可自动对报警车辆或重点车辆按监控中心设定的定位方式及间隔上传定位数据。

5.2.2　北斗定位功能

采用北斗卫星定位的终端应具有北斗卫星信息采集功能，能够存储或向监控中心上报北斗定位结果及卫星定位模块详细定位数据，至少包含伪距、DOP、信噪比、有效卫星数。北斗定位功能具体技术要求如下：

——能够响应监控中心下发的添加北斗信息采集区域和删除北斗信息采集区域两种指令；

——能够存储至少24个监控中心下发的卫星信息采集的矩形区域，当车辆驶入某矩形区域时自动启动卫星信号采集功能并按照指定频率上传，反之驶出区域时自动停止采集和上传；

——能够按照监控中心指定的参数设置将当前定位模式和卫星信号覆盖状态信息等详细定位数据存储或上传至监控中心。终端能够存储至少2000条详细定位数据，如果保存数据超过最大容量时，应按时间顺序将最先保存的数据丢弃。

——应支持对北斗卫星双模定位模块的在线升级和本地升级功能。

5.2.3 定位性能

终端的定位功能应满足以下技术要求：

——定时报送：在行驶状态下，最小报送时间间隔不大于5s，最大报送时间间隔不大于60s；

——定距报送：在行驶状态下，最小报送距离不大于100m，最大报送距离不大于1000m；

——定时定距报送：在行驶状态下，终端可按监控中心设置的时间、距离间隔上报定位数据；

——实时定位：从终端收到监控中心下发的实时定位请求到终端应答，时间不大于10s；

——记录时间精度要求在24h内累计时间允许误差在±5s以内。

5.3 通信

5.3.1 通信方式

应能至少支持基于通用GSM、CDMA、TD－SCDMA、WCDMA、CDMA2000等多种无线通信网络以及北斗卫星导航系统传输机制下的通信模式之一。当车辆所在地无线网络支持分组数据传输时，车载终端应首先选择分组数据传输方式；当所在地不支持分组数据传输时，可切换到短消息方式传送数据；当所在地无线通信网络不通时，可根据需要采用北斗通信方式。

5.3.2 通信要求

终端的通信要求应包括以下内容：

——终端应支持至少两个远程连接，即主监控中心和备份监控中心的连接，能在与主监控中心通信中断时自动切换至备份监控中心；

——如果终端无法注册到所在地的无线网络时，应将数据以先进先出方式保存，直至注册到无线网络时一并传送。如果保存数据超过最大容量时，应按时间顺序将最先保存的数据丢弃；

——终端应支持数据批量接收与发送功能、断点续传功能。

5.4 信息采集

5.4.1 驾驶员身份

终端的驾驶员身份识别装置应符合 JT/T 825 标准的要求，支持通过远程认证的方式采集从业资格证信息，并上传至认证中心和监控中心。出租汽车终端可采用本地认证的方式。

更换驾驶员驾驶时，终端应能够自动侦测更换驾驶员 IC 卡从业资格证动作，并实现相应的驾驶员身份识别功能。

5.4.2 电子运单

终端可支持电子运单信息的采集与显示，并上传至监控中心。

5.4.3 车辆 CAN 总线数据

终端应支持通过 CAN 总线采集车辆参数信息。

5.4.4 车辆载货状态

终端留有车辆载货状态检测装置接口或者通过人工输入方式确定车辆的载货状态（空载、半载、满载），并上传至监控中心。

5.4.5 车辆营运数据

终端留有计价器、服务评价器、智能顶灯、信息发布等设备的接口，采集出租汽车的运营数据、空重车状态、服务评价等信息，实时上传至监控中心，同时接收监控中心的数据，发送到智能顶灯和信息发布等设备上。

5.4.6 收费结算数据

终端留有收费结算数据采集装置接口，支持公交一卡通、银行卡等方式采集收费结算信息，并上传至监控中心。

5.4.7 图像信息

终端可具有图像信息采集及存储功能，支持监控中心控制、定时和事件触发方式实现图像信息的采集、存储、上传及检索上传功能；支持通过 USB 接口对图像信息的导出。同时图像信息采集应满足以下技术要求：

——至少支持两路摄像头，其中出租汽车终端至少支持一路摄像头；

——摄像头应支持红外补光；

——可设置多种成像分辨率，至少支持 320×240（QVGA）与 352×

288（CIF）之一；

——最小采集间隔为5s；

——至少支持以JPEG格式存储图像；

——存储容量：以先进先出方式至少可存储2000张图像；

——可支持对图像数据标记，该类图像不允许被覆盖。

5.4.8 音频信息

终端可具有音频信息采集及存储功能，支持监控中心控制和事件触发方式实现音频信息的采集、压缩、存储、上传及检索上传功能；支持通过USB接口对音频数据的导出。同时音频信息采集应满足以下技术要求：

——至少支持一路音频输入采集；

——编码精度支持16bit，编码格式支持G.726或G.711；

——存储容量：以先进先出方式至少应能保存48h的音频数据；

——可支持对音频数据标记，该类音频不允许被覆盖。

5.4.9 视频信息

终端可具有视频信息采集及存储功能，支持监控中心控制和事件触发方式实现视频信息的采集、压缩、存储、上传及检索上传功能；支持视频数据的实时上传；支持通过USB接口对视频据的导出。同时视频信息采集应满足以下技术要求：

——至少支持两路摄像头同时采集（出租汽车终端除外）；

——可设置多种成像分辨率，至少支持352×288（CIF）；

——视频帧率不低于1FPS；

——视频采集编码格式为H.264；

——存储容量：至少能保存48h的视频数据；

——可支持对视频数据标记，该类视频不允许被覆盖。

5.4.10 车辆信号采集

终端可支持采集车辆的开关量和模拟量等信息，包括制动、门、转向灯、喇叭等。可采集至少5个开关量和至少2个模拟量，并将采集的信息与定位数据一起上传至监控中心。

5.5 行驶记录

终端应具有 GB/T 19056 所要求的汽车行驶记录功能，并提供数据分析软件，支持行驶记录数据的实时上传、条件检索上传和数据接口导出功能。数据分析软件、终端行驶记录性能及存储性能应符合 GB/T 19056 的要求。

5.6 监听

终端可具有监听功能，监听时扬声器应处于关闭状态。监听功能应满足以下技术要求：

——监控中心下发监听指令，终端拨打监听指令携带的监听号码进入监听状态；

——监听时将需要上传的数据保存，监听结束后上传；

——人工报警时，图像、音频和视频采集功能均不具备的终端应主动拨打预先设定的监听号码进入监听状态；

——终端拨打监听号码时，在首次未打通情况下，应再连续拨打 3 次，每次间隔 30s。

5.7 通话

终端可具有电路域通话功能和通话管理功能，包括通话限制、语音存储、电话簿管理、电话回拨、音量调节、来电自动摘机。终端通话功能应符合以下技术要求：

——通话时将需要上传的数据保存，通话结束后上传；

——终端电话簿应具有不少于 20 名联系人的存储容量；

——终端可由监控中心设定只允许呼入号码和只允许呼出号码。

5.8 休眠

终端应具有车辆 ACC 点火检测功能，当车辆熄火后终端向监控中心发送车辆熄火信号并自动进入休眠状态。终端在休眠状态下应满足以下技术要求：

——关闭除无线通信模块外其它不必要设备，卫星定位模块在需要上传时自动唤醒；

——数据上传频率可由监控中心远程设置或者按照初始化时设置的参

数自动持续降低数据上传频率；

——终端应在电瓶欠压报警后，转由内置备用电池供电，在内置备用电池电量用完时自动关机；

——终端在休眠期间，其平均功率不超过2w。

5.9 警示

终端触发警示时应立即向监控中心上传警示信息或根据需要向指定手机发送短消息警示信息，并能接收监控中心指令取消警示，警示手机号码可由监控中心远程设置。当监控中心依据车辆上传的车辆位置信息、状态信息或者安全监管需要向终端下指令时，终端应以语音报读方式，可结合声、光、文字等方式向驾驶员提示警示信息。

终端警示功能分为人工报警与自动提醒：

a）人工报警是驾驶员根据现场实际情况触发的报警，应包括：当遇到抢劫、交通事故、车辆故障等紧急情况，驾驶员通过触动应急报警按钮向监控中心上传报警信息，同时关闭语音报读模块。如果终端具有图像、视频、音频采集功能，应立即启用该功能。人工报警应具备防止误操作功能。

b）自动提醒是驾驶员不对终端进行任何操作，终端根据监控中心设定的条件触发，应包括以下内容：

1）区域提醒：终端中应存储有不少于24个多边形或圆形区域，当车辆驶入禁入区域或驶出禁出区域时触发，监控区域可由监控中心远程设置；

2）路线偏离提醒：终端中应存储有不少于24条路线，每条路线应是16个或以上点构成的折线。当车辆驶离设定的路线时触发，监控路线可由监控中心远程设置；

3）超速提醒：终端可根据预设的速度阈值或通过接收监控中心下发的信息触发，以提醒驾驶员当前处于超速状态；

4）疲劳行驶提醒：车辆或者驾驶员连续驾驶时间超过疲劳驾驶时间阈值时触发，疲劳驾驶时间阈值可由监控中心远程设置，默认为4h；

5）电瓶欠压提醒：终端检测车辆电瓶电压低于预设值时触发，同时终端须停止从车辆电瓶取电，转由终端内置备用电池供电；

6）断电提醒；终端在被切断主供电源时触发；

7）超时停车提醒：停车时间超过系统预设时间时触发；

8）终端故障提醒：当终端主机及与终端主机连接的外部设备工作异常时触发，并上传至监控中心。

9）碰撞提醒：当终端检测到强力碰撞时触发预警，触发后终端应采用最小报送时间间隔上传车辆状态及定位信息，以便监控中心确认碰撞提醒。

10）侧翻提醒：当终端检测到侧翻时触发预警，触发后终端应采用最小报送时间间隔上传车辆状态及定位信息，以便监控中心确认侧翻提醒。

5.10　终端管理

终端应支持无线网络远程方式实现终端在监控中心注册和注销功能、固件更新功能、固件参数的修改和查询功能、终端的复位或恢复出厂设置功能。固件更新、参数修改过程中遇到掉电等意外情况时应支持自动恢复功能，保证更新失败时终端能够正常使用。同时固件更新和固件参数修改功能也应支持本地（SD卡、USB或其它数字接口）方式实现。

终端可同时支持通过USB口和串口对终端进行设置和输出。

5.11　人机交互

终端应具有人机交互功能，与驾驶员进行信息交互。终端应能通过语音报读设备与显示设备，可结合信号灯或蜂鸣器等设备向驾驶员提供信息，驾驶员能通过按键或触摸屏或遥控器等方式操作终端。

货运车辆终端的显示设备应不小于5英寸，并支持触摸输入方式，可采用外接或内置的形式。

5.12　信息服务

终端可具有以下信息服务功能：

——终端应支持驾驶员主动上报信息以及监控中心直接下发信息，并进行分类管理；

——终端应支持语音报读和弹出窗口方式显示政府下发的通知公告类

信息；

——终端支持监控中心直接下发信息以及驾驶员主动上报信息；

——终端可通过显示设备、语音报读设备向驾驶员提示监控中心下发的调度信息、物流信息等，同时驾驶员可通过按键方式向监控中心回传应答信息；

——终端至少可存储所有信息类型的最近50条记录，可支持条件查询功能。

5.13　电召服务

终端可具有以下服务功能：

——终端支持接收并显示监控中心下发的电召指令，并可通过相关按键及时将抢答信息传输到监控中心；

——终端支持接收并显示监控中心下发的调度指令，并可通过相关按键及时将反馈信息传输到监控中心。

5.14　多中心接入

终端应支持同时连接两个或两个以上的监控中心，并能获取监控中心下发的信息，终端应按设置的时间间隔定期连接设定的监控中心并获取其下发的信息。

终端应支持以域名的方式接入监控中心。

货运车辆终端主监控中心的域名应设置为“jt1. gghypt. net”，备份监控中心的域名应设置为“jt2. gghypt. net”。

5.15　车辆故障远程诊断

终端可具有车辆故障远程诊断功能，能够响应监控中心下发的指令将请求的CAN总线信息当前故障代码按照指定的频率上传至监控中心，并在收到监控中心下发的故障指示信息后显示在屏幕上。具体技术要求如下：

——可具备两路或以上内置CAN总线接口；

——能够根据监控中心设定的ID号，将采集到的当前故障代码按照指定的频率上传。

5.16　使用前锁定

货运车辆终端应具有使用前锁定功能。在终端未录入终端 ID、SIM 卡号等车辆基本信息时，终端应处于锁定状态。用户初次使用时应输入车辆基本信息并向监控中心注册后方可正式启用终端。

5.17　自动关闭通信

终端可具有在加油站、油库等特定危险区域内自动关闭通信的功能。具体技术要求如下：

——能够响应监控中心下发的添加危险区域、删除危险区域、清空危险区域三种相关指令；

——能够存储至少 127 个监控中心下发的危险区域，当车辆驶入某区域时自动关闭通信功能，反之驶出区域时自动启动通信功能，并补传之前未上传的所有数据。

5.18　双向语音通话

终端可支持与监控中心的双向语音通话功能，支持一键呼叫监控中心。

5.19　不同类型运输车辆终端基本功能要求

根据不同类型运输车辆监管要求，终端分为危险品运输车辆终端、货运车辆终端、客运车辆终端、出租汽车终端四类，具体功能配置要求见附录 A。

6　性能要求

6.1　整体性能

终端及固件应保持 24h 持续独立稳定工作，同时应满足以下性能要求：

——可靠性：终端的平均无故障间隔时间（MTBF）最低为 3000h，其中出租汽车终端平均无故障间隔时间最低为 5000h，危险品运输车辆终端平均无故障间隔时间最低为 8000h；

——可扩展性：应具有 USB 接口、总线数据接口以及采集车辆制动、速度信号的数据接口，可根据实际需要具有 RS232 接口或 RS485 接口或其它连接外部设备以及传感器的数据接口。接口类型和数量应能满足功能的要求。

6.2　卫星定位模块

卫星定位模块应满足以下技术要求：

——卫星接收通道：不小于 12 个；

——灵敏度：优于 -130dBm；

——水平定位精度不大于 15m，高程定位精度不大于 30m，速度定位精度不大于 2m/s；差分定位精度（可选）：1m～5m；

——最小位置更新率为 1Hz；

——热启动：实现捕获时间不超过 10s。

6.3　无线通信模块

6.3.1　协议支持

能支持基于通用 GSM、CDMA、TD-SCDMA、WCDMA、CDMA2000 或其它无线通信网络传输机制下的通信模式之一。

6.3.2　误码率

通信模块的误码率或误块率等无线信道质量参数应符合 YD/T 1214、YD/T 1050、YD/T 1367、YD/T 1547、YD/T 1558 及其它相关标准的要求。

6.3.3　最大发射功率

通信模块的最大发射功率应符合 YD/T 1214、YD/T 1050、YD/T 1367、YD/T 1547、YD/T 1558 及其它相关标准的要求。

6.3.4　北斗通信方式

若终端采用北斗通信方式，应符合 JT/T 766—2009 中 4.4.2.1.3、4.4.2.2.2、4.4.2.3 和 4.4.2.4 的要求。

6.4　电器性能

6.4.1　电源

6.4.1.1　电源部件

终端的主电源为车辆电源，终端内应具有备用可充电电池，当终端失去主电源后，备用电池工作时间不少于 10min，备用电池工作时间应足够终端向监控中心报警或传输必要的数据。

6.4.1.2　电源电压适应性

在按表 1 给出的电源电压波动范围进行电压适应性试验时，试验后终端各项功能均应正常。

电器性能试验参数 单位：V

表1

标称直流电源电压	电源电压波动范围	极性反接试验电压	过电压
12	9~16	14±0.1	24
24	18~32	28±0.2	36
36	27~48	42±0.2	54

6.4.1.3 耐电源极性反接

在表1规定的标称电源电压极性反接时，终端应能承受1min的极性反接试验，除熔断器外（允许更换烧坏的熔断器）不应有其它电器故障。试验后终端各项功能均应正常。

6.4.1.4 耐电源过电压性

在表1规定的过电压下，终端应能承受1min的电源过电压试验。试验后除熔断器外（允许更换烧坏的熔断器）不应有其它电器故障，终端各项功能均应正常。

6.4.1.5 断电保护性能

当终端断电，应自动进入保护状态，断电前存储的信息能至少保持15天。

6.4.1.6 低压保护性能

在车辆蓄电池电压低于门限值时，终端应停止从汽车蓄电池取电，以延长蓄电池使用寿命，保护车辆的正常工作。

低压门限值要求如下：

——12V蓄电池：8.5V±0.5V；

——24V蓄电池：17.0V±1.0V；

——36V蓄电池：26.0V±1.0V。

当汽车蓄电池电压恢复超过低压门限值上限时，终端应从备用蓄电池切换回汽车蓄电池供电，恢复从汽车蓄电池取电。

6.4.2 连接线

连接导线性能应符合QC/T 730的相关要求。终端的连接线要整齐布置，并用线夹、电缆套、电缆圈固定，线束内的导线要有序编扎。导线颜色应符合 GB/T 19056 的要求。电源导线上应串联熔断器，熔断器性能应符合 QC/T 420 的相关要求。

6.4.3　接插器

接插器性能应符合 QC/T 417.1 的相关要求。连接器插头两端的线色应一致。两个以上非通用接口应有明显标识，同时插头不能互换。

6.5　环境适应性

6.5.1　气候环境适应性

终端的存储温度至少为 -40℃ ~85℃，工作温度至少为 -20℃ ~70℃。

6.5.2　机械环境适应性

6.5.2.1　总体要求

终端在承受振动试验、冲击试验等机械环境试验后，应无永久性结构变形，无零部件损坏，无电器故障，无紧固部件松脱现象，无插头、通信接口等接插器脱落或接触不良现象，其各项功能等应保持正常，无试验前存储的信息丢失现象。

6.5.2.2　振动

终端振动试验条件见表 2，试验中及试验后终端应符合 6.5.2.1 的要求。

振动试验条件表　　表 2

试验名称	试验参数		工作状态
振动试验	扫频范围 Hz	5 ~300	不通电正常安装状态
	扫频速度 oct/min	1	
	扫频时间（每个方向）h	8	
	振幅（5Hz ~11Hz 时峰值）mm	10	
	加速度（11Hz ~300Hz 时）m/s^2	50	
	振动方向	*X*、*Y*、*Z* 三方向	

6.5.2.3　冲击

终端冲击试验条件见表 3，试验中及试验后终端应符合 6.5.2.1 的要求。

冲击试验条件表 表3

试验名称	试验参数		工作状态
冲击试验	冲击次数（*X*、*Y*、*Z* 三方向）	各3次	不通电正常安装状态
	峰值加速度 m/s^2	490	
	脉冲持续时间 ms	11	
	方向	X、Y、Z 三方向	

6.6 电磁兼容

6.6.1 静电放电抗干扰度

采用 GB/T 19951 所规定要求，按照表4 的测试等级，应不低于 III 级。终端试验中及试验后不应出现电器故障，试验结果评定应符合 GB/T 19951 中 B 类要求。

静电放电等级测试表 表4

放电类型	严酷等级 kV					最少放电次数[a]
	自选等级	试验等级				
		Ⅰ	Ⅱ	Ⅲ	Ⅳ	
接触放电	x[b]	±4	±6	±7	±8	3
空气放电	x[b]	±4	±8	±14	±15	

注：[a]最小放电间隔时间为5s。

[b]制造商和供应商协议值。

6.6.2 瞬态抗扰性

终端的瞬态抗扰性应符合 GB/T 19056 的要求。

6.7 抗车辆点火干扰

终端在进行汽车点火干扰试验时，不应出现异常现象，各项功能应正常。

7 安装

7.1 总体要求

终端安装应避免改变车辆本身的电器结构与布线，保证不会因为终端的安装而产生车辆安全隐患。

7.2 终端主机的安装

终端主机的安装应满足以下要求：

——安装区域应远离碰撞、过热、阳光直射、废气、水和灰尘，同时注意选择在通风、散热条件好的地方，尽量保证隐蔽安装，不影响原车外观和驾驶员操作；

——设备的安装固定应保证不会松动。应使用螺丝钉进行固定，不能使用胶粘工艺。

——在终端两侧预留各插接件的接插空间。其它外接设备与主机之间的连接线要求隐蔽敷设并保证线路所经过部位没有尖锐和可剧烈撞击物体，确保连接线不因外来因素断路。

7.3　天线的安装

天线应远离其它敏感的电子设备，并保证信号的正常接收与传输。

7.4　安装布线

安装布线应满足以下要求：

——终端取电在 ACC 之前；

——设备在车辆上的线路都应保证整齐安全地连接、固定，线路用线夹固定好，走线固定在波纹管里。安装完毕后，电线没有外露；

——设备不应利用车上自带的熔断器做保护，所接电源线的额定电流值要远大于车载终端电源的实际工作电流值。

7.5　外部设备的安装

根据实际需要安装外部设备，安装的位置应考虑方便、美观的原则。其中应急报警按钮的安装位置应考虑使用方便，避免误操作。

7.6　安装完成后的测试

终端本体及附属设备安装就绪，应由专门的技术人员进行检查，然后才能给终端通电和初始化设置。完成以上安装工作的终端应按照该产品的使用说明书进行远程测试，保证各项功能正常。

附录 A

（规范性附录）

不同类型运输车辆终端基本功能要求

表 A.1 定义了不同类型运输车辆终端的基本功能要求。

不同类型运输车辆终端的基本功能要求　　表 A.1

序号	功能		客运车辆	危险品运输车辆	货运车辆	出租汽车
1	自检		○	○	○	○
2	定位		○	○	○	○
3	通信		○	○	○	○
4	信息采集	驾驶员身份	○	○	○	○
		电子运单	△	△	△	×
		车辆 CAN 总线数据	○	○	○	○
		车辆载货状态	×	○	○	×
		车辆营运数据	△	×	×	○
		收费结算数据	△	×	×	△
		图像信息	○	△	△	○
		音频信息	○	△	△	○
		视频信息	△	△	△	△
		车辆信号采集	△	△	△	△
5	行驶记录		○	○	○	△
6	监听		○	△	△	○
7	通话		△	△	△	○
8	休眠		○	○	○	○
9	警示	人工报警	○	○	○	○
		区域提醒	△	○	△	△
		路线偏离提醒	○	○	△	×
		超速提醒	○	○	○	○
		疲劳行驶提醒	○	○	○	○
		蓄电池欠电压提醒	○	○	○	○
		断电提醒	○	○	○	○

续上表

序号	功 能		客运车辆	危险品运输车辆	货运车辆	出租汽车
9	警示	超时停车提醒	△	△	△	×
		终端故障提醒	○	○	○	○
		碰撞提醒	○	○	○	○
		侧翻提醒	○	○	○	○
10	终端管理		○	○	○	○
11	人机交互		○	○	○	○
12	信息服务		△	△	△	○
13	电召服务		×	×	×	○
14	多中心接入		○	○	○	○
15	车辆故障远程诊断		△	△	△	△
16	使用前锁定		△	△	○	△
17	自动关闭通信		△	△	△	△
18	双向语音通话		△	△	△	△

注：“○”表示应具有的功能，“△”表示可选功能，“×”表示不必具有的功能。

附件 2

道路运输车辆卫星定位系统
北斗兼容车载终端通信协议技术规范

GNSS system for operating vehicles
—General specifications for the communication protocol and data format of BD compatible vehicle terminal

目　次

8.22 人工确认报警消息

8.23 文本信息下发

8.24 事件设置

8.25 事件报告

8.26 提问下发

8.27 提问应答

8.28 信息点播菜单设置

8.29 信息点播/取消

8.30 信息服务

8.31 电话回拨

8.32 设置电话本

8.33 车辆控制

8.34 车辆控制应答

8.35 设置圆形区域

8.36 删除圆形区域

8.37 设置矩形区域

8.38 删除矩形区域

8.39 设置多边形区域

8.40 删除多边形区域

8.41 设置路线

8.42 删除路线

8.43 行驶记录数据采集命令

8.44 行驶记录数据上传

8.45 行驶记录参数下传命令

8.46 电子运单上报

8.47 上报驾驶员身份信息请求

8.48 驾驶员身份信息采集上报

8.49 定位数据批量上传

8.50 CAN 总线数据上传

前　言

本规范是对 JT/T 808—2011《道路运输车辆卫星定位系统　终端通信协议及数据格式》的补充和完善，与 JT/T 808—2011 相比，除编辑性修改外主要技术变化如下：

——修改了通信连接中 5.2 连接的维持的描述；

——修改了协议分类中 7.8.1 采集驾驶员身份信息数据的流程描述；

——增加了协议分类中 7.12 分包消息的流程描述；

——修改了数据格式中，原 8.4 终端注册、8.8 设置终端参数、8.12 位置信息汇报、8.23 文本信息下发、8.28 设置圆形区域、8.36 行驶记录数据采集命令、8.37 行驶记录数据上传、8.38 行驶记录参数下传命令、8.40 驾驶员身份信息采集上报、8.41 多媒体事件信息上传、8.42 多媒体数据上传、8.43 多媒体数据上传应答、8.46 存储多媒体数据检索应答、8.49 数据下行透传、8.50 数据上行透传等章节的内容；

——增加了数据格式中，8.4 补传分包请求、8.11 查询指定终端参数、8.14 查询终端属性、8.15 查询终端属性应答、8.16 下发终端升级包、8.17 终端升级结果通知、8.22 人工确认报警消息、8.47 上报驾驶员身份信息请求、8.49 定位数据批量上传、8.50 CAN 总线数据上传、8.55 摄像头立即拍摄命令应答、8.60 单条存储多媒体数据检索上传命令等 12 条命令，并对影响的章节和表格编号进行了调整；

——修改了附录 A 中，表 A.2 外设类型编号表、表 A.3 命令类型表的内容；

——增加了附录 A 中，A.3.4 查询从机版本号信息、A.3.5 从机自检、A.3.6 从机固件更新、A.3.7 查询外设属性、A.4.1 道路运输证 IC 卡认证请求、A.4.2 道路运输证 IC 卡读取结果通知、A.4.3 卡片拔出通知、

A. 4. 4　主动触发读取 IC 卡等终端主机与外设的通讯协议指令；

——修改了附录 B 消息对照表中上述修改相对应的内容。

本规范由中华人民共和国交通运输部提出。

本规范起草单位：中国交通通信信息中心。

道路运输车辆卫星定位系统终端通信协议及数据格式

1 范围

本规范规定了道路运输车辆卫星定位系统北斗兼容车载终端（以下简称终端）与监管/监控平台（以下简称平台）之间的通信协议与数据格式，包括协议基础、通信连接、消息处理、协议分类与说明及数据格式。

本规范适用于道路运输车辆卫星定位系统北斗兼容车载终端和平台之间的通信。

2 规范性引用文件

下列文件对于本文件的应用是必不可少的。凡是注日期的引用文件，仅所注日期的版本适用于本文件。凡是不注日期的引用文件，其最新版本（包括所有的修改单）适用于本文件。

GB/T 2260 中华人民共和国行政区划代码

GB/T 19056 汽车行驶记录仪

JT/T 415—2006 道路运输电子政务平台 编目编码规则

JT/T 794 道路运输车辆卫星定位系统 车载终端技术要求

3 术语和定义、缩略语

3.1 术语和定义

下列术语和定义适用于本文件。

3.1.1

数据通信链路异常 abnormal data communication link

无线通信链路断开，或暂时挂起（如通话过程中）。

3.1.2

注册 register

终端向平台发送消息告知其安装在某一车辆上。

3.1.3

注销 unregister

终端向平台发送消息告知从所安装车辆拆下。

3.1.4

鉴权 authentication

终端连接上平台时向平台发送消息以使平台验证自己身份。

3.1.5

位置汇报策略 location reporting strategy

定时、定距汇报或两者结合。

3.1.6

位置汇报方案 location reporting program

根据相关条件确定周期汇报的间隔的规则。

3.1.7

拐点补传 additional points report while turning

终端在判断到车辆拐弯时发送位置信息汇报消息。采样频率不低于1Hz，汽车方位角变化率不低于15°/s，且至少持续3s以上。

3.1.8

电话接听策略 answering strategy

终端自动或手动接听来电的规则。

3.1.9

SMS 文本报警 SMS text alarm

终端报警时以 SMS 方式发送文本信息。

3.1.10

事件项 event item

事件项由平台预设到终端，由事件编码和事件名称组成，驾驶员在遇到相应事件时操作终端，触发事件报告发送到平台。

3.2　缩略语

下列缩略语适用于本文件。

APN——接入点名称（access point name）

GZIP——一个 GNU 自由软件的文件压缩程序（GNUzip）

LCD——液晶显示屏（liquid crystal display）

RSA——一种非对称密码算法（由 Ron Rivest、Adi Shamirh、Len Adleman 开发，取名来自三者的名字）

SMS——短消息服务（short message service）

TCP——传输控制协议（transmission control protocol）

TTS——文本到语音（text to speech）

UDP——用户数据报协议（user datagram protocol）

VSS——车辆速度传感器（vehicle speed sensor）

4 协议基础

4.1 通信方式

协议采用的通信方式应符合 JT/T 794 中的相关规定，通信协议采用 TCP 或 UDP，平台作为服务器端，终端作为客户端。当数据通信链路异常时，终端可以采用 SMS 消息方式进行通信。

4.2 数据类型

协议消息中使用的数据类型见表 1：

数 据 类 型 表 1

数据类型	描述及要求
BYTE	无符号单字节整型（字节，8 位）
WORD	无符号双字节整型（字，16 位）
DWORD	无符号四字节整型（双字，32 位）
BYTE [n]	n 字节
BCD [n]	8421 码，n 字节
STRING	GBK 编码，若无数据，置空

4.3 传输规则

协议采用大端模式（big-endian）的网络字节序来传递字和双字。

约定如下：

——字节（BYTE）的传输约定：按照字节流的方式传输；

——字（WORD）的传输约定：先传递高八位，再传递低八位；

——双字（DWORD）的传输约定：先传递高24位，然后传递高16位，再传递高八位，最后传递低八位。

4.4　消息的组成

4.4.1　消息结构

每条消息由标识位、消息头、消息体和校验码组成，消息结构图如图1所示：

标识位	消息头	消息体	检验码	标识位

图1　消息结构图

4.4.2　标识位

采用0x7e表示，若校验码、消息头以及消息体中出现0x7e，则要进行转义处理，转义规则定义如下：

0x7e <————> 0x7d后紧跟一个0x02；

0x7d <————> 0x7d后紧跟一个0x01。

转义处理过程如下：

发送消息时：消息封装——>计算并填充校验码——>转义；

接收消息时：转义还原——>验证校验码——>解析消息。

示例：

发送一包内容为0x30 0x7e 0x08 0x7d 0x55的数据包，则经过封装如下：0x7e 0x30 7d 0x02 0x08 0x7d 0x01 0x55 0x7e。

4.4.3　消息头

消息头内容详见表2：

消息头内容　　表2

起始字节	字　　段	数据类型	描述及要求
0	消息ID	WORD	
2	消息体属性	WORD	消息体属性格式结构图见图2
4	终端手机号	BCD［6］	根据安装后终端自身的手机号转换。手机号不足12位，则在前补充数字，大陆手机号补充数字0，港澳台则根据其区号进行位数补充。
10	消息流水号	WORD	按发送顺序从0开始循环累加
12	消息包封装项		如果消息体属性中相关标识位确定消息分包处理，则该项有内容，否则无该项

消息体属性格式结构图如图2 所示：

15	14	13	12	11	10	9	8	7	6	5	4	3	2	1	0
保留		分包	数据加密方式			消息体长度									

图2 消息体属性格式结构图

数据加密方式：

——bit10 ~ bit12 为数据加密标识位；

当此二位都为0，表示消息体不加密；

——当第10 位为1，表示消息体经过RSA 算法加密；

——其他保留。

分包：

当消息体属性中第13 位为1 时表示消息体为长消息，进行分包发送处理，具体分包信息由消息包封装项决定；若第13 位为0，则消息头中无消息包封装项字段。

消息包封装项内容见表3：

消息包封装项内容 表3

起始字节	字段	数据类型	描述及要求
0	消息总包数	WORD	该消息分包后的总包数
2	包序号	WORD	从1 开始

4.4.4 校验码

校验码指从消息头开始，同后一字节异或，直到校验码前一个字节，占用一个字节。

5 通信连接

5.1 连接的建立

终端与平台的数据日常连接可采用TCP 或UDP 方式，终端复位后应尽快与平台建立连接，连接建立后立即向平台发送终端鉴权消息进行鉴权。

5.2 连接的维持

连接建立和终端鉴权成功后，在没有正常数据包传输的情况下，终端应周期性向平台发送终端心跳消息，平台收到后向终端发送平台通用应答消息，发送周期由终端参数指定。

5.3　连接的断开

平台和终端均可根据 TCP 协议主动断开连接，双方都应主动判断 TCP 连接是否断开。

平台判断 TCP 连接断开的方法：

——根据 TCP 协议判断出终端主动断开；

——相同身份的终端建立新连接，表明原连接已断开；

——在一定的时间内未收到终端发出的消息，如终端心跳。

终端判断 TCP 连接断开的方法：

——根据 TCP 协议判断出平台主动断开；

——数据通信链路断开；

——数据通信链路正常，达到重传次数后仍未收到应答。

6　消息处理

6.1　TCP 和 UDP 消息处理

6.1.1　平台主发的消息

所有平台主发的消息均要求终端应答，应答分为通用应答和专门应答，由各具体功能协议决定。发送方等待应答超时后，应对消息进行重发。应答超时时间和重传次数由平台参数指定，每次重传后的应答超时时间的计算公式见式（1）：

$$T_{N+1}=T_N\times(N+1) \tag{1}$$

式中：T_{N+1}——每次重传后的应答超时时间；

T_N——前一次的应答超时时间；

N——重传次数。

6.1.2　终端主发的消息

6.1.2.1　数据通信链路正常

数据通信链路正常时，所有终端主发的消息均要求平台应答，应答分为通用应答和专门应答，由各具体功能协议决定。终端等待应答超时后，应对消息进行重发。应答超时时间和重传次数由终端参数指定，每次重传后的应答超时时间按式（1）进行计算。对于终端发送的关键报警消息，若达到重传次数后仍未收到应答，则应对其进行保存。以后在发送其它消息前要先发送保存的关键报警消息。

6.1.2.2 数据通信链路异常

数据通信链路异常时，终端应对需发送的位置信息汇报消息进行保存。在数据通信链路恢复正常后，立即发送保存的消息。

6.2 SMS 消息处理

终端通信方式切换为 GSM 网络的 SMS 消息方式时，采用 PDU 八位编码方式，对于长度超过 140 字节的消息，应按照 GSM 网络的短信服务规范 GSM 03.40 进行分包处理。

SMS 消息的应答、重传和保存机制同 6.1，但应答超时时间及重传次数应按照表 10 中参数 ID0x0006 及 0x0007 的相关设定值处理。

7 协议分类

7.1 概述

以下按功能分类对协议进行描述。无特别指明，缺省采用 TCP 通信方式。车载终端与外接设备通信协议见附录 A。协议中消息名称与消息 ID 的消息对照表见附录 B。

7.2 终端管理类协议

7.2.1 终端注册/注销

终端在未注册状态下，应首先进行注册，注册成功后终端将获得鉴权码并进行保存，鉴权码在终端登录时使用。车辆需要拆除或更换终端前，终端应该执行注销操作，取消终端和车辆的对应关系。

终端若选择通过 SMS 方式发送终端注册和终端注销消息，平台应通过 SMS 方式发送终端注册应答对终端注册进行回复，通过 SMS 方式发送平台通用应答对终端注销进行回复。

7.2.2 终端鉴权

终端注册后每次在与平台建立连接后，应立即进行鉴权。鉴权成功前终端不得发送其它消息。

终端通过发送终端鉴权消息进行鉴权，平台回复平台通用应答消息。

7.2.3 设置/查询终端参数

平台通过发送设置终端参数消息设置终端参数，终端回复终端通用应答消息。平台通过发送查询终端参数消息查询终端参数，终端回复查询终端参数应答消息。不同网络制式下的终端应支持各自网络的一些特有参数。

7.2.4 终端控制

平台通过发送终端控制消息对终端进行控制，终端回复终端通用应答消息。

7.3 位置、报警类协议

7.3.1 位置信息汇报

终端根据参数设定周期性发送位置信息汇报消息。

根据参数控制，终端在判断到车辆拐弯时可发送位置信息汇报消息。

7.3.2 位置信息查询

平台通过发送位置信息查询消息，查询指定车载终端当时位置信息，终端回复位置信息查询应答消息。

7.3.3 临时位置跟踪控制

平台通过发送临时位置跟踪控制消息启动/停止位置跟踪，位置跟踪要求终端停止之前的周期汇报，按消息指定时间间隔进行汇报。终端回复终端通用应答消息。

7.3.4 终端报警

终端判断满足报警条件时发送位置信息汇报消息，在位置汇报消息中设置相应的报警标志，平台可通过回复平台通用应答消息进行报警处理。

各报警类型见位置信息汇报消息体中的描述。报警标志维持至报警条件解除的报警，在报警条件解除后应立即发送位置信息汇报消息，清除相应的报警标志。

7.4 信息类协议

7.4.1 文本信息下发

平台通过发送文本信息下发消息，按指定方式通知驾驶员。终端回复终端通用应答消息。

7.4.2 事件设置及报告

平台通过发送事件设置消息，将事件列表发到终端存储，驾驶员在遇到相应事件后可进入事件列表界面进行选择，选择后终端向平台发出事件报告消息。

事件设置消息，需要终端回复终端通用应答消息。

事件报告消息，需要平台回复平台通用应答消息。

7.4.3 提问

平台通过发送提问下发消息，将带有候选答案的提问发到终端，终端立即显示，驾驶员选择后终端向平台发出提问应答消息。

提问下发消息，需要终端回复终端通用应答消息。

7.4.4 信息点播

平台通过发送信息点播菜单设置消息，将信息点播项列表发到终端存储，驾驶员可以通过菜单选择点播/取消相应的信息服务，选择后终端向平台发出信息点播/取消消息。

信息服务被点播后，将定期收到来自平台的信息服务消息，如新闻、天气预报等。

信息点播菜单设置消息，需要终端回复终端通用应答消息。

信息点播/取消消息，需要平台回复平台通用应答消息。

信息服务消息，需要终端回复终端通用应答消息。

7.5 电话类协议

7.5.1 电话回拨

平台通过发送电话回拨消息，要求终端按指定的电话号码回拨电话，并指定是否按监听方式（终端不打开扬声器）。

电话回拨消息，需要终端回复终端通用应答消息。

7.5.2 设置电话本

平台通过发送设置电话本消息，对终端设置电话本，该消息需要终端回复终端通用应答消息。

7.6 车辆控制类协议

平台通过发送车辆控制消息，要求终端按指定的操作对车辆进行控制。终端收到后立即回复终端通用应答消息。之后终端对车辆进行控制，根据结果再回复车辆控制应答消息。

7.7　车辆管理类协议

平台通过发送设置圆型区域、设置矩形区域、设置多边形区域、设置路线等消息，对终端进行区域和线路设置。终端根据区域和线路属性判断是否满足报警条件，报警包括超速报警、进出区域/路线报警和路段行驶时间不足/过长报警，应在位置信息汇报消息中包含相应的位置附加信息。

区域或路线 ID 取值范围为 1 ~ 0XFFFFFFFF。若设置的 ID 与终端中已有的同类型区域或路线 ID 重复，则已有的被更新。

平台也可通过删除圆型区域、删除矩形区域、删除多边形区域、删除路线等消息，删除终端上保存的区域和路线。

设置/删除区域和路线消息，需要终端回复终端通用应答消息。

7.8　信息采集类协议

7.8.1　采集驾驶员身份信息数据

当驾驶员开始驾驶时，将 IC 卡从业资格证插入终端的读卡模块，读卡模块通过感应开关侦测到卡片进入后，通过接口将认证请求发送给终端，终端通过透传指令将认证请求数据转发给道路运输证 IC 卡认证中心，并将认证中心返回的认证结果透传给读卡模块。读卡模块根据认证结果读取 IC 卡从业资格证信息并通过终端将结果信息上传到认证中心（成功及失败信息）及归属监控中心（仅读取成功的信息）。

当驾驶员结束驾驶时，将 IC 卡拔出，读卡模块通过感应开关侦测到卡片离开后，将相关信息通过终端上传到认证中心及归属监控中心。

7.8.2　采集电子运单数据

终端采集电子运单数据上传平台。

7.8.3　采集行驶记录数据

平台通过发送行驶记录数据采集命令消息，要求终端上传指定的数据，该消息需要终端回复行驶记录数据上传消息。

7.8.4　下传行驶记录参数

平台通过发送行驶记录参数下传命令消息，要求终端上传指定的数据，该消息需要终端回复终端通用应答消息。

7.9 多媒体类协议

7.9.1 多媒体事件信息上传

终端因特定事件而主动拍摄或录音时，应在事件发生后主动上传多媒体事件消息，该消息需要平台回复通用应答消息。

7.9.2 多媒体数据上传

终端发送多媒体数据上传消息，上传多媒体数据。每个完整的多媒体数据前需附加摄录时的位置信息汇报消息体，称为位置多媒体数据。平台根据总包数确定接收超时时间，在收到全部数据包或达到超时时间后，平台向终端发送多媒体数据上传应答消息，该消息确认收到全部数据包或要求终端重传指定的数据包。

7.9.3 摄像头立即拍摄

平台通过发送摄像头立即拍摄命令消息，对终端下发拍摄命令，该消息需要终端回复终端通用应答消息。若指定实时上传，则终端拍摄后上传摄像头图像/视频，否则对图像/视频进行存储。

7.9.4 录音开始

平台通过发送录音开始命令消息，对终端下发录音命令，该消息需要终端回复终端通用应答消息。若指定实时上传，则终端录制后上传音频数据，否则对音频数据进行存储。

7.9.5 检索终端存储多媒体数据和提取

平台通过发送存储多媒体数据检索消息，获得终端存储多媒体数据的情况，该消息需要终端回复存储多媒体数据检索应答消息。

根据检索结果，平台可以通过发送存储多媒体数据上传消息，要求终端上传指定的多媒体数据，该消息需要终端回复终端通用应答消息。

7.10 通用数据传输类

协议中未定义但实际使用中需传递的消息可使用数据上行透传消息和数据下行透传消息进行上下行数据交换。

终端可采用 GZIP 压缩算法压缩较长消息，用数据压缩上报消息上传。

7.11　加密类协议

平台与终端之间若需加密通信，可采用RSA公钥密码系统。平台通过发送平台RSA公钥消息向终端告知自己的RSA公钥，终端回复终端RSA公钥消息，反之亦然。

7.12　分包消息

消息采用分包发送时，其分包消息应采用连续递增的流水号。

对分包消息的应答，如果没有专门的应答指令，则接收方可对所有分包消息采用一条通用应答，或对每条分包消息采用一条通用应答，并使用结果字段（成功/失败）告知发送方是否正确收到所有的分包消息。在未正确收到所有的分包消息时，接收方可采用补传分包请求命令要求发送方重传缺失的分包消息。发送方应采用原始消息将重传包ID列表中的分包重发一次，重传分包与原始分包消息完全一致。

8　数据格式

8.1　终端通用应答

消息ID：0x0001。

终端通用应答消息体数据格式见表4。

终端通用应答消息体数据格式　　表4

起始字节	字段	数据类型	描述及要求
0	应答流水号	WORD	对应的平台消息的流水号
2	应答ID	WORD	对应的平台消息的ID
4	结果	BYTE	0：成功/确认；1：失败；2：消息有误；3：不支持

8.2　平台通用应答

消息ID：0x8001。

平台通用应答消息体数据格式见表5。

平台通用应答消息体数据格式　　表5

起始字节	字段	数据类型	描述及要求
0	应答流水号	WORD	对应的终端消息的流水号
2	应答ID	WORD	对应的终端消息的ID
4	结果	BYTE	0：成功/确认；1：失败；2：消息有误；3：不支持；4：报警处理确认；

8.3 终端心跳

消息 ID：0x0002。

终端心跳数据消息体为空。

8.4 补传分包请求

消息 ID：0x8003。

补传分包请求消息体数据格式见表 6。

补传分包请求消息体数据格式 表 6

起始字节	字段	数据类型	描述及要求
0	原始消息流水号	WORD	对应要求补传的原始消息第一包的消息流水号
4	重传包总数	BYTE	n
5	重传包 ID 列表	BYTE [2 * n]	重传包序号顺序排列，如“包 ID1 包 ID2...... 包 IDn”。

注：对此消息的应答应采用原始消息将重传包 ID 列表中的分包重发一次，与原始分包消息完全一致。

8.5 终端注册

消息 ID：0x0100。

终端注册消息体数据格式见表 7。

终端注册消息体数据格式 表 7

起始字节	字段	数据类型	描述及要求
0	省域 ID	WORD	标示终端安装车辆所在的省域，0 保留，由平台取默认值。省域 ID 采用 GB/T 2260 中规定的行政区划代码六位中前两位。
2	市县域 ID	WORD	标示终端安装车辆所在的市域和县域，0 保留，由平台取默认值。市县域 ID 采用 GB/T 2260 中规定的行政区划代码六位中后四位。
4	制造商 ID	BYTE [5]	5 个字节，终端制造商编码
9	终端型号	BYTE [20]	20 个字节，此终端型号由制造商自行定义，位数不足时，后补“0X00”。
29	终端 ID	BYTE [7]	7 个字节，由大写字母和数字组成，此终端 ID 由制造商自行定义，位数不足时，后补“0X00”。
36	车牌颜色	BYTE	车牌颜色，按照 JT/T415—2006 的 5.4.12。 未上牌时，取值为 0。
37	车辆标识	STRING	车牌颜色为 0 时，表示车辆 VIN； 否则，表示公安交通管理部门颁发的机动车号牌。

8.6　终端注册应答

消息 ID：0x8100。

终端注册应答消息体数据格式见表 8。

终端注册应答消息体数据格式　　表 8

起始字节	字段	数据类型	描述及要求
0	应答流水号	WORD	对应的终端注册消息的流水号
2	结果	BYTE	0：成功；1：车辆已被注册；2：数据库中无该车辆；3：终端已被注册；4：数据库中无该终端
3	鉴权码	STRING	只有在成功后才有该字段

8.7　终端注销

消息 ID：0x0003。

终端注销消息体为空。

8.8　终端鉴权

消息 ID：0x0102。

终端鉴权消息体数据格式见表 9。

终端鉴权消息体数据格式　　表 9

起始字节	字段	数据类型	描述及要求
0	鉴权码	STRING	终端重连后上报鉴权码

8.9　设置终端参数

消息 ID：0x8103。

设置终端参数消息体数据格式见表 10。

终端参数消息体数据格式　　表 10

起始字节	字段	数据类型	描述及要求
0	参数总数	BYTE	
1	参数项列表		参数项格式见表 11

终端参数项数据格式　　表 11

字段	数据类型	描述及要求
参数 ID	DWORD	参数 ID 定义及说明见表 12
参数长度	BYTE	
参数值		若为多值参数，则消息中使用多个相同 ID 的参数项，如调度中心电话号码

终端参数设置各参数项定义及说明 表 12

参数 ID	数据类型	描述及要求
0x0001	DWORD	终端心跳发送间隔，单位为秒（s）
0x0002	DWORD	TCP 消息应答超时时间，单位为秒（s）
0x0003	DWORD	TCP 消息重传次数
0x0004	DWORD	UDP 消息应答超时时间，单位为秒（s）
0x0005	DWORD	UDP 消息重传次数
0x0006	DWORD	SMS 消息应答超时时间，单位为秒（s）
0x0007	DWORD	SMS 消息重传次数
0x0008 – 0x000F		保留
0x0010	STRING	主服务器 APN，无线通信拨号访问点。若网络制式为 CDMA，则该处为 PPP 拨号号码
0x0011	STRING	主服务器无线通信拨号用户名
0x0012	STRING	主服务器无线通信拨号密码
0x0013	STRING	主服务器地址，IP 或域名
0x0014	STRING	备份服务器 APN，无线通信拨号访问点
0x0015	STRING	备份服务器无线通信拨号用户名
0x0016	STRING	备份服务器无线通信拨号密码
0x0017	STRING	备份服务器地址，IP 或域名
0x0018	DWORD	服务器 TCP 端口
0x0019	DWORD	服务器 UDP 端口
0x001A	STRING	道路运输证 IC 卡认证，主服务器 IP 地址或域名
0x001B	DWORD	道路运输证 IC 卡认证，主服务器 TCP 端口
0x001C	DWORD	道路运输证 IC 卡认证，主服务器 UDP 端口
0x001D	STRING	道路运输证 IC 卡认证，备份服务器 IP 地址或域名，端口同主服务器
0x001E – 0x001F		保留
0x0020	DWORD	位置汇报策略，0：定时汇报；1：定距汇报；2：定时和定距汇报
0x0021	DWORD	位置汇报方案，0：根据 ACC 状态；1：根据登录状态和 ACC 状态，先判断登录状态，若登录再根据 ACC 状态
0x0022	DWORD	驾驶员未登录汇报时间间隔，单位为秒（s），>0
0x0023 – 0x0026	DWORD	保留
0x0027	DWORD	休眠时汇报时间间隔，单位为秒（s），>0

续上表

参数 ID	数据类型	描述及要求
0x0028	DWORD	紧急报警时汇报时间间隔，单位为秒（s），>0
0x0029	DWORD	缺省时间汇报间隔，单位为秒（s），>0
0x002A－0x002B	DWORD	保留
0x002C	DWORD	缺省距离汇报间隔，单位为米（m），>0
0x002D	DWORD	驾驶员未登录汇报距离间隔，单位为米（m），>0
0x002E	DWORD	休眠时汇报距离间隔，单位为米（m），>0
0x002F	DWORD	紧急报警时汇报距离间隔，单位为米（m），>0
0x0030	DWORD	拐点补传角度，<180
0x0031	WORD	电子围栏半径（非法位移阈值），单位为米
0x00032－0x003F		保留
0x0040	STRING	监控平台电话号码
0x0041	STRING	复位电话号码，可采用此电话号码拨打终端电话让终端复位
0x0042	STRING	恢复出厂设置电话号码，可采用此电话号码拨打终端电话让终端恢复出厂设置
0x0043	STRING	监控平台 SMS 电话号码
0x0044	STRING	接收终端 SMS 文本报警号码
0x0045	DWORD	终端电话接听策略，0：自动接听；1：ACC ON 时自动接听，OFF 时手动接听
0x0046	DWORD	每次最长通话时间，单位为秒（s），0 为不允许通话，0xFFFFFFFF 为不限制
0x0047	DWORD	当月最长通话时间，单位为秒（s），0 为不允许通话，0xFFFFFFFF 为不限制
0x0048	STRING	监听电话号码
0x0049	STRING	监管平台特权短信号码
0x004A－0x004F		保留
0x0050	DWORD	报警屏蔽字，与位置信息汇报消息中的报警标志相对应，相应位为 1 则相应报警被屏蔽
0x0051	DWORD	报警发送文本 SMS 开关，与位置信息汇报消息中的报警标志相对应，相应位为 1 则相应报警时发送文本 SMS
0x0052	DWORD	报警拍摄开关，与位置信息汇报消息中的报警标志相对应，相应位为 1 则相应报警时摄像头拍摄

续上表

参数 ID	数据类型	描述及要求
0x0053	DWORD	报警拍摄存储标志，与位置信息汇报消息中的报警标志相对应，相应位为 1 则对相应报警时拍的照片进行存储，否则实时上传
0x0054	DWORD	关键标志，与位置信息汇报消息中的报警标志相对应，相应位为 1 则对相应报警为关键报警
0x0055	DWORD	最高速度，单位为公里每小时（km/h）
0x0056	DWORD	超速持续时间，单位为秒（s）
0x0057	DWORD	连续驾驶时间门限，单位为秒（s）
0x0058	DWORD	当天累计驾驶时间门限，单位为秒（s）
0x0059	DWORD	最小休息时间，单位为秒（s）
0x005A	DWORD	最长停车时间，单位为秒（s）
0x005B	WORD	超速报警预警差值，单位为 1/10km/h
0x005C	WORD	疲劳驾驶预警差值，单位为秒（s），>0
0x005D	WORD	碰撞报警参数设置： b7～b0：碰撞时间，单位 4ms； b15～b8：碰撞加速度，单位 0.1g，设置范围在：0～79 之间，默认为 10
0x005E	WORD	侧翻报警参数设置： 侧翻角度，单位 1 度，默认为 30 度
0x005F－0x0063		保留
0x0064	DWORD	定时拍照控制，见表 13
0x0065	DWORD	定距拍照控制，见表 14
0x0066－0x006F		保留
0x0070	DWORD	图像/视频质量，1～10，1 最好
0x0071	DWORD	亮度，0～255
0x0072	DWORD	对比度，0～127
0x0073	DWORD	饱和度，0～127
0x0074	DWORD	色度，0～255
0x0075－0x007F		
0x0080	DWORD	车辆里程表读数，1/10km
0x0081	WORD	车辆所在的省域 ID
0x0082	WORD	车辆所在的市域 ID

续上表

参数 ID	数据类型	描述及要求
0x0083	STRING	公安交通管理部门颁发的机动车号牌
0x0084	BYTE	车牌颜色，按照 JT/T415—2006 的 5.4.12
0x0090	BYTE	GNSS 定位模式，定义如下： bit0，0：禁用 GPS 定位，1：启用 GPS 定位； bit1，0：禁用北斗定位，1：启用北斗定位； bit2，0：禁用 GLONASS 定位，1：启用 GLONASS 定位； bit3，0：禁用 Galileo 定位，1：启用 Galileo 定位
0x0091	BYTE	GNSS 波特率，定义如下： 0x00：4800；0x01：9600； 0x02：19200；0x03：38400； 0x04：57600；0x05：115200
0x0092	BYTE	GNSS 模块详细定位数据输出频率，定义如下： 0x00：500ms；0x01：1000ms（默认值）； 0x02：2000ms；0x03：3000ms； 0x04：4000ms
0x0093	DWORD	GNSS 模块详细定位数据采集频率，单位为秒，默认为 1
0x0094	BYTE	GNSS 模块详细定位数据上传方式： 0x00，本地存储，不上传（默认值）； 0x01，按时间间隔上传； 0x02，按距离间隔上传； 0x0B，按累计时间上传，达到传输时间后自动停止上传； 0x0C，按累计距离上传，达到距离后自动停止上传； 0x0D，按累计条数上传，达到上传条数后自动停止上传
0x0095	DWORD	GNSS 模块详细定位数据上传设置： 上传方式为 0x01 时，单位为秒； 上传方式为 0x02 时，单位为米； 上传方式为 0x0B 时，单位为秒； 上传方式为 0x0C 时，单位为米； 上传方式为 0x0D 时，单位为条

续上表

参数 ID	数据类型	描述及要求
0x0100	DWORD	CAN 总线通道 1 采集时间间隔（ms），0 表示不采集
0x0101	WORD	CAN 总线通道 1 上传时间间隔（s），0 表示不上传
0x0102	DWORD	CAN 总线通道 2 采集时间间隔（ms），0 表示不采集
0x0103	WORD	CAN 总线通道 2 上传时间间隔（s），0 表示不上传
0x0110	BYTE［8］	CAN 总线 ID 单独采集设置： bit63 – bit32 表示此 ID 采集时间间隔（ms），0 表示不采集； bit31 表示 CAN 通道号，0：CAN1，1：CAN2； bit30 表示帧类型，0：标准帧，1：扩展帧； bit29 表示数据采集方式，0：原始数据，1：采集区间的计算值； bit28 – bit0 表示 CAN 总线 ID
0x0111 – 0x01FF	BYTE［8］	用于其他 CAN 总线 ID 单独采集设置
0xF000 – 0xFFFF		用户自定义

定时拍照控制位定义 表 13

位	定　　义	描述及要求
0	摄像通道 1 定时拍照开关标志	0：不允许；1：允许
1	摄像通道 2 定时拍照开关标志	0：不允许；1：允许
2	摄像通道 3 定时拍照开关标志	0：不允许；1：允许
3	摄像通道 4 定时拍照开关标志	0：不允许；1：允许
4	摄像通道 5 定时拍照开关标志	0：不允许；1：允许
5 – 7	保留	
8	摄像通道 1 定时拍照存储标志	0：存储；1：上传
9	摄像通道 2 定时拍照存储标志	0：存储；1：上传
10	摄像通道 3 定时拍照存储标志	0：存储；1：上传
11	摄像通道 4 定时拍照存储标志	0：存储；1：上传
12	摄像通道 5 定时拍照存储标志	0：存储；1：上传
13 – 15	保留	
16	定时时间单位	0：秒，当数值小于 5s 时，终端按 5s 处理；1：分
17 – 31	定时时间间隔	收到参数设置或重新启动后执行

定距拍照控制位定义 表 14

位	定　义	描述及要求
0	摄像通道 1 定距拍照开关标志	0：不允许；1：允许
1	摄像通道 2 定距拍照开关标志	0：不允许；1：允许
2	摄像通道 3 定距拍照开关标志	0：不允许；1：允许
3	摄像通道 4 定距拍照开关标志	0：不允许；1：允许
4	摄像通道 5 定距拍照开关标志	0：不允许；1：允许
5 - 7	保留	
8	摄像通道 1 定距拍照存储标志	0：存储；1：上传
9	摄像通道 2 定距拍照存储标志	0：存储；1：上传
10	摄像通道 3 定距拍照存储标志	0：存储；1：上传
11	摄像通道 4 定距拍照存储标志	0：存储；1：上传
12	摄像通道 5 定距拍照存储标志	0：存储；1：上传
13 - 15	保留	
16	定距距离单位	0：米，当数值小于 100 米时，终端按 100 米处理；1：公里
17 - 31	定距距离间隔	收到参数设置或重新启动后执行

8.10　查询终端参数

消息 ID：0x8104。

查询终端参数消息体为空。

8.11　查询指定终端参数

消息 ID：0x8106。

查询指定终端参数消息体数据格式见表 15，终端采用 0x0104 指令应答。

查询指定终端参数消息体数据格式 表 15

起始字节	字段	数据类型	描述及要求
0	参数总数	BYTE	参数总数为 n
1	参数 ID 列表	BYTE［4 * n］	参数顺序排列，如“参数 ID1 参数 ID2...... 参数 IDn”

8.12　查询终端参数应答

消息 ID：0x0104。

查询终端参数应答消息体数据格式见表 16。

查询终端参数应答消息体数据格式　　表 16

起始字节	字段	数据类型	描述及要求
0	应答流水号	WORD	对应的终端参数查询消息的流水号
2	应答参数个数	BYTE	
3	参数项列表		参数项格式和定义见表 10

8.13 终端控制

消息 ID：0x8105。

终端控制消息体数据格式见表 17。

终端控制消息体数据格式　　表 17

起始字节	字段	数据类型	描述及要求
0	命令字	BYTE	终端控制命令字说明见表 18
1	命令参数	STRING	命令参数格式具体见后面描述，每个字段之间采用半角";"分隔，每个 STRING 字段先按 GBK 编码处理后再组成消息

终端控制命令字说明　　表 18

命令字	命令参数	描述及要求
1	命令参数格式见表 19	无线升级。参数之间采用半角分号分隔。指令如下："URL 地址；拨号点名称；拨号用户名；拨号密码；地址；TCP 端口；UDP 端口；制造商 ID；硬件版本；固件版本；连接到指定服务器时限"，若某个参数无值，则放空
2	命令参数格式见表 19	控制终端连接指定服务器。参数之间采用半角分号分隔。控制指令如下："连接控制；监管平台鉴权码；拨号点名称；拨号用户名；拨号密码；地址；TCP 端口；UDP 端口；连接到指定服务器时限"，若某个参数无值，则放空，若连接控制值为 1，则无后继参数
3	无	终端关机
4	无	终端复位
5	无	终端恢复出厂设置
6	无	关闭数据通信
7	无	关闭所有无线通信

命令参数格式 表19

字段	数据类型	描述及要求
连接控制	BYTE	0：切换到指定监管平台服务器，连接到该服务器后即进入应急状态，此状态下仅有下发控制指令的监管平台可发送包括短信在内的控制指令；1：切换回原缺省监控平台服务器，并恢复正常状态
拨号点名称	STRING	一般为服务器APN，无线通信拨号访问点，若网络制式为CDMA，则该值为PPP连接拨号号码
拨号用户名	STRING	服务器无线通信拨号用户名
拨号密码	STRING	服务器无线通信拨号密码
地址	STRING	服务器地址，IP或域名
TCP端口	WORD	服务器TCP端口
UDP端口	WORD	服务器UDP端口
制造商ID	BYTE［5］	终端制造商编码
监管平台鉴权码	STRING	监管平台下发的鉴权码，仅用于终端连接到监管平台之后的鉴权，终端连接回原监控平台还用原鉴权码
硬件版本	STRING	终端的硬件版本号，由制造商自定
固件版本	STRING	终端的固件版本号，由制造商自定
URL地址	STRING	完整URL地址
连接到指定服务器时限	WORD	单位：分（min），值非0表示在终端接收到升级或连接指定服务器指令后的有效期截止前，终端应连回原地址。若值为0，则表示一直连接指定服务器

8.14 查询终端属性

消息ID：0x8107。

查询终端属性消息体为空。

8.15 查询终端属性应答

消息ID：0x0107。

查询终端属性应答消息体数据格式见表20。

查询终端属性应答消息体数据格式　　表 20

起始字节	字段	数据类型	描述及要求
0	终端类型	WORD	bit0，0：不适用客运车辆，1：适用客运车辆； bit1，0：不适用危险品车辆，1：适用危险品车辆； bit2，0：不适用普通货运车辆，1：适用普通货运车辆； bit3，0：不适用出租车辆，1：适用出租车辆； bit6，0：不支持硬盘录像，1：支持硬盘录像； bit7，0：一体机，1：分体机
2	制造商 ID	BYTE［5］	5 个字节，终端制造商编码。
7	终端型号	BYTE［20］	20 个字节，此终端型号由制造商自行定义，位数不足时，后补“0X00”
27	终端 ID	BYTE［7］	7 个字节，由大写字母和数字组成，此终端 ID 由制造商自行定义，位数不足时，后补“0X00”
42	终端 SIM 卡 ICCID	BCD［10］	终端 SIM 卡 ICCID 号
52	终端硬件版本号长度	BYTE	n
53	终端硬件版本号	STRING	
53 + n	终端固件版本号长度	BYTE	m
54 + n	终端固件版本号	STRING	
54 + n + m	GNSS 模块属性	BYTE	bit0，0：不支持 GPS 定位，1：支持 GPS 定位； bit1，0：不支持北斗定位，1：支持北斗定位； bit2，0：不支持 GLONASS 定位，1：支持 GLONASS 定位； bit3，0：不支持 Galileo 定位，1：支持 Galileo 定位
55 + n + m	通信模块属性	BYTE	bit0，0：不支持 GPRS 通信，1：支持 GPRS 通信； bit1，0：不支持 CDMA 通信，1：支持 CDMA 通信； bit2，0：不支持 TD – SCDMA 通信，1：支持 TD – SCDMA 通信； bit3，0：不支持 WCDMA 通信，1：支持 WCDMA 通信； bit4，0：不支持 CDMA2000 通信，1：支持 CDMA2000 通信； bit5，0：不支持 TD – LTE 通信，1：支持 TD – LTE 通信； bit7，0：不支持其他通信方式，1：支持其他通信方式

8.16 下发终端升级包

消息 ID：0x8108。

下发终端升级包消息体数据格式见表 21。对该命令终端使用通用应答确认是否正确收到升级包数据。

下发终端升级包消息体数据格式 表 21

起始字节	字段	数据类型	描述及要求
0	升级类型	BYTE	0：终端，12：道路运输证 IC 卡读卡器，52：北斗卫星定位模块
1	制造商 ID	BYTE［5］	制造商编号
6	版本号长度	BYTE	n
7	版本号	STRING	
7 + n	升级数据包长度	DWORD	单位为 BYTE
11 + n	升级数据包		

8.17 终端升级结果通知

消息 ID：0x0108。

终端在升级完成并重新连接后使用该命令通知监控中心。终端升级结果通知消息体数据格式见表 22。

终端升级结果通知消息体数据格式 表 22

起始字节	字段	数据类型	描述及要求
0	升级类型	BYTE	0：终端，12：道路运输证 IC 卡读卡器，52：北斗卫星定位模块
1	升级结果	BYTE	0：成功，1：失败，2：取消

8.18 位置信息汇报

消息 ID：0x0200。

位置信息汇报消息体由位置基本信息和位置附加信息项列表组成，消息结构图如图 3 所示：

位置基本信息	位置附加信息项列表

图 3 位置汇报消息结构图

位置附加信息项列表由各位置附加信息项组合，也可没有，根据消息头中的长度字段确定。

位置基本信息数据格式见表23。

位置基本信息数据格式 表23

起始字节	字段	数据类型	描述及要求
0	报警标志	DWORD	报警标志位定义见表24
4	状态	DWORD	状态位定义见表25
8	纬度	DWORD	以度为单位的纬度值乘以10的6次方，精确到百万分之一度
12	经度	DWORD	以度为单位的经度值乘以10的6次方，精确到百万分之一度
16	高程	WORD	海拔高度，单位为米（m）
18	速度	WORD	
20	方向	WORD	0～359，正北为0，顺时针
21	时间	BCD［6］	YY－MM－DD－hh－mm－ss（GMT＋8时间，本标准中之后涉及的时间均采用此时区）

报警标志位定义 表24

位	定　义	处理说明
0	1：紧急报警，触动报警开关后触发	收到应答后清零
1	1：超速报警	标志维持至报警条件解除
2	1：疲劳驾驶	标志维持至报警条件解除
3	1：危险预警	收到应答后清零
4	1：GNSS模块发生故障	标志维持至报警条件解除
5	1：GNSS天线未接或被剪断	标志维持至报警条件解除
6	1：CNSS天线短路	标志维持至报警条件解除
7	1：终端主电源欠压	标志维持至报警条件解除
8	1：终端主电源掉电	标志维持至报警条件解除
9	1：终端LCD或显示器故障	标志维持至报警条件解除
10	1：TTS模块故障	标志维持至报警条件解除
11	1：摄像头故障	标志维持至报警条件解除
12	1：道路运输证IC卡模块故障	标志维持至报警条件解除

续上表

位	定　　义	处理说明
13	1：超速预警	标志维持至报警条件解除
14	1：疲劳驾驶预警	标志维持至报警条件解除
15－17	保留	
18	1：当天累计驾驶超时	标志维持至报警条件解除
19	1：超时停车	标志维持至报警条件解除
20	1：进出区域	收到应答后清零
21	1：进出路线	收到应答后清零
22	1：路段行驶时间不足/过长	收到应答后清零
23	1：路线偏离报警	标志维持至报警条件解除
24	1：车辆 VSS 故障	标志维持至报警条件解除
25	1：车辆油量异常	标志维持至报警条件解除
26	1：车辆被盗（通过车辆防盗器）	标志维持至报警条件解除
27	1：车辆非法点火	收到应答后清零
28	1：车辆非法位移	收到应答后清零
29	1：碰撞预警	标志维持至报警条件解除
30	1：侧翻预警	标志维持至报警条件解除
31	1：非法开门报警（终端未设置区域时，不判断非法开门）	收到应答后清零

注：发生报警和预警需立即上报位置信息。

状态位定义　　表 25

位	状　　态
0	0：ACC 关；1：ACC 开
1	0：未定位；1：定位
2	0：北纬；1：南纬
3	0：东经；1：西经
4	0：运营状态；1：停运状态
5	0：经纬度未经保密插件加密；1：经纬度已经保密插件加密
6－7	保留
8－9	00：空车；01：半载；10：保留；11：满载 （可用于客车的空、重车及货车的空载、满载状态表示，人工输入或传感器获取）
10	0：车辆油路正常；1：车辆油路断开

续表

位	状　　态
11	0：车辆电路正常；1：车辆电路断开
12	0：车门解锁；1：车门加锁
13	0：门1关；1：门1开（前门）
14	0：门2关；1：门2开（中门）
15	0：门3关；1：门3开（后门）
16	0：门4关；1：门4开（驾驶席门）
17	0：门5关；1：门5开（自定义）
18	0：未使用GPS卫星进行定位；1：使用GPS卫星进行定位
19	0：未使用北斗卫星进行定位；1：使用北斗卫星进行定位
20	0：未使用GLONASS卫星进行定位；1：使用GLONASS卫星进行定位
21	0：未使用Galileo卫星进行定位；1：使用Galileo卫星进行定位
22－31	保留

注：状态发生改变需立即上报位置信息。

位置附加信息项格式见表26。

位置附加信息项格式　　表26

字段	数据类型	描述及要求
附加信息ID	BYTE	1－255
附加信息长度	BYTE	
附加信息		附加信息定义见表27

附加信息定义　　表27

附加信息ID	附加信息长度	描述及要求
0x01	4	里程，DWORD，1/10km，对应车上里程表读数
0x02	2	油量，WORD，1/10L，对应车上油量表读数
0x03	2	行驶记录功能获取的速度，WORD，1/10km/h
0x04	2	需要人工确认报警事件的ID，WORD，从1开始计数
0x05－0x10		保留
0x11	1或5	超速报警附加信息见表28
0x12	6	进出区域/路线报警附加信息见表29
0x13	7	路段行驶时间不足/过长报警附加信息见表30

续上表

附加信息 ID	附加信息长度	描述及要求
0x14 - 0x24		保留
0x25	4	扩展车辆信号状态位，定义见表 31
0x2A	2	IO 状态位，定义见表 32
0x2B	4	模拟量，bit0 - 15，AD0；bit16 - 31，AD1
0x30	1	BYTE，无线通信网络信号强度
0x31	1	BYTE，GNSS 定位卫星数
0xE0	后续信息长度	后续自定义信息长度
0xE1 - 0xFF		自定义区域

超速报警附加信息消息体数据格式 表 28

起始字节	字段	数据类型	描述及要求
0	位置类型	BYTE	0：无特定位置； 1：圆形区域； 2：矩形区域； 3：多边形区域； 4：路段
1	区域或路段 ID	DWORD	若位置类型为 0，无该字段

进出区域/路线报警附加信息消息体数据格式 表 29

起始字节	字段	数据类型	描述及要求
0	位置类型	BYTE	1：圆型区域； 2：矩形区域； 3：多边形区域； 4：路线
1	区域或线路 ID	DWORD	
5	方向	BYTE	0：进； 1：出

路线行驶时间不足/过长报警附加信息消息体数据格式 表 30

起始字节	字段	数据类型	描述及要求
0	路段 ID	DWORD	
4	路段行驶时间	WORD	单位为秒（s）
6	结果	BYTE	0：不足；1：过长

扩展车辆信号状态位　　表31

位	定　义	位	定　义
0	1：近光灯信号	8	1：喇叭信号
1	1：远光灯信号	9	1：空调状态
2	1：右转向灯信号	10	1：空挡信号
3	1：左转向灯信号	11	1：缓速器工作
4	1：制动信号	12	1：ABS工作
5	1：倒档信号	13	1：加热器工作
6	1：雾灯信号	14	1：离合器状态
7	1：示廓灯	15－31	保留

IO 状 态 位　　表32

位	定　义
0	1：深度休眠状态
1	1：休眠状态
2－15	保留

8.19　位置信息查询

消息ID：0x8201。

位置信息查询消息体为空。

8.20　位置信息查询应答

消息ID：0x0201。

位置信息查询应答消息体数据格式见表33。

位置信息查询应答消息体数据格式　　表33

起始字节	字段	数据类型	描述及要求
0	应答流水号	WORD	对应的位置信息查询消息的流水号
2	位置信息汇报		位置信息汇报见8.12

8.21　临时位置跟踪控制

消息ID：0x8202。

临时位置跟踪控制消息体数据格式见表34。

临时位置跟踪控制消息体数据格式 表 34

起始字节	字段	数据类型	描述及要求
0	时间间隔	WORD	单位为秒（s），0 则停止跟踪。停止跟踪无需带后继字段
2	位置跟踪有效期	DWORD	单位为秒（s），终端在接收到位置跟踪控制消息后，在有效期截止时间之前，依据消息中的时间间隔发送位置汇报

8.22 人工确认报警消息

消息 ID：0x8203

人工确认报警消息体数据格式见表 35。

人工确认报警消息数据格式 表 35

起始字节	字　段	数据类型	说　明
0	报警消息流水号	WORD	需人工确认的报警消息流水号，0 表示该报警类型所有消息
2	人工确认报警类型	DWORD	定义见表 36

人工确认报警类型定义 表 36

位	定　义	位	定　义
0	1：确认紧急报警	22	1：确认路段行驶时间不足/过长报警
1～2	保留	23～26	保留
3	1：确认危险预警	27	1：确认车辆非法点火报警
4～19	保留	28	1：确认车辆非法位移报警
20	1：确认进出区域报警	29～31	保留
21	1：确认进出路线报警		

8.23 文本信息下发

消息 ID：0x8300。

文本信息下发消息体数据格式见表 37。

文本信息下发消息体数据格式 表 37

起始字节	字段	数据类型	描述及要求
0	标志	BYTE	文本信息标志位含义见表 38
1	文本信息	STRING	最长为 1024 字节，经 GBK 编码

文本信息标志位含义 表 38

位	标　志	位	标　志
0	1：紧急	4	1：广告屏显示
1	保留	5	0：中心导航信息，1：CAN 故障码信息
2	1：终端显示器显示	6～7	保留
3	1：终端 TTS 播读		

8.24 事件设置

消息 ID：0x8301。

事件设置消息体数据格式见表 39。

事件设置消息体数据格式 表 39

起始字节	字段	数据类型	描述及要求
0	设置类型	BYTE	0：删除终端现有所有事件，该命令后不带后继字节； 1：更新事件； 2：追加事件； 3：修改事件； 4：删除特定几项事件，之后事件项中无需带事件内容
1	设置总数	BYTE	
2	事件项列表		事件项组成数据格式见表 40

事件项组成数据格式 表 40

起始字节	字段	数据类型	描述及要求
0	事件 ID	BYTE	若终端已有同 ID 的事件，则被覆盖
1	事件内容长度	BYTE	后继事件内容字段字节长度
2	事件内容	STRING	事件内容，经 GBK 编码

8.25 事件报告

消息 ID：0x0301。

事件报告消息体数据格式见表 41。

事件报告消息体数据格式 表 41

起始字节	字段	数据类型	描述及要求
0	事件 ID	BYTE	

8.26 提问下发

消息 ID：0x8302。

提问下发消息体数据格式见表 42。

提问下发消息体数据格式 表 42

起始字节	字段	数据类型	描述及要求
0	标志	BYTE	提问下发标志位定义见表 43
1	问题内容长度	BYTE	问题字段字节长度
2	问题	STRING	问题文本，经 GBK 编码，长度为 N
2 + N	候选答案列表		候选答案消息组成见表 44

提问下发标志位定义 表 43

位	标　志	位	标　志
0	1：紧急	3	1：终端 TTS 播读
1	保留	4	1：广告屏显示
2	保留	5 ~ 7	保留

提问下发候选答案消息组成 表 44

起始字节	字段	数据类型	描述及要求
0	答案 ID	BYTE	
1	答案内容长度	WORD	答案内容字段字节长度
3	答案内容	STRING	答案内容，经 GBK 编码

8.27 提问应答

消息 ID：0x0302。

提问应答消息体数据格式见表 45。

提问应答消息体数据格式 表 45

起始字节	字段	数据类型	描述及要求
0	应答流水号	WORD	对应的提问下发消息的流水号
2	答案 ID	BYTE	提问下发中附带的答案 ID

8.28 信息点播菜单设置

消息 ID：0x8303。

信息点播菜单设置消息体数据格式见表46。

信息点播菜单设置消息体数据格式 表46

起始字节	字段	数据类型	描述及要求
0	设置类型	BYTE	0：删除终端全部信息项； 1：更新菜单； 2：追加菜单； 3：修改菜单
1	信息项总数	BYTE	
2	信息项列表		信息点播信息项组成数据格式见表47

信息点播信息项组成数据格式 表47

起始字节	字段	数据类型	描述及要求
0	信息类型	BYTE	若终端已有同类型的信息项，则被覆盖
1	信息名称长度	WORD	信息名称字段字节长度
3	信息名称	STRING	经GBK编码处理

8.29 信息点播/取消

消息ID：0x0303。

消息点播/取消消息体数据格式见表48。

消息点播/取消消息体数据格式 表48

起始字节	字段	数据类型	描述及要求
0	信息类型	BYTE	
1	点播/取消标志	BYTE	0：取消；1：点播

8.30 信息服务

消息ID：0x8304。

信息服务消息体数据格式见表49。

信息服务消息体数据格式 表49

起始字节	字段	数据类型	描述及要求
0	信息类型	BYTE	
1	信息长度	WORD	
3	信息内容	STRING	经GBK编码

8.31 电话回拨

消息ID：0x8400。

电话回拨消息体数据格式见表50。

电话回拨消息体数据格式 表50

起始字节	字段	数据类型	描述及要求
0	标志	BYTE	0：普通通话；1：监听
1	电话号码	STRING	最长为20字节

8.32 设置电话本

消息ID：0x8401。

设置电话本消息体数据格式见表51。

设置电话本消息体数据格式 表51

起始字节	字段	数据类型	描述及要求
0	设置类型	BYTE	0：删除终端上所有存储的联系人； 1：表示更新电话本（删除终端中已有全部联系人并追加消息中的联系人）； 2：表示追加电话本； 3：表示修改电话本（以联系人为索引）
1	联系人总数	BYTE	
2	联系人项		电话本联系人项数据格式见表52

电话本联系人项数据格式 表52

起始字节	字段	数据类型	描述及要求
0	标志	BYTE	1：呼入；2：呼出；3：呼入/呼出
1	号码长度	BYTE	
2	电话号码	STRING	长度为n
2+n	联系人长度	BYTE	
3+n	联系人	STRING	经GBK编码

8.33 车辆控制

消息ID：0x8500

车辆控制消息体数据格式见表53。

车辆控制消息体数据格式　　表53

起始字节	字段	数据类型	描述及要求
0	控制标志	BYTE	控制指令标志位数据格式见表54

控制指令标志位数据格式　　表54

位	标　志
0	0：车门解锁；1：车门加锁
1~7	保留

8.34　车辆控制应答

消息ID：0x0500。

车辆控制应答消息体数据格式见表55。

车辆控制应答消息体数据格式　　表55

起始字节	字段	数据类型	描述及要求
0	应答流水号	WORD	对应的车辆控制消息的流水号
2	位置信息汇报消息体		根据对应的状态位判断控制成功与否

8.35　设置圆形区域

消息ID：0x8600。

设置圆形区域消息体数据格式见表56。

注：本条消息协议支持周期时间范围，如要限制每天的8：30~18：00，起始/结束时间设为：00-00-00-08-30-00/00-00-00-18-00-00，其他以此类推。

设置圆形区域消息体数据格式　　表56

起始字节	字段	数据类型	描述及要求
0	设置属性	BYTE	0：更新区域 1：追加区域 2：修改区域
1	区域总数	BYTE	
2	区域项		圆形区域的区域项内容数据格式见表57

圆形区域的区域项内容数据格式 表 57

起始字节	字段	数据类型	描述及要求
0	区域 ID	DWORD	
4	区域属性	WORD	区域属性定义见表 58
6	中心点纬度	DWORD	以度为单位的纬度值乘以 10 的 6 次方，精确到百万分之一度
10	中心点经度	DWORD	以度为单位的经度值乘以 10 的 6 次方，精确到百万分之一度
14	半径	DWORD	单位为米（m），路段为该拐点到下一拐点
18	起始时间	BCD［6］	YY－MM－DD－hh－mm－ss，若区域属性 0 位为 0 则没有该字段
24	结束时间	BCD［6］	YY－MM－DD－hh－mm－ss，若区域属性 0 位为 0 则没有该字段
30	最高速度	WORD	km/h，若区域属性 1 位为 0 则没有该字段
32	超速持续时间	BYTE	单位为秒（s）（类似表述，同前修改），若区域属性 1 位为 0 则没有该字段

区域的区域属性定义 表 58

位	标　志
0	1：根据时间
1	1：限速
2	1：进区域报警给驾驶员
3	1：进区域报警给平台
4	1：出区域报警给驾驶员
5	1：出区域报警给平台
6	0：北纬；1：南纬
7	0：东经；1：西经
8	0：允许开门；1：禁止开门
9～13	保留
14	0：进区域开启通信模块；1：进区域关闭通信模块
15	0：进区域不采集 GNSS 详细定位数据；1：进区域采集 GNSS 详细定位数据

8.36　删除圆形区域

消息 ID：0x8601。

删除圆形区域消息体数据格式见表59。

删除圆形区域消息体数据格式 表59

起始字节	字段	数据类型	描述及要求
0	区域数	BYTE	本条消息中包含的区域数，不超过125个，多于125个建议用多条消息，0为删除所有圆形区域
1	区域ID1	DWORD	
	……	DWORD	
	区域IDn	DWORD	

8.37 设置矩形区域

消息ID：0x8602。

设置矩形区域消息体数据格式见表60。

设置矩形区域消息体数据格式 表60

起始字节	字段	数据类型	描述及要求
0	设置属性	BYTE	0：更新区域； 1：追加区域； 2：修改区域
1	区域总数	BYTE	
2	区域项		矩形区域的区域项数据格式见表61

矩形区域的区域项数据格式 表61

起始字节	字段	数据类型	描述及要求
0	区域ID	DWORD	
4	区域属性	WORD	区域属性定义见表58
6	左上点纬度	DWORD	以度为单位的纬度值乘以10的6次方，精确到百万分之一度
10	左上点经度	DWORD	以度为单位的纬度值乘以10的6次方，精确到百万分之一度
14	右下点纬度	DWORD	以度为单位的纬度值乘以10的6次方，精确到百万分之一度
18	右下点经度	DWORD	以度为单位的纬度值乘以10的6次方，精确到百万分之一度
22	起始时间	BCD[6]	同圆形区域中时间范围设定
28	结束时间	BCD[6]	同圆形区域中时间范围设定
34	最高速度	WORD	单位为公里每小时（km/h），若区域属性1位为0则没有该字段
36	超速持续时间	BYTE	单位为秒（s），若区域属性1位为0则没有该字段

8.38 删除矩形区域

消息 ID：0x8603。

删除矩形区域消息体数据格式见表 62。

删除矩形区域消息体数据格式 表 62

起始字节	字段	数据类型	描述及要求
0	区域数	BYTE	本条消息中包含的区域数，不超过 125 个，多于 125 个建议用多条消息，0 为删除所有矩形区域
1	区域 ID1	DWORD	
	……	DWORD	
	区域 IDn	DWORD	

8.39 设置多边形区域

消息 ID：0x8604。

设置多边形区域消息体数据格式见表 63。

设置多边形区域消息体数据格式 表 63

起始字节	字段	数据类型	描述及要求
0	区域 ID	DWORD	
4	区域属性	WORD	区域属性定义见表 58
6	起始时间	BCD［6］	同圆形区域中时间范围设定
12	结束时间	BCD［6］	同圆形区域中时间范围设定
18	最高速度	WORD	单位为公里每小时（km/h），若区域属性 1 位为 0 则没有该字段
20	超速持续时间	BYTE	单位为秒（s），若区域属性 1 位为 0 则没有该字段
21	区域总顶点数	WORD	
23	顶点项		多边形区域的顶点项数据格式见表 64

多边形区域的顶点项数据格式 表 64

起始字节	字段	数据类型	描述及要求
0	顶点纬度	DWORD	以度为单位的纬度值乘以 10 的 6 次方，精确到百万分之一度
4	顶点经度	DWORD	以度为单位的纬度值乘以 10 的 6 次方，精确到百万分之一度

8.40 删除多边形区域

消息 ID：0x8605。

删除多边形区域消息体数据格式见表 65。

删除多边形区域消息体数据格式 表 65

起始字节	字段	数据类型	描述及要求
0	区域数	BYTE	本条消息中包含的区域数，不超过 125 个，多于 125 个建议用多条消息，0 为删除所有矩形区域
1	区域 ID1	DWORD	
	……	DWORD	
	区域 IDn	DWORD	

8.41 设置路线

消息 ID：0x8606。

设置路线消息体数据格式见表 66。

设置路线消息体数据格式 表 66

起始字节	字段	数据类型	描述及要求
0	路线 ID	DWORD	
4	路线属性	WORD	路线属性数据格式见表 67
6	起始时间	BCD［6］	同圆形区域中时间范围设定
12	结束时间	BCD［6］	同圆形区域中时间范围设定
18	路线总拐点数	WORD	
20	拐点项		路线拐点项数据格式见表 68

路线属性数据格式 表 67

位	标　志	位	标　志
0	1：根据时间	4	1：出路线报警给驾驶员
1	保留	5	1：出路线报警给平台
2	1：进路线报警给驾驶员	6～15	保留
3	1：进路线报警给平台		

路线拐点项数据格式　表68

起始字节	字　段	数据类型	描述及要求
0	拐点 ID	DWORD	
4	路段 ID	DWORD	
8	拐点纬度	DWORD	以度为单位的纬度值乘以 10 的 6 次方，精确到百万分之一度
12	拐点经度	DWORD	以度为单位的纬度值乘以 10 的 6 次方，精确到百万分之一度
16	路段宽度	BYTE	单位为米（m），路段为该拐点到下一拐点
17	路段属性	BYTE	路段属性数据格式见表 69
18	路段行驶过长阈值	WORD	单位为秒（s），若路段属性 0 位为 0 则没有该字段
20	路段行驶不足阈值	WORD	单位为秒（s），若路段属性 0 位为 0 则没有该字段
22	路段最高速度	WORD	单位为公里每小时（km/h），若路段属性 1 位为 0 则没有该字段
24	路段超速持续时间	BYTE	单位为秒（s），若路段属性 1 位为 0 则没有该字段

路段属性数据格式　表69

位	标　志	位	标　志
0	1：行驶时间	3	0：东经；1：西经
1	1：限速	4～7	保留
2	0：北纬；1：南纬		

8.42　删除路线

消息 ID：0x8607。

删除路线消息体数据格式见表 70。

删除路线消息体数据格式　表70

起始字节	字段	数据类型	描述及要求
0	路线数	BYTE	本条消息中包含的区域数，不超过 125 个，多于 125 个建议用多条消息，0 为删除所有路线
1	路线 ID1	DWORD	
	……	DWORD	
	路线 IDn	DWORD	

8.43 行驶记录数据采集命令

消息 ID：0x8700。

行驶记录数据采集命令消息体数据格式见表 71。

行驶记录仪数据采集命令消息体数据格式 表 71

起始字节	字段	数据类型	描述及要求
0	命令字	BYTE	命令字列表见 GB/T 19056 中相关要求
1	数据块		数据块内容格式见 GB/T 19056 中相关内容，包含 GB/T 19056 要求的完整数据包，可为空

8.44 行驶记录数据上传

消息 ID：0x0700。

行驶记录数据上传消息体数据格式见表 72。

行驶记录数据上传消息体数据格式 表 72

起始字节	字段	数据类型	描述及要求
0	应答流水号	WORD	对应的行驶记录数据采集命令消息的流水号
2	命令字	BYTE	对应平台发出的命令字
3	数据块		数据块内容格式见 GB/T 19056 中相关内容，包含 GB/T 19056 要求的完整数据包

8.45 行驶记录参数下传命令

消息 ID：0x8701。

行驶记录参数下传命令消息体数据格式见表 73。

行驶记录仪参数下传命令消息体数据格式 表 73

起始字节	字段	数据类型	描述及要求
0	命令字	BYTE	命令字列表见 GB/T 19056 中相关要求
1	数据块		数据块内容格式见 GB/T 19056 中相关内容，包含 GB/T 19056 要求的完整数据包

8.46 电子运单上报

消息 ID：0x0701。

电子运单上报消息体数据格式见表 74。

电子运单上报消息体数据格式 表 74

起始字节	字段	数据类型	描述及要求
0	电子运单长度	DWORD	
4	电子运单内容		电子运单数据包

8.47　上报驾驶员身份信息请求

消息 ID：0x8702。

上报驾驶员身份信息请求消息体为空。

8.48　驾驶员身份信息采集上报

消息 ID：0x0702。

终端从业资格证 IC 卡插入或拔出后，自动触发本指令。收到 0x8702 指令后，使用本指令应答。驾驶员身份信息采集上报消息体数据格式见表 75。

驾驶员身份信息上报消息体数据格式　　表 75

起始字节	字段	数据类型	描述及要求
0	状态	BYTE	0x01：从业资格证 IC 卡插入（驾驶员上班）； 0x02：从业资格证 IC 卡拔出（驾驶员下班）
1	时间	BCD［6］	插卡/拔卡时间，YY－MM－DD－hh－mm－ss； 以下字段在状态为 0x01 时才有效并做填充
7	IC 卡读取结果	BYTE	0x00：IC 卡读卡成功； 0x01：读卡失败，原因为卡片密钥认证未通过； 0x02：读卡失败，原因为卡片已被锁定； 0x03：读卡失败，原因为卡片被拔出； 0x04：读卡失败，原因为数据校验错误。 以下字段在 IC 卡读取结果等于 0x00 时才有效
8	驾驶员姓名长度	BYTE	n
9	驾驶员姓名	STRING	驾驶员姓名
9＋n	从业资格证编码	STRING	长度 20 位，不足补 0x00
29＋n	发证机构名称长度	BYTE	m
30＋n	发证机构名称	STRING	从业资格证发证机构名称
30＋n＋m	证件有效期	BCD［4］	YYYYMMDD

8.49　定位数据批量上传

消息 ID：0x0704。

定位数据批量上传数据格式见表 76。

定位数据批量上传数据格式　　表76

起始字节	字　段	数据类型	说　明
0	数据项个数	WORD	包含的位置汇报数据项个数，>0
1	位置数据类型	BYTE	0：正常位置批量汇报，1：盲区补报
2	位置汇报数据项		定义见表77

位置汇报数据项数据格式　　表77

起始字节	字　段	数据类型	说　明
0	位置汇报数据体长度	WORD	位置汇报数据体长度，n
2	位置汇报数据体	BYTE [n]	定义见8.12 位置信息汇报

8.50　CAN 总线数据上传

消息 ID：0x0705。

CAN 总线数据上传数据格式见表78。

CAN 总线数据上传数据格式　　表78

起始字节	字　段	数据类型	说　明
0	数据项个数	WORD	包含的 CAN 总线数据项个数，>0
2	CAN 总线数据接收时间	BCD [5]	第1条 CAN 总线数据的接收时间，hh-mm-ss-msms
8	CAN 总线数据项		定义见表79

CAN 总线数据项数据格式　　表79

起始字节	字段	数据类型	说　明
0	CAN ID	BYTE [4]	bit31 表示 CAN 通道号，0：CAN1，1：CAN2； bit30 表示帧类型，0：标准帧，1：扩展帧； bit29 表示数据采集方式，0：原始数据，1：采集区间的平均值； bit28-bit0 表示 CAN 总线 ID
4	CAN DATA	BYTE [8]	CAN 数据

8.51　多媒体事件信息上传

消息 ID：0x0800

多媒体事件消息上传数据格式见表80。

多媒体事件消息上传消息体数据格式　　表 80

起始字节	字　段	数据类型	描述及要求
0	多媒体数据 ID	DWORD	>0
4	多媒体类型	BYTE	0：图像；1：音频；2：视频；
5	多媒体格式编码	BYTE	0：JPEG；1：TIF；2：MP3；3：WAV；4：WMV；其他保留
6	事件项编码	BYTE	0：平台下发指令；1：定时动作；2：抢劫报警触发；3：碰撞侧翻报警触发；4：门开拍照；5：门关拍照；6：车门由开变关，时速从 <20 公里到超过 20 公里；7：定距拍照；其他保留
7	通道 ID	BYTE	

8.52　多媒体数据上传

消息 ID：0x0801。

多媒体数据上传消息体数据格式见表 81。

多媒体数据上传消息体数据格式　　表 81

起始字节	字段	数据类型	描述及要求
0	多媒体 ID	DWORD	>0
4	多媒体类型	BYTE	0：图像；1：音频；2：视频；
5	多媒体格式编码	BYTE	0：JPEG；1：TIF；2：MP3；3：WAV；4：WMV；其他保留
6	事件项编码	BYTE	0：平台下发指令；1：定时动作；2：抢劫报警触发；3：碰撞侧翻报警触发；其他保留
7	通道 ID	BYTE	
8	位置信息汇报（0x0200）消息体	BYTE［28］	表示多媒体数据的位置基本信息数据
36	多媒体数据包		

8.53　多媒体数据上传应答

消息 ID：0x8800。

多媒体数据上传应答消息体数据格式见表 82。

多媒体数据上传应答消息体数据格式 表 82

起始字节	字段	数据类型	描述及要求
0	多媒体 ID	DWORD	>0，如收到全部数据包则没有后续字段
4	重传包总数	BYTE	n
5	重传包 ID 列表	BYTE［2 * n］	重传包序号顺序排列，如“包 ID1 包 ID2...... 包 IDn”

注：对此消息的应答应采用 0x0801 消息将重传包 ID 列表中的分包重发一次，与原始分包消息完全一致。

8.54 摄像头立即拍摄命令

消息 ID：0x8801。

摄像头立即拍摄命令消息体数据格式见表 83。

摄像头立即拍摄命令消息体数据格式 表 83

起始字节	字　　段	数据类型	描述及要求
0	通道 ID	BYTE	>0
1	拍摄命令	WORD	0 表示停止拍摄；0xFFFF 表示录像；其它表示拍照张数
3	拍照间隔/录像时间	WORD	秒，0 表示按最小间隔拍照或一直录像
5	保存标志	BYTE	1：保存； 0：实时上传
6	分辨率[a]	BYTE	0x01：320 * 240； 0x02：640 * 480； 0x03：800 * 600； 0x04：1024 * 768； 0x05：176 * 144；［Qcif］； 0x06：352 * 288；［Cif］； 0x07：704 * 288；［HALF D1］； 0x08：704 * 576；［D1］
7	图像/视频质量	BYTE	1 – 10，1 代表质量损失最小，10 表示压缩比最大
8	亮度	BYTE	0 – 255
9	对比度	BYTE	0 – 127
10	饱和度	BYTE	0 – 127
11	色度	BYTE	0 – 255

[a]终端若不支持系统要求的分辨率，则取最接近的分辨率拍摄并上传

8.55 摄像头立即拍摄命令应答

消息 ID：0x0805。

摄像头立即拍摄命令应答消息体数据格式见表 84。该命令用于应答监控中心下发的摄像头立即拍摄命令 0x8801。

摄像头立即拍摄命令应答数据格式 表 84

起始字节	字　段	数据类型	描述及要求
0	应答流水号	WORD	对应平台摄像头立即拍摄命令的消息流水号
2	结果	BYTE	0：成功；1：失败；2：通道不支持。 以下字段在结果 =0 时才有效
3	多媒体 ID 个数	WORD	n，拍摄成功的多媒体个数
4	多媒体 ID 列表	BYTE［4 * n］	

8.56 存储多媒体数据检索

消息 ID：0x8802。

存储多媒体数据检索消息体数据格式见表 85。

注：不按时间范围则将起始时间/结束时间都设为 00 - 00 - 00 - 00 - 00 - 00。

存储多媒体数据检索消息体数据格式 表 85

起始字节	字段	数据类型	描述及要求
0	多媒体类型	BYTE	0：图像；1：音频；2：视频
1	通道 ID	BYTE	0 表示检索该媒体类型的所有通道
2	事件项编码	BYTE	0：平台下发指令；1：定时动作；2：抢劫报警触发；3：碰撞侧翻报警触发；其他保留
3	起始时间	BCD［6］	YY - MM - DD - hh - mm - ss
9	结束时间	BCD［6］	YY - MM - DD - hh - mm - ss

8.57 存储多媒体数据检索应答

消息 ID：0x0802。

存储多媒体数据检索应答消息体数据格式见表 86。

存储多媒体数据检索应答消息体数据格式 表 86

起始字节	字　　段	数据类型	描述及要求
0	应答流水号	WORD	对应的多媒体数据检索消息的流水号
2	多媒体数据总项数	WORD	满足检索条件的多媒体数据总项数
4	检索项		多媒体检索项数据格式见表 87

多媒体检索项数据格式 表 87

起始字节	字　　段	数据类型	描述及要求
0	多媒体 ID	DWORD	>0
4	多媒体类型	BYTE	0：图像；1：音频；2：视频
5	通道 ID	BYTE	
6	事件项编码	BYTE	0：平台下发指令；1：定时动作；2：抢劫报警触发；3：碰撞侧翻报警触发；其他保留
7	位置信息汇报（0x0200）消息体	BYTE［28］	表示拍摄或录制的起始时刻的位置基本信息数据

8.58　存储多媒体数据上传命令

消息 ID：0x8803

存储多媒体数据上传命令消息体数据格式见表 88。

存储多媒体数据上传命令消息体数据格式 表 88

起始字节	字段	数据类型	描述及要求
0	多媒体类型	BYTE	0：图像；1：音频；2：视频
1	通道 ID	BYTE	
2	事件项编码	BYTE	0：平台下发指令；1：定时动作；2：抢劫报警触发；3：碰撞侧翻报警触发；其他保留
3	起始时间	BCD［6］	YY－MM－DD－hh－mm－ss
9	结束时间	BCD［6］	YY－MM－DD－hh－mm－ss
15	删除标志	BYTE	0：保留；1：删除

8.59　录音开始命令

消息 ID：0x8804

录音开始命令消息体数据格式见表 89。

录音开始命令消息体数据格式 表 89

起始字节	字段	数据类型	描述及要求
0	录音命令	BYTE	0：停止录音；0x01：开始录音
1	录音时间	WORD	单位为秒（s），0 表示一直录音
3	保存标志	BYTE	0：实时上传；1：保存
4	音频采样率	BYTE	0：8K；1：11K；2：23K；3：32K；其他保留

8.60　单条存储多媒体数据检索上传命令

消息 ID：0x8805

单条存储多媒体数据检索上传命令消息体数据格式见表 90。

单条存储多媒体数据检索上传命令消息体数据格式 表 90

起始字节	字段	数据类型	描述及要求
0	多媒体 ID	DWORD	>0
4	删除标志	BYTE	0：保留；1：删除

8.61　数据下行透传

消息 ID：0x8900。

数据下行透传消息体数据格式见表 91。

数据下行透传消息体数据格式 表 91

起始字节	字段	数据类型	描述及要求
0	透传消息类型	BYTE	透传消息类型定义见表 93
1	透传消息内容		

8.62　数据上行透传

消息 ID：0x0900。

数据上行透传消息体数据格式见。

数据上行透传消息体数据格式 表 92

起始字节	字段	数据类型	描述及要求
0	透传消息类型	BYTE	透传消息类型定义见表 93
1	透传消息内容		

透传消息类型定义表　　表 93

透传消息类型	定义	描述及要求
GNSS 模块详细定位数据	0x00	GNSS 模块详细定位数据
道路运输证 IC 卡信息	0x0B	道路运输证 IC 卡信息上传消息为 64Byte，下传消息为 24Byte。道路运输证 IC 卡认证透传超时时间为 30s。超时后，不重发
串口 1 透传	0x41	串口 1 透传消息
串口 2 透传	0x42	串口 2 透传消息
用户自定义透传	0xF0 - 0xFF	用户自定义透传消息

8.63　数据压缩上报

消息 ID：0x0901。

数据压缩上报消息体数据格式见表 94。

数据压缩上报消息体数据格式　　表 94

起始字节	字段	数据类型	描述及要求
0	压缩消息长度	DWORD	
4	压缩消息体		压缩消息体为需要压缩的消息经过 GZIP 压缩算法后的消息

8.64　平台 RSA 公钥

消息 ID：0x8A00。

平台 RSA 公钥消息体数据格式见表 95。

平台 RSA 公钥消息体数据格式　　表 95

起始字节	字段	数据类型	描述及要求
0	e	DWORD	平台 RSA 公钥｛e，n｝中的 e
4	n	BYTE［128］	RSA 公钥｛e，n｝中的 n

8.65　终端 RSA 公钥

消息 ID：0x0A00。

终端 RSA 公钥消息体数据格式见表 96。

终端 RSA 公钥消息体数据格式　　表 96

起始字节	字段	数据类型	描述及要求
0	e	DWORD	终端 RSA 公钥｛e，n｝中的 e
4	n	BYTE［128］	RSA 公钥｛e，n｝中的 n

附录 A
（规范性附录）
车载终端与外接设备通信协议

A.1 设备

A.1.1 主机

主机应符合 JT/T 794。

A.1.2 从机

从机包括各种点对点串行通信外部设备，如调度显示屏、智能外设、油量检测装置、碰撞侧翻检测装置等。

A.2 通信协议

A.2.1 帧格式定义

所有从机与主机的通信遵循的帧格式见表 A.1。

帧 格 式 表 A.1

标识位	校验码	版本号	厂商编号	外设类型编号	命令类型	用户数据	标识位
1 byte	1 byte	2byte	2byte	1byte	1 byte	n byte	1 byte

表 A.1 的内容说明如下：

a）标识位：采用 0x7e 表示，若校验码、消息头以及消息体中出现 0x7e，则要进行转义处理，转义规则定义如下：

0x7e <————> 0x7d 后紧跟一个 0x02；

0x7d <————> 0x7d 后紧跟一个 0x01。

转义处理过程如下：

发送消息时：消息封装——>计算并填充校验码——>转义；

接收消息时：转义还原——>验证校验码——>解析消息。

示例 1：

发送一包内容为 0x30 0x7e 0x08 0x7d 0x55 的数据包，则经过封装如下：0x7e 0x30 0x7d 0x02 0x08 0x7d 0x01 0x55 0x7e；

b）校验码：从厂商编号到用户数据依次累加的累加和，然后取累加的低 8 位作为校验码；

示例 2：

累加和为 0x1388，则校验码为 0x88；

c）版本号：标识通信协议版本；

d）厂商编号：外设从机的制造厂商代码；

e）外设类型编号：每种外设唯一对应的一个类型编号，用于主机的外设接口驱动区别是何种外设发来的数据；外设类型编号见表 A. 2；

f）命令类型：外设与主机进行各种数据交互的信息类型，命令类型分为通用协议和专有协议两大类：通用协议主要包括从机与主机基本的、必需的、共有的一些信息交互类型；专有协议则定义各型外设与主机特有的信息交互类型；命令类型见表 A. 3；

g）用户数据：指外设与主机交互的数据中除以上几个部分以外的由具体业务功能定制内容；

h）通信帧的数据采用大端（big - endian）的表示方式。

外设类型编号表　　表 A. 2

外 设 类 型	编号	外 设 类 型	编号
行业信息终端机	0x01	接口扩展器	0x07
调度显示屏	0x02	载重检测器	0x08
车载导航显示屏	0x03	客流检测器	0x09
油量检测器	0x04	通用传感器	0x0A
加速度检测器	0x05	道路运输证 IC 卡读卡器	0x0B
防盗报警器	0x06	自定义	0xF0 - 0xFF

命 令 类 型 表　　表 A. 3

协议类型	业务功能类型	命令类型
外设通用协议	上电指示/应答	0x01
	链路探询/应答	0x02
	从机电源控制/应答	0x03
	查询从机版本号信息	0x04
	从机自检/应答	0x05
	从机固件更新/应答	0x06
	保留	0x07 - 0x3F

续上表

协议类型	业务功能类型	命令类型
专用协议	道路运输证 IC 卡认证请求/应答	0x40
	道路运输证 IC 卡读取结果通知/应答	0x41
	卡片拔出通知/应答	0x42
	主动触发读取 IC 卡/应答	0x43
	各种从机外设的专有功能业务协议	0x44-0xFF

A.2.2　外设协议的添加规则

外设协议的增加和修改应遵循以下规则：

a）同一功能的发送与应答协议使用相同的命令类型；

b）对于命令类型较多的外设，添加新命令类型时，尽量考虑采用可变参数的方式减少命令类型占用。

A.3　通用协议说明

A.3.1　从机上电指示

从机上电指示见表 A.4。

从机上电指示表　　表 A.4

步骤	命令类型	描述	用户数据	数据方向
1	01H	上电指示应答	无	下行
2	01H	上电指示	无	上行

A.3.2　外设链路探询

外设链路探询指令见表 A.5。

外设链路探询指令表　　表 A.5

步骤	命令类型	描述	用户数据	数据方向
1	02H	链路探询	链路维护时间 高位字节在前，低位字节在后；高字节单位为分钟（min），低字节的单位为秒（s）；建议链路探询时间为 15s～30s；链路超时后，主机会注销从机的登记信息	上行
2	02H	链路探询应答	无	下行

A.3.3 从机电源控制

从机电源控制指令见表A.6。

从机电源控制指示表

表A.6

步骤	命令类型	描述	用户数据	数据方向
1	03H	从机电源控制	控制类型：0x00——从机退出省电模式； 0x01——从机进入省电模式	下行
2	03H	从机电源控制应答	应答类型：0x01——操作成功； 0x02——操作失败（从机因为特殊情况无法进入省电模式或退出省电模式）	上行

A.3.4 查询从机版本号信息

查询从机版本号信息指令见表A.7。

查询从机版本号信息指令表

表A.7

步骤	命令类型	描　　述	用户数据	数据方向
1	04H	查询从机版本号信息	无	下行
2	04H	查询从机版本号信息应答	从机版本号，WORD 如：0x0207，表示2.07版本	上行

A.3.5 从机自检

从机自检指令见表A.8。

从机自检指令表

表A.8

步骤	命令类型	描述	用户数据	数据方向
1	05H	从机自检	自检从机类型，BYTE，按照表A.2的定义	下行
2	05H	自检结果信息	自检从机类型，BYTE，按照表A.2的定义	上行
			自检结果，BYTE 0x01：自检成功；0x02：自检失败	

注：该指令超时时间为1s，如果没有响应，最多重发三次。

终端收到自检失败后，置位相应的报警标志，并进行语音提示或屏幕显示。

A.3.6 从机固件更新

从机固件更新指令见表A.9。

从机固件更新指令表 表 A. 9

步骤	命令类型	描述	用户数据	数据方向
1	06H	更新从机模块 FirmWare	消息总包数，WORD	下行
			包序号，WORD，从 1 开始	
			包数据，最大长度为 256 个字节	
2	06H	确认信息	包序号，WORD	上行
			应答结果，BYTE	
			0：正确； 1：非本固件程序，终止升级； 2：重发（三次后，终止本次升级）	

注：该指令超时时间为 1s，如果没有响应，最多重发三次。

A. 3. 7　查询外设属性

查询外设属性指令见表 A. 10。

查询外设属性指令表 表 A. 10

步骤	命令类型	描　　述	用户数据	数据方向
1	07H	查询外设属性	无	下行
2	07H	查询外设属性应答	外设制造商编号，5 BYTE	上行
			外设硬件版本号，3 BYTE	
			外设软件版本号，3 BYTE	

注：版本号示例，0x010B02 表示 v1. 12. 2。

该指令超时时间为 1s，如果没有响应重发，最多重发三次。

A. 4　专用协议说明

A. 4. 1　道路运输证 IC 卡认证请求

在模块侦测到有卡插入时，以及模块复位或重新上电后，且卡槽中 IC 卡物理卡号与上次读取的卡号不一致时，自动触发道路运输证 IC 卡认证请求上行指令。

道路运输证 IC 卡认证请求指令见表 A. 11。

道路运输证 IC 卡认证请求指令表 表 A. 11

步骤	命令类型	描　述	用户数据	数据方向
1	40H	IC 卡认证请求	状态位，BYTE 0x00：IC 卡读卡成功； 0x01：IC 卡未插入； 0x02：IC 卡读卡失败； 0x03：非从业资格证 IC 卡； 0x04：IC 卡被锁定 数据区（状态位 =0x00 时有效），卡片基本信息及认证信息（64 字节）	上行
2	40H	IC 卡认证请求应答	IC 卡认证请求应答结果，BYTE 0x00：成功完成认证请求； 0x01：终端不在线； 0x02：终端透传认证中心超时无回应； 0x03：终端确认收到信息（IC 卡认证请求读卡结果 =0x01 –0x04 时） 数据区（IC 卡认证请求应答结果 =0x00 时有效），IC 卡认证请求返回校验数据（24 字节）。	下行

注：该指令上行且 IC 卡认证请求状态位为 0x00 时，超时时间为 35S，其余状态和下行时，超时时间为 1s，如果没有响应，最多重发三次。

A. 终端在状态位为 0x00 时，向认证中心发送 64 字节卡片基本信息及认证信息，并根据不同情况向读卡模块返回 1 或 25 字节结果信息。

a. 终端向读卡模块返回的 IC 卡认证请求应答结果为 0x00 时，读卡模块开始读取卡片信息，然后自动启动 41H 指令向终端反馈结果，终端语音提示驾驶员相应结果，并在读卡成功后使用 0x0702 命令向认证中心和监控平台发送驾驶员身份信息；

b. 终端向读卡模块返回的 IC 卡认证请求应答结果为 0x01 时，等待 20 分钟，使用 43H 命令主动触发读卡模块读取 IC 卡；

c. 终端向读卡模块返回的 IC 卡认证请求应答结果为 0x02 时，读卡模块重发三次 40H。三次不成功后，终端结束流程，语音提示驾驶员相应结果；

d. 终端向读卡模块返回的 IC 卡认证请求应答结果为 0x03 时，结束流程，终端语音提示驾驶员相应结果。

B. 终端在状态位为非 0x00 时，结束流程，语音提示驾驶员相应结果。

A.4.2 道路运输证 IC 卡读取结果通知

道路运输证 IC 卡读取结果通知指令见表 A.12。

道路运输证 IC 卡读取结果通知指令表 表 A.12

步骤	命令类型	描　述	用户数据	数据方向
1	41H	IC 卡读取结果通知	IC 卡读取结果，BYTE 0x00：IC 卡读卡成功，此时有后续数据； 0x01：读卡失败，原因为卡片密钥认证未通过； 0x02：读卡失败，原因为卡片已被锁定； 0x03：读卡失败，原因为卡片被拔出； 0x04：读卡失败，原因为数据校验错误	上行
			数据区（当 IC 卡读取结果为 0x00 时有效），驾驶员身份信息，见表 A.13	
2	41H	驾驶员身份信息收到确认	无	下行

注：该指令超时时间为 1s，如果没有响应，最多重发三次。

A. 终端在收到 IC 卡读取结果为 0x00 时，使用 0x0702 命令向认证中心和归属平台发送驾驶员身份信息；

B. 终端在收到 IC 卡读取结果为非 0x00 时，结束流程，语音提示驾驶员相应结果。

驾驶员身份信息表 表 A.13

起始字节	字段	数据类型	描述及要求
0	驾驶员姓名长度	BYTE	长度为 n
1	驾驶员姓名	STRING	驾驶员姓名
1 + n	从业资格证号	STRING	长度为 20 位
21 + n	发证机构名称长度	BYTE	长度为 m
22 + n	发证机构名称	STRING	从业资格证发证机构名称
22 + n + m	证件有效期	BCD [4]	YYYYMMDD

A.4.3 卡片拔出通知

卡片拔出通知指令见表 A.14。

卡片拔出通知指令表 表 A.14

步骤	命令类型	描　述	用户数据	数据方向
1	42H	卡片拔出通知	无	上行
2	42H	卡片拔出通知收到确认	无	下行

注：该指令超时时间为 1s，如果没有响应，最多重发三次。

终端在收到卡片拔出通知时，使用 0x0702 命令向认证中心和监控平台发送驾驶员下班信息。

A.4.4 主动触发读取 IC 卡

主动触发读取 IC 卡指令见表 A.15。

主动触发读取 IC 卡指令表 表 A.15

步骤	命令类型	描述	用户数据	数据方向
1	43H	主动触发读取 IC 卡	无	下行
2	43H	主动触发读取 IC 卡确认信息	无	上行

注：该指令超时时间为 1s，如果没有响应，最多重发三次。

该指令用于终端点名、终端不在线或终端上传 IC 卡认证信息超时等，读卡模块收到该命令后，自动触发 40H 指令重新读卡。

附录 B
（规范性附录）
消息对照表

终端通讯协议的消息对照表见表 B.1。

消 息 对 照 表　　表 B.1

序号	消息体名称	消息 ID	序号	消息体名称	消息 ID
1	终端通用应答	0x0001	24	事件设置	0x8301
2	平台通用应答	0x8001	25	事件报告	0x0301
3	终端心跳	0x0002	26	提问下发	0x8302
4	补传分包请求	0x8003	27	提问应答	0x0302
5	终端注册	0x0100	28	信息点播菜单设置	0x803
6	终端注册应答	0x8100	29	信息点播/取消	0x0303
7	终端注销	0x0003	30	信息服务	0x8304
8	终端鉴权	0x0102	31	电话回拨	0x8400
9	设置终端参数	0x8103	32	设置电话本	0x8401
10	查询终端参数	0x8104	33	车辆控制	0x8500
11	查询终端参数应答	0x0104	34	车辆控制应答	0x0500
12	终端控制	0x8105	35	设置圆形区域	0x8600
13	查询指定终端参数	0x8106	36	删除圆形区域	0x8601
14	查询终端属性	0x8107	37	设置矩形区域	0x8602
15	查询终端属性应答	0x0107	38	删除矩形区域	0x8603
16	下发终端升级包	0x8108	39	设置多边形区域	0x8604
17	终端升级结果通知	0x0108	40	删除多边形区域	0x8605
18	位置信息汇报	0x0200	41	设置路线	0x8606
19	位置信息查询	0x8201	42	删除路线	0x8607
20	位置信息查询应答	0x0201	43	行驶记录仪数据采集命令	0x8700
21	临时位置跟踪控制	0x8202	44	行驶记录仪数据上传	0x0700
22	人工确认报警消息	0x8203	45	行驶记录仪参数下传命令	0x8701
23	文本信息下发	0x8300	46	电子运单上报	0x0701

续上表

序号	消息体名称	消息 ID	序号	消息体名称	消息 ID
47	驾驶员身份信息采集上报	0x0702	58	存储多媒体数据上传	0x8803
48	上报驾驶员身份信息请求	0x8702	59	录音开始命令	0x8804
49	定位数据批量上传	0x0704	60	单条存储多媒体数据检索上传命令	0x8805
50	CAN 总线数据上传	0x0705	61	数据下行透传	0x8900
51	多媒体事件信息上传	0x0800	62	数据上行透传	0x0900
52	多媒体数据上传	0x0801	63	数据压缩上报	0x0901
53	多媒体数据上传应答	0x8800	64	平台 RSA 公钥	0x8A00
54	摄像头立即拍摄命令	0x8801	65	终端 RSA 公钥	0x0A00
55	摄像头立即拍摄命令应答	0x0805	66	平台下行消息保留	0x8F00 ~ 0x8FFF
56	存储多媒体数据检索	0x8802	67	终端上行消息保留	0x0F00 ~ 0x0FFF
57	存储多媒体数据检索应答	0x0802			

交通运输部办公厅关于在示范省份做好全国道路货运车辆公共监管与服务平台管理及维护工作的通知

（2013 年 2 月 1 日　　厅运字〔2013〕41 号）

河北、江苏、安徽、山东、湖南、贵州、宁夏、陕西省（自治区）交通运输厅，天津市交通运输和港口管理局，部通信信息中心：

根据《国务院关于加强道路交通安全工作的意见》（国发〔2012〕30 号，以下简称国务院《意见》），重型载货汽车和半挂牵引车应在出厂前安装卫星定位装置，并接入全国道路货运车辆公共监管与服务平台（以下简称货运公共平台）。目前，部已委托部通信信息中心开发完成货运公共平台，即将在示范省份投入使用。为做好货运公共平台的管理及维护工作，确保平台安全稳定运行，切实发挥作用，现将有关事项通知如下：

一、充分认识货运公共平台的重要意义

建设并维护好货运公共平台，既是贯彻落实国务院《意见》的重要工作，也是完成“重点运输过程监控管理服务示范系统工程”任务的具体要求。通过将车载卫星定位装置接入货运公共平台，一方面为个体运输车辆及小运输企业的车辆提供动态监控服务，另一方面也可为大中型货运企业的监控平台提供所属车辆的动态数据接入服务。这既可有效解决个体运输车辆和小运输企业车辆监控主体缺失的问题，也有利于引导大中型货运企业提升动态监控水平，确保车载卫星定位装置和货运公共平台切实发挥作用。各示范省份要充分认识货运公共平台的重要意义，按照部的统一要求，采取有效措施，积极支持货运公共平台的管理及维护工作，切实加强对道路货运车辆的动态监督。

二、切实做好车载终端接入工作

各示范省份要按照国务院《意见》和《交通运输部关于加快推进

“重点运输过程监控管理服务示范系统工程”实施工作的通知》（交运发〔2012〕798号）要求，严格督促所有新进入运输市场的重型载货汽车和半挂牵引车加装北斗兼容车载终端，并直接接入货运公共平台。自2013年6月1日起，所有新进入示范省份运输市场的重型载货汽车和半挂牵引车，应是在出厂前已安装北斗兼容车载终端的车辆。要加强车辆核查工作，凡未按规定安装或加装北斗兼容车载终端，并直接接入货运公共平台的车辆，不予核发或审验道路运输证。

车载终端生产企业应按照《道路运输车辆卫星定位系统北斗兼容车载终端技术规范》（以下简称《规范》）要求生产终端产品，将终端监控中心的域名设置为货运公共平台。车辆生产企业应选择安装符合《规范》要求，并通过符合性审查的车载终端。对新出厂车辆已安装的北斗兼容车载终端，任何单位和个人不得随意拆卸，不得改变车载终端监控中心的域名设置，不得将终端指向其他平台。

三、切实加强平台维护与管理

部通信信息中心要建立健全相关制度，充实技术维护力量，切实加强平台运行维护和安全运行环境建设，确保平台安全稳定运行；要会同各示范省份省级道路运输管理机构，择优选择通过符合性审查的卫星定位系统平台服务运营商，并制定服务标准，定期对其服务能力和水平进行评估。

各示范省份交通运输部门要会同公安、安全监管部门，共同加强对道路货运企业动态监控工作的监督，督促企业落实监控主体责任，保持货运车辆在线率。

卫星定位系统平台服务运营商要按照服务标准，为货运车辆提供动态监控及车载终端维护服务。提供货运车辆监控服务所需的数据，由货运公共平台接入。

四、切实强化平台服务功能

部通信信息中心要创新运营模式，充分发挥货运公共平台的集聚效应，充分利用社会资源，积极拓展货运公共平台的服务功能，为道路货运企业和从业人员提供更多、更有价值的服务，真正让运输企业受益，让从业人员受益，以服务促进监管，为平台可持续发展奠定坚实的基础。

为加强对货运公共平台相关工作的领导，保障平台持续稳定运行，成立以部道路运输司为组长单位，部通信信息中心和各示范省份省级道路运输管理机构为成员单位的专项工作小组。各地在执行中有新的情况，及时报部道路运输司。

联 系 人：赵维祖

联系电话：010－65293754，010－65292740（传真）

交通运输部　公安部　安全监管总局关于印发2013年“道路客运安全年”活动方案的通知

（2013年4月3日　　交运发〔2013〕230号）

各省、自治区、直辖市、新疆生产建设兵团交通运输厅（局、委）、公安厅（局）、安全生产监督管理局：

为进一步贯彻落实《国务院关于加强道路交通安全工作的意见》（国发〔2012〕30号）精神，深入扎实开展“安全生产年”“平安交通”活动，夯实道路客运安全基础，坚决遏制重特大道路交通事故的发生，交通运输部、公安部、安全监管总局决定今年继续联合开展“道路客运安全年”活动。现将《2013年“道路客运安全年”活动方案》印发给你们，请结合各地实际，认真抓好落实。

2013年“道路客运安全年”活动方案

一、指导思想

认真贯彻党的十八大精神，以科学发展观为指导，按照《国务院关于加强道路交通安全工作的意见》（国发〔2012〕30号）要求，结合“平安交通”创建活动，继续深化“道路客运安全年”活动，深入解决道路客运安全工作中存在的薄弱环节和突出问题，不断夯实道路客运安全基础，提高道路客运安全生产水平。

二、目标任务

通过扎实开展“道路客运安全年”活动，客运车辆事故同比减少，客运驾驶员素质整体提升，客运企业安全生产主体责任进一步落实，动态监控制度进一步完善，科技支撑作用明显增强，包车客运管理进一步规范，客运车辆交通违法行为明显减少。

三、活动组织

2013年“道路客运安全年”活动由交通运输部、公安部和安全监管总局联合部署。地方各级交通运输部门、公安部门和安全监管部门要在地方政府的统一领导下，分工负责，密切协作，共同组织开展工作。

四、活动内容

（一）进一步深化驾驶员素质教育工程。坚持将培养安全驾驶、文明出行驾驶员作为核心目标，切实提高驾驶人的安全意识、驾驶技能和应急处置能力。一是严格驾驶人培训、考试。各地交通运输部门要督促机动车驾驶培训机构严格落实《机动车驾驶培训教学与考试大纲》（交运发〔2012〕729号），突出对驾驶员安全、文明行车意识的培养，积极推进计时培训系统的安装使用，进一步加强培训质量监督；公安部门要严格执行考试项目和评判标准，特别要落实大中型客车驾驶员夜间、复杂路况和应急处置等安全驾驶意识和技能的考试要求，严把驾驶员考试关。二是开展客运驾驶员大培训活动。各地要扎实推进继续教育工作，组织开展客运驾驶员大培训活动，以继续教育教材和典型事故案例为主要培训内容，重点从案例警示，以及恶劣天气和复杂道路驾驶常识、紧急避险、应急救援处置等方面，对所有客运驾驶员进行一次再教育，进一步提升驾驶员安全意识和应急处置能力。三是加强针对性交通安全宣传教育。各地要按照“文明交通行动计划”统一部署，以客运驾驶员为重点，督促客运企业对所属驾驶员定期开展交通安全法制宣传教育。要充分运用媒体的广泛传播力和影响力，加大对客运车辆及驾驶员严重交通违法行为曝光力度，对客运驾驶员记满分、临界满分，以及降级换证等信息，公安部门要定期清理，并抄告交通运输部门。客运车辆有未处理交通违法记录的，客运企业要督促责令驾驶员及时依法接受处理，并组织开展学习教育。要深入推进文明交通进驾校、进企业活动，大力倡导、传播礼让、守法等现代文明交通理念，使驾校、客运企业成为传播安全驾驶、文明行车理念的主阵地和交通安全宣传教育基地。

（二）进一步推进客运企业安全管理标准化建设。继续深入贯彻《道路旅客运输企业安全管理规范（试行）》（交运发〔2012〕33 号，以下简称《规范》)，落实客运企业安全生产主体责任。一是制定监督检查细则。交通运输部、公安部、安全监管总局联合制定印发《道路旅客运输企业安全检查细则》（以下简称《检查细则》），明确对客运企业进行检查的工作程序和内容，规范监督检查行为。二是开展企业达标活动。各地要组织开展客运企业《规范》达标活动，督促客运企业对照《规范》，逐项进行落实；根据《检查细则》要求，对本辖区内道路旅客运输企业全面进行检查。对发现不落实《规范》的客运企业，要责令限期整改；对整改仍不符合要求的，停业整顿直至依法吊销其道路运输经营许可证或吊销相应的经营范围。三是研究建立安全评估制度。在《规范》实施的基础上，研究制定道路旅客运输企业安全管理评估办法和标准，并在部分省市开展试点，逐步推广和建立道路旅客运输企业安全评估制度。四是做好道路客运重特大事故预防及应急预案。各地要组织完善道路客运重特大事故应急预案，并定期演练。交通运输部将组织开展道路客运重特大事故预防及应急演练示范活动。

（三）进一步加强道路运输车辆动态监管。规范联网联控各级系统平台、车载终端的运行管理和安装使用，落实企业监控主体责任，提高卫星定位装置的应用水平。一是科学调整系统平台监控参数设置。客运企业要按照国发〔2012〕30号文件的要求，抓紧对雨雪雾等恶劣天气车辆行驶速度、夜间行驶速度及连续驾驶时间等监控要求进行调整。班线客运企业要对所属车辆途径路线进行勘察，合理设定分段限速值。二是完成平台标准符合性审查。各地要督促尚未通过标准符合性审查的卫星定位系统平台，尽快按照标准完成改造。今年9月底前，没有通过符合性审查的系统平台，一律不得继续从事动态监控工作。三是提高车辆在线率。要督促客运企业加强对车载终端的维护，保持终端设备技术状况良好，有效接入全国重点营运车辆联网联控系统。对终端出现故障及无法接入联网联控系统的车辆，企业不得安排运输任务。四是落实企业监控主体责任。各地交通运输、公安、安全监管部门要加强对客运企业卫星定位装置安装使用和系统平台运用情况的督查检查，督促客运企业加强对违法违章车辆的处罚力度，要严格执行国发〔2012〕30号文件的要求，依据动态监控系统记录的数据信息，依法严格处罚客运车辆超速驾驶、疲劳驾驶等交通违法行为，落实企业监控主体责任。

（四）积极推进长途客运接驳运输试点。各地要根据《交通运输部关于开展长途客运接驳运输试点工作的通知》（交运发〔2012〕784号）的要求，加快推进长途客运接驳运输试点工作。一是加强接驳运输试点工作的组织实施。各试点省份交通运输部门要加强接驳运输试点工作的组织实施和监督指导，督促试点企业认真执行试点方案，确保接驳运输试点工作稳步推进、取得实效。二是努力为接驳运输创造良好的环境条件。各地要支持符合条件的客运企业开展接驳运输，及时帮助企业解决接驳运输过程中遇到的困难和问题，允许接驳运输车辆凌晨2～5时通行，努力创造有利于接驳运输发展的环境条件。要督促高速公路服务区优先为接驳运输驾驶员提供落地休息的服务设施和工作人员的工作条件。三是加强接驳运输试点工作的监督管理。各地要加强对接驳运输试点工作的监督管理，建立规范的接驳运输试点工作监督管理制度，明确并细化监督工作操作规程和评价标准，会同公安、安全监管部门对接驳点、试点企业进行检查、督查。

（五）进一步深化“安全带—生命带”活动。各地要继续深入开展“安全带—生命带”活动，进一步提高安全带佩戴率。一是加大宣传教育活动的力度。充分利用电视、广播、报刊等新闻媒体，采取将典型事故案例制作成视频短片、刊播公益广告等形式，大力宣传使用安全带的重要意义及正确方法；制作规范使用安全带的示范操作短片，在客运车辆上循环播放；在高速公路服务区、客运站场等场所广泛张贴、发放倡导安全带使用的挂图、车贴、折页等宣传品，组织好本辖区内的“安全带—生命带”主题宣传教育活动，营造良好活动氛围。二是普及安全带的安装和使用。道路客运企业要完善安全带使用、检查制度，及时修复损坏的安全带，保证安全带使用功能正常。对新进入运输市场的客运车辆，必须全部安装座椅安全带，交通运输部门要严格市场准入，公安部门要在车辆登记、检验等环节按照《机动车安全运行技术条件》（GB 7258—2012）的要求，严格检查，对不符合要求的，及时督促整改。鼓励客运企业为所属车辆安装符合要求的乘客座椅安全带。三是严格执法检查。客运站要严格出站检查，旅客未佩戴安全带的，禁止出站。公安部门在路面执法过程中要加大对规定客车安装、佩戴安全带情况的检查力度，发现驾驶人和旅客不佩戴安全带的要及时纠正并依法予以处罚。

（六）强化包车客运管理。严格落实《交通运输部关于进一步加强道路包车客运管理的通知》（交运发〔2012〕738 号）的要求，进一步强化包车客运管理。一是完善道路包车客运市场准入退出机制。加强包车客运市场的准入管理，严格审核法定条件，合理调控包车客运运力。要把安全生产状况和质量信誉考核情况作为企业退出市场的主要依据，建立健全包车客运市场退出机制。二是规范省际包车客运标志牌管理。各省级道路运输管理机构要严格按照有关规定，核发包车客运标志牌，严禁发放空白的标志牌，对违规发放的，依法依纪严肃处理；加快完善包车客运标志牌管理制度，推进信息化管理，抓紧建设“包车客运管理信息系统”，确保今年7月1日前投入使用，并将其纳入运政管理信息系统。三是加强道路包车客运市场监督管理。各地要充分运用全国重点营运车辆联网联控系统，对省际客运包车的实际运营情况实施定期抽查。要加强对客运包车异地经营行为的监督管理，按照规定定期上报、汇总、抄告对外省籍客运包车违章行为的查处情况，车籍所在地市级道路运输管理机构要将违法违规行为记录到相关档案或信息系统中，作为道路客运企业年度审核、质量信誉考核和驾驶员诚信考核的重要依据。

（七）进一步规范客运站安全管理。认真落实和规范营运客车安全例检、进出站安全检查、安全告知制度，把好客运站源头安全管理关。一是严格营运客车安全例检和出站检查。各地要按《汽车客运站营运客车安全例行检查及出站检查工作规范》（交运发〔2012〕762号）要求，加强分类指导，并督促客运站严格落实。二是进一步落实安全告知制度。各地要进一步规范安全告知工作，将交通运输部统一制作的《道路客运安全告知》和《道路客运驾驶员安全告知培训示范》免费发放给客运企业，并督促客运企业以部统一制作的《培训示范片》内容为范本，为各长途班线客车和旅游客车编写具体到每班驾驶员的安全告知材料，对客运驾驶员进行培训。三是组织专项检查。各地要对客运站安全管理、客车安全例检、进出站安全检查、安全告知制度执行情况开展监督检查，确保各项制度落到实处。对于不落实规定的客运站和客运车辆要通报批评，限期整改。

（八）严管客运车辆严重交通违法行为。各地要针对本地区客运车辆交通违法和事故特点，加强区域联动、路网联动、城乡联动、部门联动，全力加强客运车辆通行安全管控。一是严查客运车辆超速交通违法。各地公安部门要会同交通运输部门推行高速公路区间测速，根据客运车辆行经高速公路进口、出口距离，以及所用时间计算区间行驶速度，对超过规定限速的客运车辆进行处罚，确保大型客车在高速公路上最高速度每小时不超过100公里。要通过交通管理信息系统，加强网上巡查，及时发布监控拍摄的客运车辆超速违法信息，及时通知运输企业督促驾驶人接受处罚。二是严肃整治客车超员违法行为。各地公安部门要加强夜间、节假日等超员违法行为高发时段的巡逻检查，并会同交通运输部门严把出站、出城、上高速、过境“四关”，对卧铺客车、长途客车、旅游包车按照规定加强登记检查，依法从严处罚超员客车驾驶人，交通运输部门要组织对超员人员及时进行卸客转运。各地要督促客运企业在客运车辆上标明核载人数、行驶区间和举报电话，接受社会监督。三是严肃整治长途客车疲劳驾驶违法行为。要坚持动静结合，充分依托省际交通安全服务站、临时执勤站点和客运企业动态监控系统，加强对长途客运车辆特别是卧铺客车、旅游包车的检查，全力推进实施防范客运驾驶疲劳驾驶的“84220”工程，即严格落实客运驾驶人 24 小时累计驾驶时间不超过 8 小时，日间连续驾驶不超过 4 小时，夜间连续驾驶不超过 2 小时，每次停车休息时间不少于 20 分钟的要求。

（九）建立客运车辆较大道路交通事故调查处理和挂牌督办机制。一是对于一次死亡 3 至 9 人的客运车辆道路交通事故，各地要严格按照《生产安全事故报告与调查处理条例》（国务院令第 493 号）等有关规定，成立事故调查组认真开展事故调查工作。二是各省（自治区、直辖市）安全生产委员会要建立客运车辆较大道路交通事故挂牌督办机制，督促各地严格按照事故调查“四不放过”和“科学严谨、依法依规、实事求是、注重实效”的原则开展事故调查工作，严肃事故责任追究。三是要充分吸取事故教训，用事故教训推进道路交通安全工作。客运企业发生较大道路交通事故的，企业负责人、分管负责人和安全监管部门负责人要集中进行培训；事故暴露的隐患和问题要限期进行整改。

五、活动安排

（一）制定方案宣传发动阶段（4 月份）

各地要根据本方案的要求，结合实际，进一步细化工作方案或计划，做好组织发动工作。4 月 30 日前，要将本地的工作方案或计划分别报交通运输部、公安部、安全监管总局。

（二）全面推进阶段（5 – 11 月份）

各地要统筹安排各项工作的实施计划，全面推进 2013 年“道路客运安全年”活动各项工作的落实，不定期地对活动的开展情况进行督促检查。交通运输部、公安部、安全监管总局将适时组织专项督查。

（三）总结完善阶段（12月份）

各地对2013年“道路客运安全年”活动各项工作进行全面总结，评选出活动开展好的先进地区和先进运输企业，并于12月20日前将工作开展情况和先进地区、先进运输企业的材料分别报交通运输部、公安部、安全监管总局。

六、相关要求

（一）加强组织领导。各地要根据本方案要求，结合当地实际和2012年“道路客运安全年”活动开展情况，制定切实可行的工作方案，建立工作机制，明确工作任务，制定工作措施，强化工作落实。

（二）注重活动效果。各地要围绕活动整体安排，根据近年来客运安全管理存在的突出问题和薄弱环节，结合2012年活动效果，抓住重点，深化措施，加强活动情况的跟踪督查和考核，确保各项工作取得明显成效。

（三）强化共管合力。各地要进一步强化相关部门之间的沟通协调和信息共享，形成部门配合、社会支持、全员参与、协调高效的工作机制。

（四）加强宣传和信息报送。各地要做好活动的宣传工作，加强舆论引导，构建良好的活动氛围。活动期间，各省级交通运输、公安和安全监管部门每月底前要报送活动开展情况（电子邮箱：dlkyaqn@126.com），好的经验和做法要及时报送。各地报送情况将作为年底评选先进的重要依据。

联系人及电话：

交通运输部道路运输司　柴晓军，010－65293754

公安部交通管理局　王　强，010－66261793

安全监管总局监管二司　侯景雷，010－64464002

交通运输部办公厅
关于2012年道路运输安全生产情况的通报

（2013年4月8日　　厅运字〔2013〕99号）

各省、自治区、直辖市、新疆生产建设兵团交通运输厅（局、委），天津市、上海市交通运输和港口管理局：

2012年是“十二五”承前启后重要的一年。各级交通运输主管部门和道路运输管理机构认真贯彻落实党中央、国务院关于加强道路交通安全管理工作的一系列部署，深入开展“道路客运安全年”活动，全面落实《道路旅客运输企业安全管理规范（试行）》（交运发〔2012〕33号），进一步加强长途客运和旅游客运安全管理，强化车辆及驾驶员安全监管，全力做好节假日和重大活动期间道路运输安全生产和督查，行业安全发展能力和水平得到进一步提升。虽然重大行车事故仍有发生，但全年道路运输行业安全生产形势总体保持稳定。

一、2012年道路运输行业安全生产总体情况

2012年道路旅客运输安全生产总体形势持续好转，道路客运行车事故继续下降，特别是“道路客运安全年”活动开展后，道路客运事故下降较为明显。全年共发生一次死亡3人及以上的道路客运行车事故119起，造成693人死亡、1274人受伤，同比分别下降24.7%、22.0%和17.0%。其中，一次死亡10人及以上道路客运行车事故16起，造成243人死亡、333人受伤，死亡人数与2011年持平，事故起数、受伤人数同比分别上升6.7%和23.8%。

全年共发生一次死亡3至9人城市客运行车事故6起，造成23人死亡、4人受伤，事故起数、死亡人数、受伤人数同比均大幅下降。其中，出租汽车行车事故5起，造成20人死亡、2人受伤，公共汽电车行车事故1起，造成3人死亡、2人受伤。全年未发生一次死亡10人及以上城市客运行车事故。

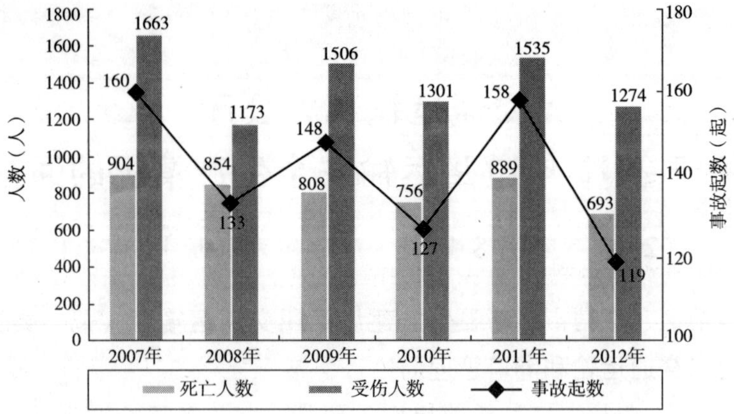

图 1　2007—2012 年一次死亡 3 人及以上道路客运行车事故情况

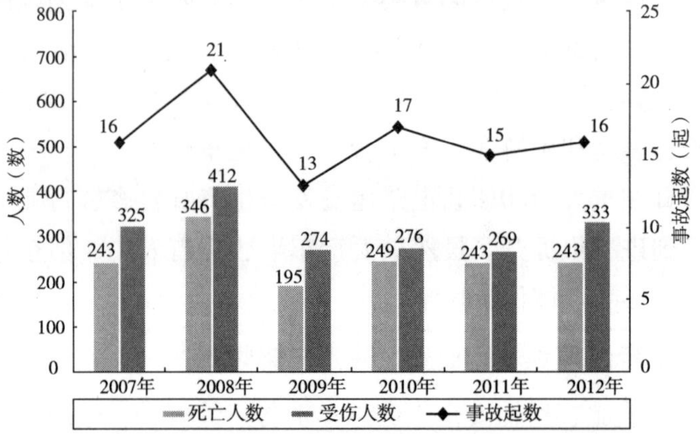

图 2　2007—2012 年一次死亡 10 人及以上道路客运行车事故情况

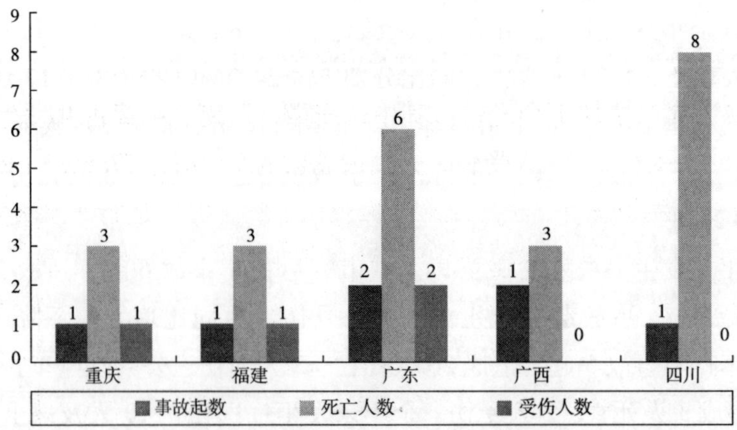

图 3　2012 年一次死亡 3 人及以上城市客运行车事故情况

二、2012年道路客运安全生产情况

（一）按肇事车辆车籍地统计，一次死亡3人及以上的道路客运行车事故涉及省份数量略有增加。

按肇事车辆车籍地统计，2012年一次死亡3人及以上的道路客运行车事故共涉及28个省份，同比增加1个省份。其中，事故起数在10起及以上的省份有河南、云南、广东、四川、新疆，以上五省共计发生一次死亡3人及以上的道路客运行车事故58起，造成319人死亡、590人受伤，分别占全国的48.7%、46.0%和46.3%。事故造成死亡人数超过50人的省份有河南、云南、四川、内蒙古，以上四省共计死亡293人，占全国的42.3%。

与2011年相比，河南所属客车一次死亡3人及以上行车事故次起数及伤亡人数的绝对量及占全国比重都有较大幅度上升，全年共发生事故14起、死亡100人、受伤215人，分别增加7起、51人、125人，占比分别上升7.3%、8.9%和11.0%。湖南、贵州、云南所属客车一次死亡3人及以上行车事故起数及死亡人数较2011年均有所上升。北京、上海、浙江三省所属客车2011年均未发生一次死亡3人及以上行车事故，2012年分别发生1起、1起和2起，死亡人数分别为6人、14人和11人。湖南、云南、内蒙古三省所属客车一次死亡3人及以上行车事故造成的死亡人数同比均明显上升，分别由2011年的4人、54人、31人上升至29人、76人、58人。

2012年发生一次死亡10人及以上道路客运行车事故共计16起，涉及11个省份，同比增加1个省份。其中，安徽、河南、内蒙古共发生8起，共造成140人死亡、154人受伤，分别占总数的50.0%、57.6%和46.2%。

按事故发生地统计，一次死亡3人及以上的道路客运行车事故共涉及26个省份。其中，事故起数在10起及以上的省份有河南、广东、广西、贵州、云南、新疆，以上六省共计发生事故64起，造成333人死亡、676人受伤，分别占全国的53.8%、48.1%和53.1%。事故造成死亡人数超过50人的省份有河南、贵州、云南，以上三省共计死亡208人，占全国的30.0%。

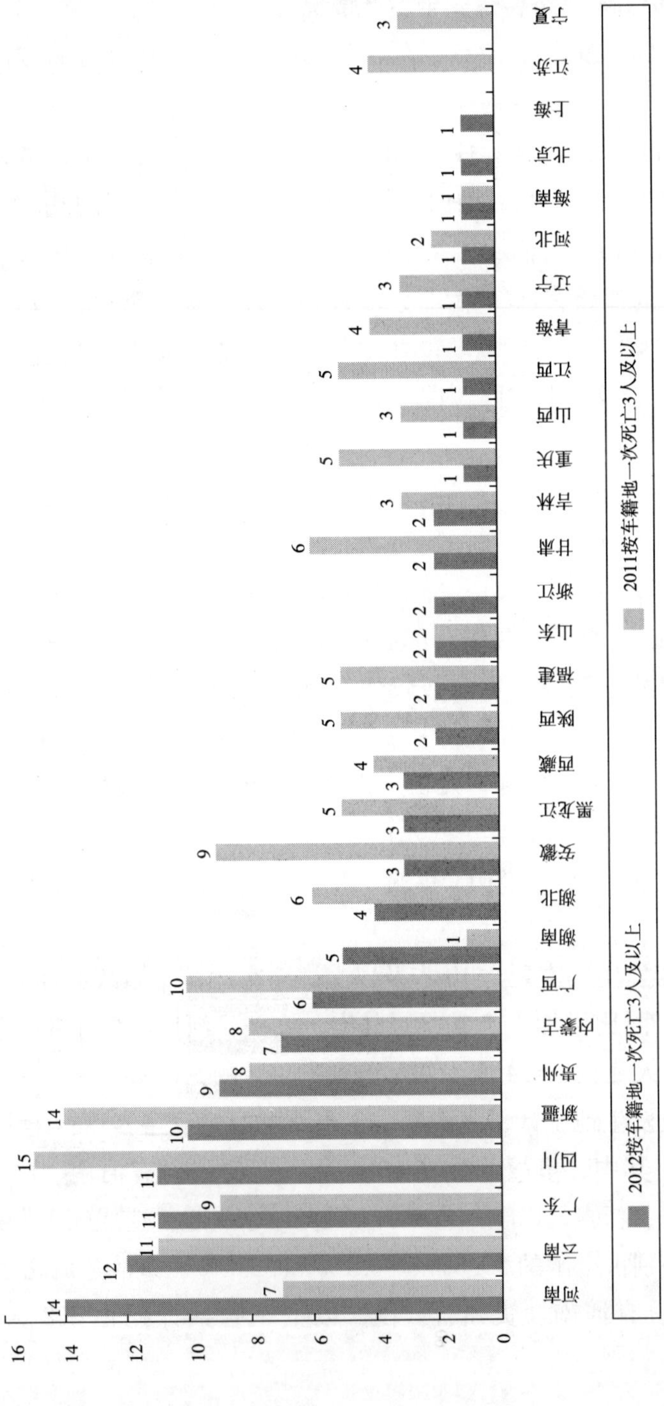

图4　一次死亡3人及以上道路客运行车事故起数对比（按车籍地）

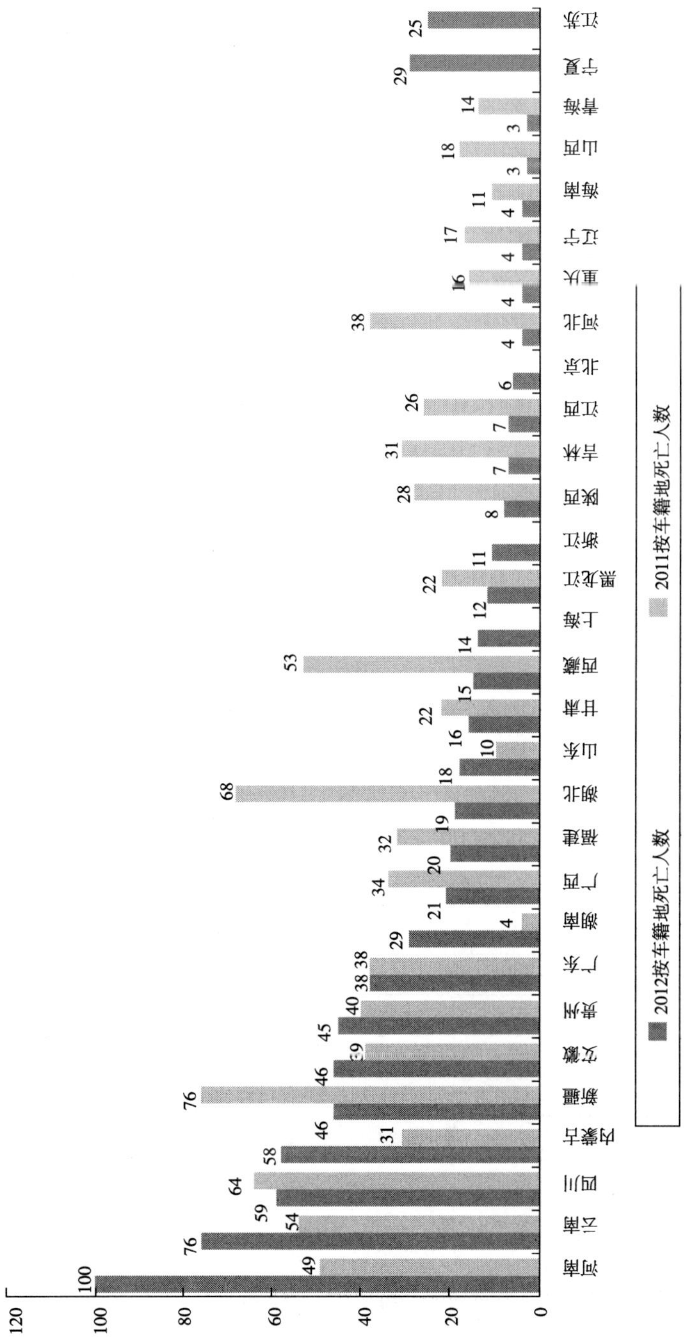

图5 一次死亡3人及以上道路客运行车事故死亡人数对比(按车籍地)

2012年一次死亡3人及以上道路客运行车事故情况地区分布 表1

	按肇事车辆车籍地统计			按事故发生地统计		
	事故起数	死亡人数	受伤人数	事故起数	死亡人数	受伤人数
北京	1	6	15	1	6	15
河北	1	4	0	1	4	0
山西	1	3	18	2	18	37
内蒙古	7	58	66	6	22	63
辽宁	1	4	34	—	—	—
吉林	2	7	20	1	3	12
黑龙江	3	12	24	3	12	24
上海	1	14	20	—	—	—
江苏	—	—	—	1	14	20
浙江	2	11	7	2	7	15
安徽	3	46	44	4	40	82
福建	2	20	29	3	23	30
江西	1	7	31	1	8	0
山东	2	18	46	2	18	46
河南	14	100	215	11	70	107
湖北	4	19	29	3	12	27
湖南	5	29	40	7	45	108
广东	11	38	53	11	40	60
广西	6	21	41	10	39	79
海南	1	4	82	1	3	3
重庆	1	4	0	1	3	4
四川	11	59	110	8	47	70
贵州	9	45	96	10	62	218
云南	12	76	121	12	76	121
西藏	3	15	9	3	15	9
陕西	2	8	24	4	49	27
甘肃	2	16	6	—	—	—
青海	1	3	3	—	—	—
宁夏	—	—	—	1	11	6
新疆	10	46	91	10	46	91
总计	119	693	1274	119	693	1274

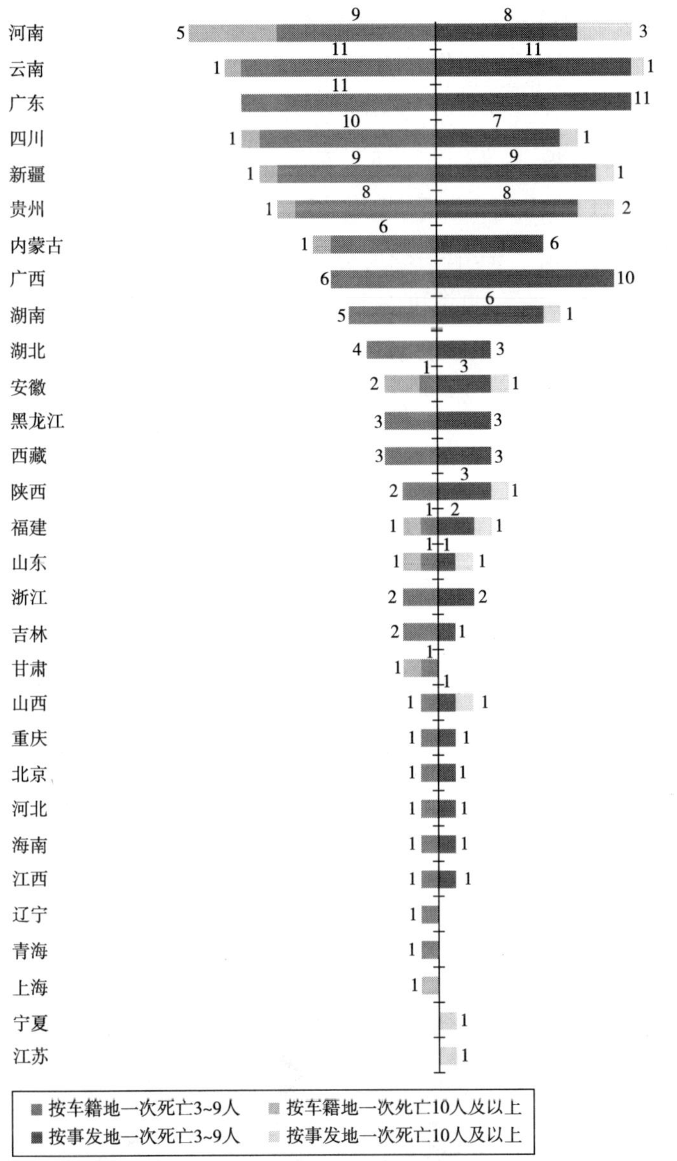

图 6　2012 年一次死亡 3 人及以上道路客运行车事故起数地区分布

（二）从时间分布看，一季度仍是道路客运行车事故多发期，二季度呈现重大事故高发态势。

2012 年一季度，共发生一次死亡 3 人及以上道路客运行车事故 41 起，造成 224 人死亡、451 人受伤，分别占总数的 34. 5%、32. 3% 和 35. 4%，一季度仍是全年事故多发期。二至四季度事故分布相对均衡，二季度为26起、178人死亡、389人受伤，分别占21.8%、25.7%和30.5%；三季度为28起、162人死亡、182人受伤，分别占23.5%、23.4%和14.3%；四季度为24起，129人死亡、252人受伤，分别占20.2%、18.6%和19.8%。与2011年相比，一季度、三季度、四季度事故起数、死亡人数同比均有较大幅度下降，其中一季度分别下降18.0%和27.3%，三季度分别下降26.3%和16.9%，四季度分别下降29.4%和41.9%。二季度事故起数同比下降27.8%，但死亡人数同比上升8.5%，其中，10人及以上道路客运行车事故发生5起、死亡79人，分别比2011年增加4起、68人。

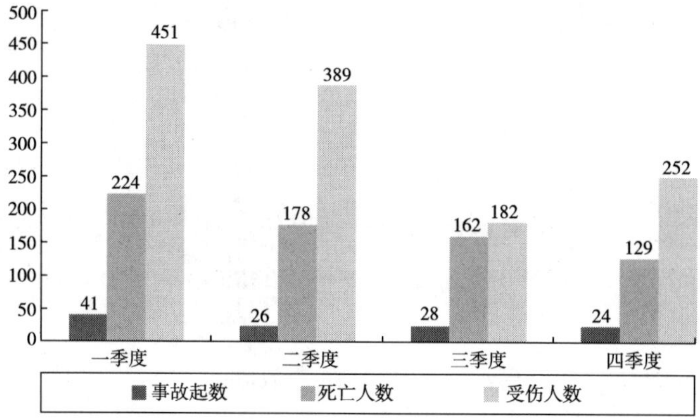

图7　2012年一次死亡3人及以上道路客运行车事故季度分布

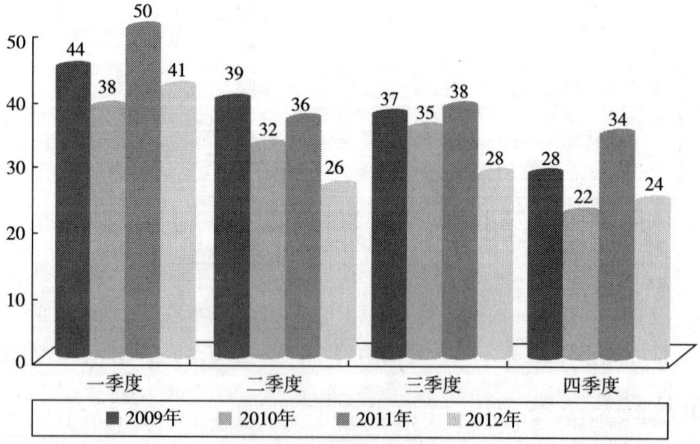

图8　2009—2012年一次死亡3人及以上道路客运行车事故起数季度分布

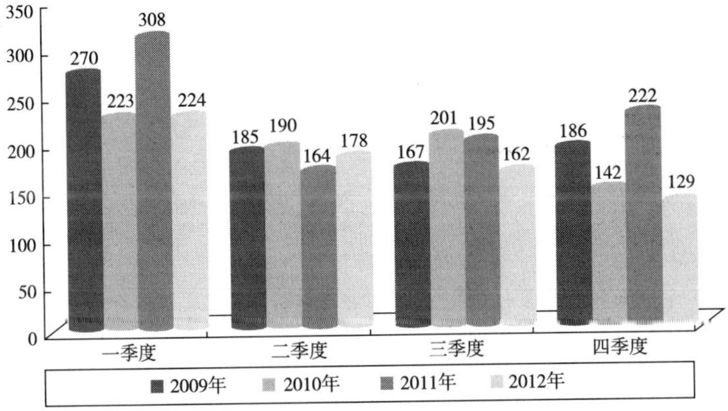

图9　2009—2012 年一次死亡 3 人及以上道路客运行车事故死亡人数季度分布

分月看，1、2、3、5、9 月为事故多发期，事故起数均在 10 起及以上，五个月共计发生一次死亡 3 人及以上道路客运行车事故 63 起，造成 328 人死亡、558 人受伤，分别占总数的 52.9%、47.3% 和 43.8%。4 月与 8 月呈现重大事故高发态势，两月共发生一次死亡 10 人及以上道路客运行车事故 6 起，造成 109 人死亡、60 人受伤，分别占一次死亡 10 人及以上道路客运行车事故总数的 37.5%、44.9% 和 18.0%。与 2011 年相比，1 月份、4 月份、9 月份事故起数、死亡人数同比均明显上升，其中 1 月份分别上升 53.8% 和 30.1%，4 月份分别上升 28.6% 和 238.5%，9 月份分别上升 20.0% 和 20.0%。

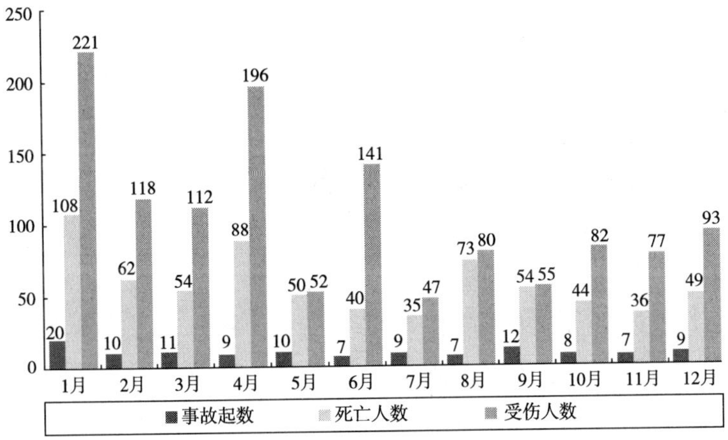

图10　2012 年一次死亡 3 人及以上道路客运行车事故月度分布

2012 年一次死亡 3 人及以上道路客运行车事故月度分布情况　　表 2

事故形态	一次死亡 3 人及以上事故次数（起）		死亡人数（人）		受伤人数（人）	
		一次死亡 10 人及以上		一次死亡 10 人及以上		一次死亡 10 人及以上
1 月	20	2	108	29	221	81
2 月	10	2	62	25	118	45
3 月	11	1	54	15	112	6
4 月	9	4	88	62	196	43
5 月	10	—	50	—	52	—
6 月	7	1	40	17	141	28
7 月	9	—	35	—	47	—
8 月	7	2	73	47	80	17
9 月	12	1	54	11	55	6
10 月	8	1	44	14	82	44
11 月	7	1	36	11	77	40
12 月	9	1	49	12	93	23
合计	119	16	693	243	1274	333

春运期间（2012 年 1 月 8 日至 2 月 17 日）行业安全生产形式总体平稳，共发生一次死亡 3 人及以上道路客运行车事故 19 起，造成 77 人死亡、161 人受伤，比 2011 年分别减少 9 起、73 人、47 人。按车籍地统计，河南、湖北、广东、广西、四川、贵州六省事故起数相对较多，共发生事故 14 起，造成 54 人死亡、71 人受伤，分别占总数的 73.7%、70.1% 和 44.1%。按事故发生地统计，河南、广东、广西、贵州四省事故起数相对较多，共发生事故 13 起，造成 48 人死亡、103 人受伤，分别占总数的 68.4%、62.3% 和 64.0%。春运期间未发生一次死亡 10 人及以上道路客运行车事故。

法定节假日期间行车事故较 2011 年明显下降，共发生一次死亡 3 人及以上道路客运行车事故 7 起，造成 42 人死亡、75 人受伤，同比分别减少 7 起、79 人、49 人。其中，一次死亡 10 人及以上道路客运行车事故 1 起，造成 14 人死亡、44 人受伤，同比分别减少 3 起、60 人、19 人。

（三）从时段分布看，白天道路客运行车事故多发，上午9时至下午13时为重大事故多发时段。

6至18时（白天）是行车事故相对多发时段，每小时发生事故起数均在5起及以上，共发生一次死亡3人及以上道路客运行车事故91起，造成499人死亡、874人受伤，分别占总数的76.5%、72.0%和68.6%。重大事故多发于上午9时至下午13时，该时段共发生一次死亡10人及以上行车事故7起，造成101人死亡、134人受伤，分别占一次死亡10人及以上行车事故总数的43.8%、41.6%和40.2%。

2011年一次死亡3人及以上道路客运行车事故时段分布情况　　　表3

时段	一次死亡3人及以上行车事故起数（起）		死亡人数（人）		受伤人数（人）	
		一次死亡10人及以上		一次死亡10人及以上		一次死亡10人及以上
0～1时	3	—	12	—	43	—
1～2时	5	1	36	17	61	28
2～3时	4	1	49	36	34	3
3～4时	3	—	12	—	5	—
4～5时	2	—	7	—	47	—
5～6时	1	—	4	—	82	—
6～7时	6	1	35	13	61	41
7～8时	6	1	31	11	100	40
8～9时	9	1	50	14	148	20
9～10时	9	2	56	26	101	33
10～11时	5	—	16	—	4	—
11　12时	7	3	49	36	128	93
12～13时	10	2	73	39	55	8
13～14时	7	—	39	—	41	—
14～15时	8	1	47	13	54	12
15～16时	8	—	31	—	41	—
16～17时	7	—	29	—	71	—
17～18时	9	1	43	11	70	9
18～19时	3	1	23	16	41	40

续上表

时段	一次死亡3人及以上行车事故起数（起）		死亡人数（人）		受伤人数（人）	
		一次死亡10人及以上		一次死亡10人及以上		一次死亡10人及以上
19～20时	1	—	3	—	0	—
20～21时	2	1	15	11	12	6
21～22时	—	—	—	—	—	—
22～23时	2	—	15	—	15	—
23～24时	2	—	18	—	60	—
合　计	119	16	693	243	1274	333

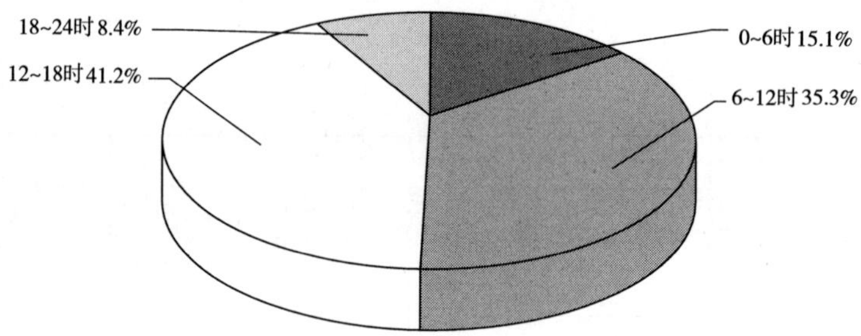

图11　2012年一次死亡3人及以上道路客运行车事故时段分布（按事故起数）

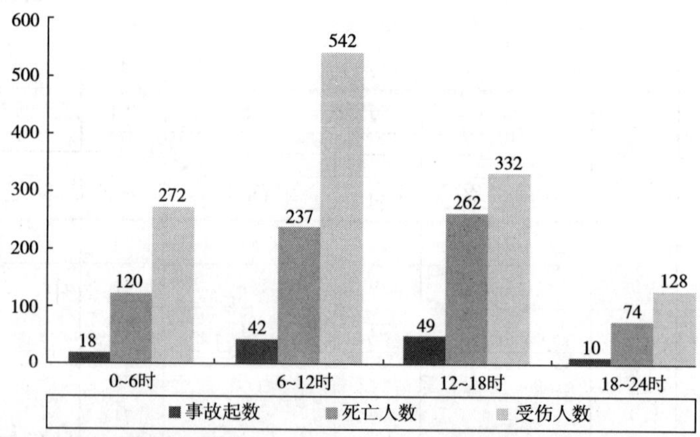

图12　2012年一次死亡3人及以上道路客运行车事故时段分布

（四）从事故形态看，碰撞和翻车是道路客运行车事故的主要形态。

2012 年，碰撞所导致的道路客运行车事故为 71 起，造成 384 人死亡、522 人受伤，分别占总数的 59.7%、55.4% 和 41.0%，所占比重分别比 2011 年下降 4.2%、8.2% 和 12.9%。其中，碰撞造成一次死亡 10 人及以上行车事故 6 起、死亡 109 人、伤 121 人，分别占一次死亡 10 人及以上道路客运行车事故的 37.5%、44.9% 和 36.3%。

翻车所导致的道路客运行车事故 37 起，造成 231 人死亡、573 人受伤，分别占总数的 31.1%、33.3% 和 45.0%。其中，翻车造成一次死亡 10 人及以上行车事故 8 起、死亡 104 人、伤 187 人，分别占一次及死亡 10 人及以上行车事故的 50.0%、42.8% 和 56.2%。

2012 年一次死亡 3 人及以上道路客运行车事故形态分布情况 表 4

事故形态	一次死亡 3 人及以上行车事故起数（起）		死亡人数（人）		受伤人数（人）	
		一次死亡 10 人及以上		一次死亡 10 人及以上		一次死亡 10 人及以上
翻车	37	8	231	104	573	187
剐擦	1	—	4	—	28	—
碰撞	71	6	384	109	522	121
撞固定物	1	—	9	—	36	—
撞静止车辆	2	—	8	—	36	—
坠车	6	2	48	30	77	25
碾压	1	—	9	—	2	—
合计	119	16	693	243	1274	333

（五）从肇事车型看，客车自身安全事故有反弹，客货车之间的事故占比下降。

2012 年，在一次死亡 3 人及以上的道路客运行车事故中，客车自身，以及客车与货车相撞引发的事故仍占主要比例，其中客车自身事故占 33.6%，所占比重同比上升 5.1 个百分点，客车与货车相撞事故占 23.5%，所占比重同比下降 11.9 个百分点。客车与轿车、客车与客车相撞事故合计占 21.0%。

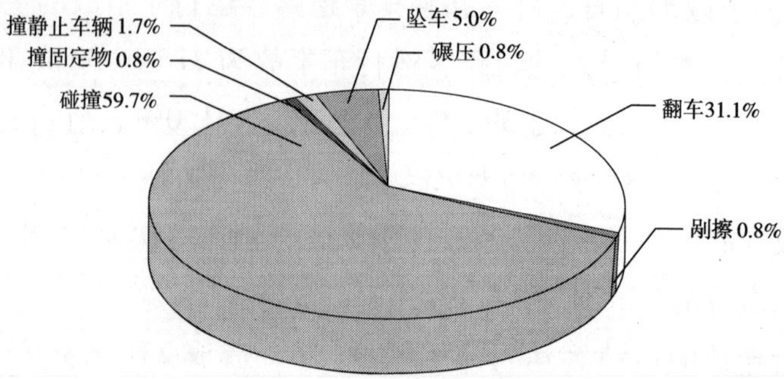

图 13　2012 年一次死亡 3 人及以上道路客运行车事故形态比例（按事故起数）

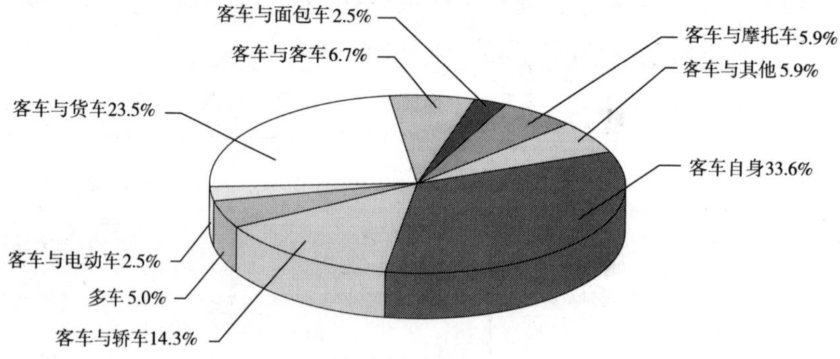

图 14　2012 年一次死亡 3 人及以上道路客运行车事故肇事车辆类型分布

在一次死亡 10 人及以上的道路客运行车事故中，客车自身的事故共 9 起，造成 120 人死亡、168 人受伤，分别占全年一次死亡 10 人及以上道路客运行车事故总量的 56. 3%、49. 4% 和 50. 5%。客车与货车之间的事故共 4 起，造成 86 人死亡、58 人受伤，分别占全年一次死亡 10 人及以上道路客运行车事故总量的 25. 0%、35. 4% 和 17. 4%。客车与客车之间的事故共 2 起，造成 25 人死亡，84 人受伤，事故起数和死亡人数分别比 2011 年减少 3 起、47 人。

（六）从线路类别看，中长途客运行车事故比重继续保持相对较高态势，旅游及包车客运重大事故隐患依然突出。

2012 年，省际班线客运发生的一次死亡 3 人及以上行车事故 31 起，造成 200 人死亡、424 人受伤，分别占总数的 26. 1%、28. 9% 和 33. 3%；市际班线客运发生事故 40 起，造成 211 人死亡、375 人受伤，分别占总数的33.6%、30.4%和29.4%；县际班线客运发生事故20起，造成98人死亡、149人受伤，分别占总数的16.8%、14.1%和11.7%；县内班线客运发生事故13起，造成79人死亡、128人受伤，分别占总数的10.9%、11.4%和10.0%。

旅游及包车客运发生的一次死亡3人及以上行车事故15起，造成105人死亡、198人受伤，分别占总数的12.6%、15.2%和15.5%。其中，一次死亡10人及以上行车事故4起，造成56人死亡、119人受伤，分别占旅游及包车客运行车事故总数的26.7%、53.3%和60.1%，与2011年相比，比重分别提升11.7个百分点、9.5个百分点和33.5个百分点。旅游及包车客运群死群伤重大行车事故比重较高的主要原因为：一是受冰雪恶劣天气影响；二是驾驶员安全防范意识淡薄，存在侥幸心理，运行过程存在安全隐患；三是包车客运多数是承包经营，部分车辆长期异地经营，运输企业对车辆和人员的安全管理手段不足。

2012年一次死亡3人及以上道路客运行车事故线路类别分布情况 表5

线路类别	一次死亡3人及以上行车事故起数（起）		死亡人数（人）		受伤人数（人）	
		一次死亡10人及以上		一次死亡10人及以上		一次死亡10人及以上
省际	31	4	200	77	424	78
市际	40	4	211	52	375	87
县际	20	2	98	24	149	21
县内	13	2	79	34	128	28
旅游及包车	15	4	105	56	198	119
合计	119	16	693	243	1274	333

（七）从事故原因看，疲劳驾驶、驾驶员违规、超速、操作不当是诱发重特大行车事故的主要原因。

驾驶员因素导致的交通事故仍占据事故总数的主要比例，主要表现为驾驶员疲劳驾驶、违规、违法超速、操作不当、违法占道行驶。2012年一次死亡10人及以上的16起道路客运行车事故中，由于疲劳驾驶导致的行车事故有2起，共造成50人死亡，分别占总数的12.5%和20.6%；由于超速导致的行车事故有 5 起，共造成 62 人死亡，分别占总数的 31. 3% 和 25. 5%；由于驾驶员操作不当导致的行车事故有 6 起，共造成 84 人死亡，分别占总数的 37. 5% 和 34. 6%。

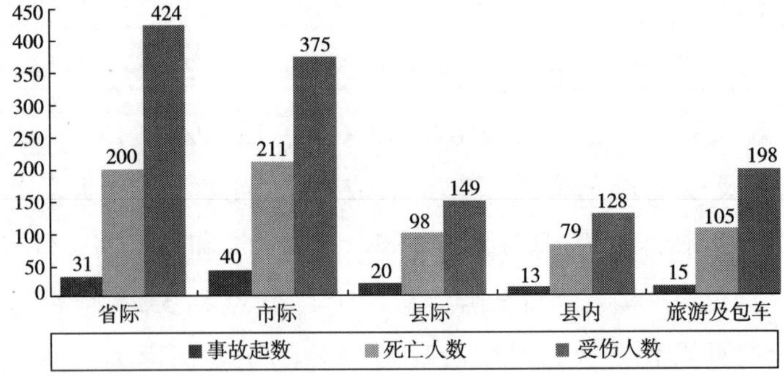

图 15　2012 年一次死亡 3 人及以上道路客运行车事故线路类别分布

（八）从死伤比例来看，与 2011 年相比略有下降。

2012 年，一次死亡 3 人及以上的道路客运行车事故共计 119 起，造成 693 人死亡、1274 人受伤，死伤比例为 1∶1. 84。其中，一次死亡 10 人及以上道路客运行车事故共计 16 起，造成 243 人死亡、333 人受伤，死伤比例为 1∶1. 37。一次死亡 3 人至 9 人道路客运行车事故共计 103 起，造成 450 人死亡、941 人受伤，死伤比例为 1∶2. 09。与 2011 年相比，死伤比例略有下降，反映出“安全带—生命带”专项行动初见成效。

附件：2012 年道路运输行业一次死亡 10 人及以上行车事故汇总表

附件

2012年道路运输行业一次死亡10人及以上行车事故汇总表

序号	时　间	事故概况	死亡（人）	受伤（人）
1	1月3日6:45	2012年1月3日6时45分，河南省周口市路路发汽车运输有限公司号牌为豫PY2010重型挂车沿沪昆高速自西向东行驶，当车辆行驶至沪昆高速1431km+900m处时，失控撞断中央隔离护栏并横在对向超车道内，致使从东向西行驶的河北省石家庄市鑫源旅游汽车有限公司号牌为冀A61231大客车撞上挂车，造成9人当场死亡，4人在送往医院途中死亡，41人受伤	13	41
2	1月4日18:30	2012年1月4日18时30分左右，安徽省黄山凯鸿旅汽号牌为皖J06318的大型客车从浙江义乌发往四川泸州是叙永县，当车辆行驶至沪昆高速1765km+500m处时，因雪凝天气车辆失控撞断中央隔离护栏和对向车道外侧波形护栏，翻下道路左侧垂直边沟，造成16人死亡，40人受伤	16	40
3	2月18日12:20	2012年2月18日12时20分，贵州省遵义市道真县道大矸镇境内，一辆中巴车翻下约8米高的路基，造成5人当场死亡，3人在运往医院抢救的途中死亡，2人抢救无效死亡，26人受伤	10	26
4	2月25日9:25	2012年2月25日上午9时25分，河南省三门峡市汽车运输有限责任公司旅游分公司号牌为豫M08666的客车执行包车任务，车辆行驶至207国道山西晋城境内时，翻入50米左右的山沟，造成15人死亡，19人受伤	15	19
5	3月13日12:30	2012年3月13日5时58分，四川省阿坝九寨运业集团公司号牌为川U20777客车从成都发往马尔康，当车辆行驶至阿坝州境内鹧鸪山隧道西洞口路段时，车辆坠入坎下，造成15人死亡，6人受伤	15	6
6	4月12日6:40	2012年4月12日6时40分左右，皖L60670的大型客车从宿州市萧县张庄寨镇开往萧县县城，当车辆行驶至萧县311国道58km+930m处时，与对面行驶的豫N60023货车相撞，造成24人死亡，2人受伤	24	2

续上表

序号	时　　间	事故概况	死亡（人）	受伤（人）
7	4月22日8:00	2012年4月22日，上海南汇区溢流汽车出租服务有限公司号牌为沪BL1290的大客车从上海人民广场出发前往苏州常熟市，当车辆行驶至常合高速苏州常熟段太宁线1km+180m处时，冲过中央隔离护栏后，与对面一辆正常行驶的厢式货车猛烈碰撞，发生侧翻，造成14人死亡，20人受伤	14	20
8	4月23日14:20	2012年4月23日14时20分许，河南省漯河宏运汽车运输集团公司号牌为豫L52929普通客车从舞阳发往章化城乡，当车辆行驶至220省道132km+500m处时，与驶入客车车道的豫LA6979东风货车迎面相撞，造成3人当场死亡、10人经抢救无效死亡，12人受伤	13	12
9	4月28日17:02	2012年4月28日17时02分，云南省临沧市交通运输集团公司临沧分公司号牌为云S08156中巴客车由临沧发往耿马，当车辆行驶至羊耿线25km+30m处时，驶出边坡，造成11人死亡，9人受伤	11	9
10	6月20日2:30	2012年6月20日凌晨2时30分左右，福建厦门舫阳汽车运输有限公司号牌为闽DY5719大型普通卧铺客车，从江苏省无锡市发往福建省厦门市，当车辆行驶至福建省宁德市霞浦县境内沈海高速公路1908km+300m处一高架桥时，碰撞右侧护栏后坠落桥下，造成17人死亡，28人受伤	17	28
11	8月26日2:40	2012年8月26日凌晨2时40分许，内蒙古呼运（集团）有限责任公司号牌为蒙AK1475卧铺客车从呼和浩特发往西安，当车辆行驶至包茂高速安塞段484km+95m处时，与河南孟州市第一汽车运输公司号牌为豫HD6962的大型罐车（装有甲醇）追尾，两车起火，造成36人死亡，3人受伤	36	3
12	8月31日9:00	2012年8月31日9时左右，河南省三门峡灵宝市宝通汽车客运有限责任公司号牌为豫M15260客车从灵宝发往洛阳，当车辆行驶至连霍高速三门峡观音堂段784km+420m处时，车辆发生侧翻，造成8人当场死亡，3人抢救无效死亡，14人受伤	11	14

续上表

序号	时　间	事故概况	死亡（人）	受伤（人）
13	9月15日20:00	2012年9月15日20时许，甘肃东运集团号牌为甘L08859的大客车，从兰州发往平凉，当车辆行驶至宁夏隆德县城关镇杨家店村312国道1865km+100m处时，冲出公路围栏翻入山沟，导致9人当场死亡，2人经抢救无效死亡，6人受伤	11	6
14	10月7日11:44	2012年10月7日11时44分许，鲁GJ031B轿车自东向西沿青银高速行驶至228km+530m处时，从右侧超越在左侧车道行驶的济南市商河县长途汽车运输公司号牌为鲁A96925的大客车，在超车过程中，鲁GJ031B小轿车与鲁A96925大客车发生剐擦，鲁A96925大客车向左侧躲避，撞断高速公路中央活动护栏驶入对向车道，与对向车道济南市旅顺旅游汽车有限公司号牌为鲁A18526的大客车左侧前部发生碰撞，致使鲁A18526大客车向右冲过路边护栏，仰翻于高速公路外3米深的边沟内，造成6人当场死亡，8人经抢救无效死亡，44人受伤	14	44
15	11月10日7:00	2012年11月10日7时许，新疆天正旅游公司号牌为新D07608大客车与兵团旅游公司号牌为新D05580面包车在农7师128团17连路口发生侧面碰撞，造成10人当场死亡，1人经抢救无效死亡，40人受伤（其中11人重伤）	11	40
16	12月9日11:30	2012年12月9日上午11时30分左右，河南商丘市交通运输集团有限公司第七分公司号牌为豫NA3768中型客车，从商丘发往郑州，当车辆自东向西行驶至商丘市民权县境内310国道442km+170m处时，撞上同方向行驶的电动自行车后，向左猛打方向，横穿道路后撞断路边左侧杨树，坠入道路左侧池塘中，造成客车乘客11人溺水死亡，电动自行车骑车人当场死亡，23人受伤	12	23

交通运输部　公安部　安全监管总局关于联合表扬“道路客运安全年”活动成绩突出单位和企业的通报

（2013 年 5 月 19 日　　交运发〔2013〕319 号）

各省、自治区、直辖市、新疆生产建设兵团交通运输厅（局、委）、公安厅（局）、安全生产监督管理局：

2012 年，交通运输部、公安部、安全监管总局联合部署了“道路客运安全年”活动。一年来，各地按照统一部署，深入扎实开展各项活动，道路客运安全基础工作不断加强，客运车辆严重交通违法行为大幅减少，交通事故死亡人数明显下降，全国客运车辆一次死亡 3 人及以上交通事故起数、死亡人数分别比 2011 年同期下降 24.7% 和 22%，“道路客运安全年”活动取得了良好的效果，涌现出一大批工作扎实、成绩突出的单位和企业。

为表扬先进，进一步调动地方各有关部门和道路客运企业加强客运安全工作的积极性，推进安全工作的深入开展，根据《关于印发“道路客运安全年”活动方案的通知》（交运发〔2012〕112 号），交通运输部、公安部、安全监管总局研究决定，对山西等 6 个省、直辖市的 18 个省级单位，北京市东城区等 86 个地区的 258 个市级单位，北京北旅时代商务旅游投资有限公司等 91 家企业予以通报表扬。希望受表扬的单位和企业珍惜荣誉、再接再厉，在全面贯彻落实党的十八大精神、提高道路客运安全生产水平工作中，更好地发挥模范表率作用，再创新佳绩。

各地要以受表扬的单位和企业为榜样，深入贯彻落实科学发展观，牢固树立以人为本、安全发展的理念，切实加强和改进道路客运安全工作，努力解决道路客运安全工作中存在的薄弱环节和突出问题，为促进全国道路安全形势持续稳定好转，为经济社会发展、人民平安出行创造良好环境作出更大贡献。

附件：1. 2012 年“道路客运安全年”活动省级成绩突出单位名单

2. 2012 年“道路客运安全年”活动市级成绩突出单位名单

3. 2012 年“道路客运安全年”活动成绩突出企业名单

附件1

2012年“道路客运安全年”活动省市级成绩突出单位名单

1. 山西省交通运输厅
2. 山西省公安厅交通警察总队
3. 山西省安全监管局
4. 吉林省交通运输厅
5. 吉林省公安厅交通警察总队
6. 吉林省安全监管局
7. 浙江省交通运输厅
8. 浙江省公安厅交通警察总队
9. 浙江省安全监管局
10. 广东省交通运输厅
11. 广东省公安厅交通警察总队
12. 广东省安全监管局
13. 重庆市交通委员会
14. 重庆市公安局交通警察总队
15. 重庆市安全监管局
16. 青海省交通厅
17. 青海省公安厅交通警察总队
18. 青海省安全监管局

附件 2

2012 年“道路客运安全年”活动省市级成绩突出单位名单

北京市

交通委员会运输管理局东城管理处

公安局公安交通管理局东城交通支队

东城区安全监管局

房山区交通局

公安局公安交通管理局房山交通支队

房山区安全监管局

交通委员会运输管理局丰台管理处

公安局公安交通管理局丰台交通支队

丰台区安全监管局

天津市

北辰区交通运输管理局

公安交通管理局北辰支队

北辰区安全监管局

滨海新区建设交通局

公安交通管理局塘沽支队

滨海新区安全监管局

河东区道路运输管理所

公安交通管理局河东支队

河东区安全监管局

河北省

唐山市道路客运管理处

唐山市公安局交警支队

唐山市安全监管局
沧州市交通运输局
沧州市公安局交警支队
沧州市安全监管局
邢台市交通运输局
邢台市公安局交警支队
邢台市安全监管局

山西省

长治市交通运输局
长治市公安局交警支队
长治市安全监管局
晋城市道路运输管理局
晋城市公安局交警支队
晋城市安全监管局
大同市交通运输局
大同市公安局交警支队
大同市安全监管局

内蒙古自治区

赤峰市交通运输管理处
赤峰市公安局交警支队
赤峰市安全监管局
呼伦贝尔市交通运输管理处
呼伦贝尔市公安局交警支队
呼伦贝尔市安全监管局
通辽市交通运输管理处
通辽市公安局交警支队
通辽市安全监管局

辽宁省

沈阳市运输管理处

沈阳市公安局交警支队

沈阳市安全监管局

锦州市公路运输管理处

锦州市公安局交警支队

锦州市安全监管局

盘锦市运输管理处

盘锦市公安局交警支队

盘锦市安全监管局

吉林省

长春市地方道路运输管理局

长春市公安局交警支队

长春市安全监管局

白城市运输管理处

白城市公安局交警支队

白城市安全监管局

白山市运输管理处

白山市公安局交警支队

白山市安全监管局

黑龙江省

哈尔滨市道路运输管理处

哈尔滨市公安局交警支队

哈尔滨市安全监管局

大庆市道路运输管理处

大庆市公安局交警支队

大庆市安全监管局

双鸭山市道路运输管理处

双鸭山市公安局交警支队

双鸭山市安全监管局

江苏省

苏州市运输管理处

苏州市公安局交巡警支队

苏州市安全监管局

无锡市交通运输管理处

无锡市公安局交巡警支队

无锡市安全监管局

宿迁市运输管理处

宿迁市公安局交巡警支队

宿迁市安全监管局

浙江省

湖州市道路运输管理局

湖州市公安局交警支队

湖州市安全监管局

嘉兴市道路运输管理局

嘉兴市公安局交警支队

嘉兴市安全监管局

绍兴市道路运输管理处

绍兴市公安局交警支队

绍兴市安全监管局

安徽省

芜湖市公路运输管理处

芜湖市公安局交警支队

芜湖市安全监管局

马鞍山市公路运输管理局

马鞍山市公安局交警支队

马鞍山市安全监管局

宣城市公路运输管理处

宣城市公安局交警支队
宣城市安全监管局

福建省

龙岩市交通运输局
龙岩市公安局交巡警支队
龙岩市安全监管局
三明市交通运输局
三明市公安局交巡警支队
三明市安全监管局
南平市交通运输局
南平市公安局交警支队
南平市安全监管局

江西省

南昌市公路运输管理处
南昌市公安局交警支队
南昌市安全监管局
赣州市公路运输管理处
赣州市公安局交警支队
赣州市安全监管局
新余市道路运输管理处
新余市公安局交警支队
新余市安全监管局

山东省

枣庄市运输管理处
枣庄市公安局交巡警支队
枣庄市安全监管局
烟台市交通运输管理处
烟台市公安局交警支队

烟台市安全监管局

聊城市交通运输局运输管理处

聊城市公安局交巡警支队

聊城市安全监管局

河南省

信阳市交通运输局

信阳市公安局交警支队

信阳市安全监管局

项城市交通运输局

项城市公安局交警大队

项城市安全监管局

湖北省

宜昌市道路运输管理局

宜昌市公安局交警支队

宜昌市安全监管局

黄石市道路运输管理局

黄石市公安局交警支队

黄石市安全监管局

潜江市道路运输管理处

潜江市公安局交警支队

潜江市安全监管局

湖南省

娄底市道路运输管理处

娄底市公安局交警支队

娄底市安全监管局

湘潭市道路运输管理局

湘潭市公安局交警支队

湘潭市安全监管局

郴州市道路运输管理处
郴州市公安局交警支队
郴州市安全监管局

广东省

广州市交通运输管理局
广州市公安局交警支队
广州市安全监管局
佛山市顺德区环境运输和城市管理局
佛山市公安局顺德区分局交警大队
佛山市顺德区市场安全监管局
惠州市交通管理总站
惠州市公安局交警支队
惠州市安全监管局

广西壮族自治区

南宁市道路运输管理处
南宁市公安局交警支队
南宁市安全监管局
桂林市道路运输管理处
桂林市公安局交警支队
桂林市安全监管局
百色市道路运输管理处
百色市公安局交警支队
百色市安全监管局

重庆市

九龙坡区交通局
公安局九龙坡区分局交巡警支队
九龙坡区安全监管局
城口县交通局
城口县公安局交巡警大队

城口县安全监管局
武隆县交通委员会
武隆县公安局交巡警大队
武隆县安全监管局

四川省

绵阳市交通运输局道路运输管理处
绵阳市公安局交警支队
绵阳市安全监管局
自贡市交通运输管理处
自贡市公安局交警支队
自贡市安全监管局
内江市公路运输管理处
内江市公安局交警支队
内江市安全监管局

贵州省

贵阳市道路运输管理局
贵阳市公安局交警支队
贵阳市安全监管局
六盘水市道路运输管理局
六盘水市公安局交警支队
六盘水市安全监管局
铜仁市公路运输管理处
铜仁市公安局交警支队
铜仁市安全监管局

云南省

红河哈尼族彝族自治州交通运输局
红河哈尼族彝族自治州公安局交警支队
红河哈尼族彝族自治州安全监管局

西双版纳傣族自治州交通运政管理处
西双版纳傣族自治州公安局交警支队
西双版纳傣族自治州安全监管局
玉溪市交通运输局
玉溪市公安局交警支队
玉溪市安全监管局

陕西省

西安市交通运输管理处
西安市公安局交警支队
西安市安全监管局
宝鸡市道路运输管理处
宝鸡市公安局交警支队
宝鸡市安全监管局
安康市道路运输管理处
安康市公安局交警支队
安康市安全监管局

甘肃省

兰州市城市交通运输管理处
兰州市公安局交警支队
兰州市安全监管局
酒泉市公路运输管理局
酒泉市公安局交警支队
酒泉市安全监管局
张掖市道路运输管理局
张掖市公安局交警支队
张掖市安全监管局

青海省

西宁市公路运输管理处

西宁市公安局交警支队
西宁市安全监管局
海北藏族自治州公路运输管理处
海北藏族自治州公安局交警支队
海北藏族自治州安全监管局
海西蒙古族自治州公路运输管理处
海西蒙古族自治州公安局交警支队
海西蒙古族自治州安全监管局

宁夏回族自治区

石嘴山市交通运输管理局
石嘴山市公安局交警支队
石嘴山市安全监管局
中卫市交通运输管理局
中卫市公安局交警支队
中卫市安全监管局
固原市交通运输管理局
固原市公安局交警支队
固原市安全监管局

新疆维吾尔自治区

乌鲁木齐市道路运输管理局
乌鲁木齐市公安局交警支队
乌鲁木齐市安全监管局
阿克苏地区道路运输管理局
阿克苏地区公安局交警支队
阿克苏地区安全监管局
昌吉回族自治州道路运输管理局
昌吉回族自治州公安局交警支队
昌吉回族自治州安全监管局

新疆生产建设兵团

第二师交通局

第二师安全监管局

第三师图木舒克市交通局

第三师安全监管局

第八师石河子市交通局

第八师（石河子市）安全监管局

附件 3

2012 年“道路客运安全年”活动成绩突出企业名单

1. 北京北旅时代商务旅游投资有限公司
2. 北京阿尔萨客运有限公司（八王坟客运站）
3. 北京民航通力客运有限公司
4. 天津高客旅游客运有限公司
5. 天津市旅游汽车公司
6. 冀运集团股份有限公司
7. 河北保定交通运输集团有限公司
8. 山西汽运集团晋城汽车运输有限公司
9. 山西汽运集团运城汽车运输有限公司客运公司
10. 山西省长治市第一汽车运输有限公司
11. 内蒙古巴运汽车运输有限责任公司
12. 赤峰中昊运输有限责任公司
13. 鄂尔多斯市汽车运输集团有限公司
14. 辽宁城际客运有限公司
15. 辽阳市大乘实业有限责任公司
16. 长春公路客运集团有限公司
17. 吉林市吉隆公路客运有限公司
18. 通化长途客运有限公司
19. 黑龙江省龙运（集团）股份有限公司
20. 哈尔滨市麒麟集团有限公司
21. 大庆长途客运集团公司
22. 上海衡建旅游汽车服务有限公司
23. 上海新世纪运输有限公司
24. 上海锦江商旅汽车服务股份有限公司

25. 南通汽运实业集团有限公司
26. 江苏快鹿汽车运输有限公司
27. 宜兴市公路客运有限公司
28. 杭州长运运输集团有限公司
29. 绍兴市汽车运输集团有限公司
30. 浙江台运集团有限公司
31. 安徽省合肥汽车客运有限公司
32. 新国线集团（黄山）运输有限公司
33. 芜湖运泰汽车运输集团有限责任公司
34. 福建省汽车运输有限公司
35. 福建闽通长运股份有限公司
36. 福建漳州长运集团有限公司
37. 江西景德镇长运有限公司
38. 江西新世纪汽运集团有限公司
39. 江西宜春汽车运输股份有限公司
40. 山东省济宁交通运输集团有限公司
41. 山东省交通运输集团有限公司
42. 交运集团（青岛）
43. 鹤壁市远通汽车运输（集团）有限公司
44. 济源市环球运输有限公司
45. 宝丰县豫通场站有限公司长途汽车站
46. 宜昌交运集团股份有限公司
47. 荆门市旭冉旅游运输有限公司
48. 老河口市顺通运业有限责任公司
49. 益阳湘运集团有限责任公司
50. 湖南龙运交通运输集团有限公司
51. 湖南龙骧神驰运输集团有限责任公司
52. 广州市交通集团有限公司
53. 深圳市运发集团股份有限公司

54. 中山市小榄汽车运输有限公司
55. 海南耀兴运输集团有限公司
56. 海南海汽运输集团股份有限公司
57. 广西驰程汽车运输有限责任公司
58. 广西运德汽车运输集团有限公司
59. 桂林骏达运输有限公司
60. 成都市汽车运输（集团）公司
61. 四川省乐山汽车运输有限公司
62. 攀枝花运业有限公司
63. 重庆市汽车运输（集团）有限责任公司二分公司
64. 重庆交通运输控股（集团）有限公司
65. 重庆市公共交通控股（集团）有限公司
66. 贵州省都匀汽车运输公司
67. 贵州省凯里汽车运输总公司
68. 贵州省毕节汽车运输公司
69. 云南金孔雀交通运输集团
70. 大理交通运输集团公司
71. 云南曲靖交通集团有限公司
72. 西藏民航空港平安地面运输分公司
73. 西藏那曲地区发达客运有限公司
74. 西藏昌都地区顺康客运有限责任公司
75. 陕西交运运输集团有限公司
76. 宝鸡市宝运汽车运输（集团）有限公司
77. 渭南市汽车运输（集团）有限责任公司
78. 兰州交通运输集团有限责任公司
79. 平凉市公路客运有限责任公司
80. 青海瑞驰汽车运输有限公司
81. 海西汽车运输（集团）有限公司
82. 青海西宁汽车站

83. 宁夏石运汽车运输有限公司
84. 吴忠市三联交通有限责任有限公司
85. 中卫市交通运输集团有限公司
86. 伊犁交通运输集团有限公司
87. 新疆四运集团公司
88. 德力西新疆旅客运输集团有限责任公司
89. 兵团二师中联客运有限公司
90. 新疆新建旅客运输（集团）有限公司石河子长运分公司
91. 新疆生产建设兵团第三汽车运输公司

关于开展机动车安全隐患大检查工作的通知

（2013年10月18日　公交管〔2013〕387号）

各省、自治区、直辖市公安厅、局，工业和信息化主管部门，交通运输厅（局、委），商务主管部门，工商行政管理局，质量技术监督局，新疆生产建设兵团公安局、工业局、交通运输局、商务局、质量技术监督局：

为深入贯彻落实《国务院办公厅关于集中开展安全生产大检查的通知》（国办发明电〔2013〕16号）精神，彻查管理漏洞，落实整改责任，健全监管机制，切实提高机动车安全性能，保障道路交通安全，公安部、工业和信息化部、交通运输部、商务部、国家工商总局、国家质检总局决定，自即日起至2014年2月底在全国组织开展机动车安全隐患大检查。现将有关要求通知如下：

一、工作目标

按照“全覆盖、零容忍、严执法、重实效”的总要求，对机动车生产、销售、改装、检验、登记、维修、报废等各个环节进行全面排查清理；集中排查不按标准、不按规定生产机动车，非法改装、拼装机动车，为不符合条件的机动车办理登记和检验，生产、销售假冒伪劣机动车零部件，非法回收和倒卖报废汽车等违法行为；重点排查大中型客车、重中型货车、农村面包车、校车、危险货物运输车五类车辆；力争通过开展大检查，全面摸清机动车安全隐患，进一步健全管理制度，堵塞管理漏洞，有效预防道路交通事故特别是重特大事故的发生。

二、检查内容

（一）机动车生产情况

各地工业和信息化部门要会同质检等有关部门，深入机动车生产企业、销售企业和销售市场，对已经生产尚未出厂，或者已经出厂但未销售的大中型载客、载货汽车进行全面排查。重点检查新生产、销售的车辆是否符合新修订的国家标准《机动车运行安全技术条件》（GB 7258）。主要包括：公路、旅游客车是否按规定装备行驶记录仪（或具有行驶记录功能的卫星定位装置）、限速装置、安全带、子午线轮胎、缓速器、前轮盘式制动器等装备；危险货物运输车、货车是否按规定设置车身反光标识、尾部标志板、侧面和后部防护装置，装备缓速器、行驶记录仪（或具有行驶记录功能的卫星定位装置）、限速装置、前轮盘式制动器等装备；货车和挂车是否有超长、超宽、超高，车厢为可伸缩结构等问题；是否存在未经国家机动车产品主管部门许可或者未经强制性产品认证生产机动车等问题。

对检查发现机动车生产企业经国家机动车产品主管部门许可生产的机动车型，不执行机动车国家安全技术标准或者不严格进行机动车产品质量检验，致使质量不合格的机动车出厂销售的，由质量技术监督部门按照《产品质量法》的有关规定予以处罚；对不能保证产品生产一致性的车辆生产企业，由工业和信息化部按照《汽车产业发展政策》等相关制度规定，依法依规采取通报、限期整改、暂停或撤销“免予安全技术检测”备案、暂停或撤销其相关产品《公告》等措施和处罚；对未经强制性认证或不按照认证条件生产机动车的，由质检部门按照《认证认可条例》、《强制性产品认证管理规定》等规定从严查处。对擅自生产、销售未经国家机动车产品主管部门许可生产的机动车型的，由相关主管部门按照《道路交通安全法》等有关规定没收非法生产、销售的机动车成品及配件，可以并处非法产品价值三倍以上五倍以下罚款；没有营业执照的予以查封，有营业执照的通知工商行政管理部门吊销营业执照。

（二）机动车改装情况

各地工业和信息化、交通运输、工商、质检等部门，要按照各自职责，深入机动车改装企业、维修企业、销售市场、交易市场等场所，重点检查有无机动车非法改装活动、非法改装市场等问题。主要包括：是否存在非法改装机动车的市场或厂家，是否有加长、加宽、加高车辆的改装行为；是否有购买汽车底盘后加装车厢的行为，汽车生产厂家是否有出售汽车二类底盘给用户的问题等。

对机动车生产企业（含改装企业）从事车辆非法改装、违反规定擅自销售车辆二类底盘的，由省级工业和信息化部门依法进行查处，并上报工业和信息化部按照《公路安全保护条例》和《公告》管理制度等相关规定，对违规企业予以撤销或暂停产品《公告》。对机动车维修经营者从事车辆非法改装的，由交通运输部门依照《道路运输条例》责令改正，没收违法所得，情节严重的，吊销经营许可。生产、销售拼装的机动车或者擅自改装的机动车，由相关主管部门按照《道路交通安全法》等有关规定没收非法改装、拼装、销售的机动车成品及配件，可以并处非法产品价值三倍以上五倍以下罚款；没有营业执照的予以查封，有营业执照的通知工商行政管理部门吊销营业执照。

（三）机动车登记和检验情况

各地公安、质检部门会同有关部门，深入车辆管理所、机动车安全技术检验机构等场所，重点检查机动车检验、登记是否按规定进行。主要包括：车辆管理所是否严格执行《机动车运行安全技术条件》（GB 7258）等规定，有无为不符合国家标准的车辆办理注册登记的问题；机动车安全技术检验机构是否严格按照《机动车安全技术检验项目和方法》（GB 21861）等标准检验车辆，通过检验的货车外廓尺寸、侧后部防护装置、车身反光标识、轮胎磨损状况等主要安全装置是否合格，通过检验的客车座位数、安全带、应急出口、轮胎磨损状况等主要装置是否合格。

对车辆管理所不按规定查验车辆、为不符合标准和《公告》车辆办理登记检验的，由公安交通管理部门按照《公安机关人民警察纪律条令》严肃查处，对违规办理车辆登记检验牟利的，一律从严查处，涉嫌违法犯罪的依法追究刑事责任。对机动车安全技术检验机构降低检验标准、减少检验项目，篡改检验数据，伪造检验结果，或者不检验、检验不合格即出具检验合格报告的，由公安交通管理部门按照《道路交通安全法》等规定处以所收检验费用五倍以上十倍以下罚款，并依法撤销检验资格。对未取得资质开展机动车安全技术检验、超出批准的检验范围开展检验、不能持续保持许可条件的检验机构，由质量技术监督部门按照《机动车安全技术检验机构监督管理办法》等有关规定查处，情节严重的，撤销检验资格，并向社会公布。

（四）机动车维修情况

各地交通运输部门会同有关部门，深入机动车维修企业，重点检查进入汽车维修市场的机动车零配件质量是否符合相关标准规定。主要包括：汽车维修过程中是否存在使用废旧零部件、以次充好、以假冒真等侵犯消费者权益的问题；销售的用于车辆维修的发动机、制动蹄片、钢板弹簧、轮胎、灯具等零部件是否符合相关标准，是否存在假冒伪劣问题；维修企业是否存在承修报废机动车，非法改装机动车，或者利用废旧零部件拼装机动车的问题。

对维修经营者使用假冒伪劣配件维修机动车，承修已报废的机动车的，由交通运输部门责令改正，没收违法所得，没收假冒伪劣配件及报废车辆，情节严重的，吊销其经营许可。对其他企业或个人非法生产、销售假冒伪劣汽车配件的，由质检、工商部门依法查处，没收假冒伪劣配件，情节严重的吊销营业执照。

（五）机动车报废回收拆解情况

各地商务主管部门会同有关部门，深入报废汽车回收拆解企业及其回收网点、二手车交易市场等场所，重点检查《机动车强制报废标准规定》执行情况及报废汽车回收拆解工作情况。主要包括：是否存在利用报废汽车“五大总成”及其他零部件拼装汽车的行为，是否存在出售报废汽车整车、“五大总成”、拼装车的行为，是否存在买卖或伪造、变造《报废汽车回收证明》的行为等。

对报废汽车回收企业买卖或者伪造、变造《报废汽车回收证明》的，由商务主管部门暂停发放《报废汽车回收证明》，公安部门依法予以处罚，并通知工商行政管理部门，工商行政管理部门对情节严重的，依法吊销营业执照。对利用报废车“五大总成”及其他零部件拼装汽车，或者出售报废汽车整车或“五大总成”、拼装车的，由工商行政管理部门按照《报废汽车回收管理办法》等规定予以查处，没收报废汽车整车、“五大总成”以及其他零配件、拼装车，没收违法所得，吊销营业执照，没有营业执照的予以查封取缔；属于报废回收拆解企业的，商务主管部门停止发放《报废汽车回收证明》。对驾驶拼装的机动车或者已达到报废标准的机动车上道路行驶的，由公安交通管理部门按照《道路交通安全法》予以收缴，强制报废，并吊销驾驶人的机动车驾驶证。

三、工作要求

（一）加强组织领导。省级公安、工业和信息化部门要会同交通运输、商务、工商、质检部门根据各自职责加强组织指导，督促、检查各地开展机动车安全隐患大检查工作。各地公安、工业和信息化部门牵头会同有关部门成立大检查领导小组，加强组织领导，并结合本地实际制定具体实施方案，明确检查整治的重点行业、重点单位和责任分工，各部门要协调统一行动，同一企业或单位涉及多种违法的，由相关部门分别予以查处。要将机动车安全隐患大检查作为全国安全生产大检查的重要内容，主动向当地政府汇报，争取支持和保障，解决长期存在的突出问题。

（二）全面排查整改。要严格落实“全覆盖、零容忍、严执法、重实效”的总要求，对机动车生产企业、改装企业、车辆管理所、安全技术检验机构、报废汽车回收拆解企业，以及重点机动车销售企业、销售市场、维修企业开展拉网式检查，建立检查记录，明确整治要求和责任人。要采取明查与暗访相结合、日常排查与突击行动相结合、联合检查与专门督导相结合等多种形式，准确掌握真实情况，切实发现问题和管理漏洞，不留死角、不走过场。对发现的问题要依法严厉查处，实行挂牌督办，逐一整改验收和回头检查，对责任不落实、整改不到位的，要严肃追究有关人员的责任。

（三）集中宣传曝光。要充分利用电视、广播、报刊、网络等各种媒体，通过新闻报道、专题报道、开展访谈等形式，多层面、全方位地宣传车辆安全隐患大检查工作情况。加强正反两方面典型的宣传报道，大力宣传诚实守信、规范经营的典型企业；及时曝光查处的违法案例，跟踪报道大案要案，及时公布违规企业名单，公布不合格车辆的型号、问题及生产、改装厂家。同时，要设立举报电话、信箱、电子邮箱、微博，发动社会监督，引导和鼓励公众对机动车违规生产、非法改装、违规登记检验、虚假报废及生产、销售假冒伪劣汽车零部件等问题进行举报。

（四）健全工作机制。要在当地政府领导下，建立机动车安全性能监管部门协作机制，及时通报信息，强化协作配合，固化联合检查处理机制，形成对机动车生产、改装、销售、登记、检验、维修、报废等环节的全过程监管。建立交通事故责任倒查机制，对发生死亡交通事故的，倒查车辆安全性能及监管责任，对肇事车辆存在安全隐患的，一律追究相关人员和企业的法律责任。

这次大检查分三个阶段，11 月 10 日前为组织部署阶段，11 月 11 日至 2014 年 2 月 10 日为检查整治阶段，2 月 11 日至 28 日为督查总结、完善制度阶段。大检查期间，各地大检查工作领导小组要每月汇总上报工作进展情况，公安部、工业和信息化部、交通运输部、商务部、工商总局、质检总局将适时派出联合检查组赴各地检查督导。

交通运输部办公厅　公安部办公厅国家安全监管总局办公厅关于开展重点营运车辆卫星定位系统监管使用情况专项检查的通知

（2013 年 10 月 25 日　　厅运字〔2013〕285 号）

各省、自治区、直辖市、新疆生产建设兵团交通运输厅（局、委）、公安厅（局）、安全生产监督管理局：

为贯彻落实国务院安全生产委员会安全生产综合督查工作会精神，进一步深化安全生产大检查工作，交通运输部、公安部、国家安全监管总局决定联合组织开展重点营运车辆卫星定位系统监管使用情况专项检查。现将有关事项通知如下：

一、检查时间及重点

自 2013 年 11 月 11 日起至 12 月 31 日，在全国重点对旅游包车、三类以上班线客车、危险品运输车安装使用具有行驶记录功能的卫星定位装置情况开展专项检查，并同时对旅游包车安全隐患开展全面排查和整治。

二、检查主要内容

（一）卫星定位装置、监控平台安装及建设情况

1. 检查运输企业重点营运车辆是否安装符合标准的卫星定位装置，卧铺客车是否安装符合标准且具有视频功能的卫星定位装置，以及装置的安装是否符合规范，是否接入车辆自身的速度信号、制动信号、灯光信号等。

2. 检查运输企业是否安装使用卫星定位系统监控平台或监控端，核查监控平台是否通过标准符合性审查，是否接入全国重点营运车辆联网联控系统，企业平台监控数据是否准确、实时、完整向上级监管平台传输。

3. 检查运输企业是否将所属车辆和驾驶人的基础资料全部录入平台，运输企业或驾驶人是否存在故意破坏卫星定位装置及人为干扰、屏蔽卫星定位装置信号，擅自删除、篡改卫星定位装置数据等行为。

（二）企业监控制度建立和落实情况

4. 检查运输企业是否按规定配备或者聘请专职监控人员负责实时监控车辆行驶动态，在车辆运行期间是否落实值班制度。检查监控人员是否掌握国家相关政策和法规，是否熟悉本单位车辆运输线路、运行时间、道路通行条件、车辆发班以及驾驶人基本信息等情况。

5. 检查运输企业是否建立并落实卫星定位装置安装、使用及维护制度，监控平台建设、维护及管理制度，监控人员岗位职责及管理制度，是否存在卫星定位装置出现故障后不及时修理、车辆运行时在线率不高等问题。

6. 检查运输企业是否按照规定制定了车辆动态监控操作规程，明确了监控信息采集、分析、处理规范和流程、违法信息统计、报送及处理的要求及程序，定期分析动态监控信息，针对存在的问题，及时完善安全管理和教育培训制度等。

（三）卫星定位监控平台应用情况

7. 检查运输企业是否按照法律规定的道路通行最高车速限值以及车辆行驶道路的实际情况，合理设置相应路段的车辆行驶速度限速标准，是否按照《国务院关于加强道路交通安全工作的意见》（国发〔2012〕30 号）“客运车辆夜间行驶速度不得超过日间限速的 80%”的要求，分时段设置相应的车辆行驶速度限速标准。

8. 检查运输企业是否按照国发〔2012〕30 号文件要求，严格设定车辆连续运行的时间限值标准，确保客运驾驶人 24 小时累计驾驶时间不超过 8 小时，日间连续驾驶不超过 4 小时，夜间连续驾驶不超过 2 小时，每次停车休息时间不少于 20 分钟，是否落实客运车辆凌晨 2 时至 5 时停止运行或实行接驳运输的制度。

9. 检查运输企业是否建立动态监控台账，对异常停车、超速行驶、疲劳驾驶、不按规定线路行驶等违法、违规行为及时给予警告和纠正，并事后及时进行处理。是否对上级监管平台发出的指令进行应答并执行相关要求，监控信息保存是否符合要求等。

10. 检查运输企业是否对故意遮挡卫星定位装置信号、破坏卫星定位装置的驾驶人员，以及不严格监控车辆行驶动态的值守人员给予处罚、调离岗位、辞退等罚处措施，并核查运输企业车辆卫星定位装置在线率、违法行为处罚率等。

（四）旅游包车安全隐患排查和安全管理制度落实情况

11. 检查运输企业是否对所属旅游包车及其驾驶人员全部建立安全管理档案，对每辆旅游包车安全技术性能、安全运行状况、交通违法行为及交通事故处理情况等是否全面掌握，对存在的安全隐患是否及时整治消除，对存在的交通违法行为是否限期处理到位等。

12. 检查运输企业是否严格落实包车客运标志牌管理制度以及省际包车客运标志牌信息化备案制度，对每辆旅游包车及其驾驶人员每次出车运营情况是否均有记录，是否定期对旅游包车安全技术状况进行全面检查，定期对从业驾驶人员开展安全教育，对达到报废标准的旅游包车是否全部及时、依法办理报废登记、解体、监销等。

三、工作要求

（一）加强组织领导。各地要高度重视，切实加强对专项检查的组织领导，结合本地实际，联合制定具体的工作方案，明确工作任务，督促道路运输企业落实车辆动态监控主体责任，建立健全相关管理制度，加强动态监控系统应用与维护管理，提高动态监控系统应用水平。

（二）全面摸清底数。各地要按照全覆盖、不留死角的要求，全面排查、摸清本地区旅游包车及其驾驶人员的底数，逐车建立管理档案，健全安全监管制度。同时，各地公安、交通运输、安全监管部门要组织力量，对本地区非营运的大中型客车特别是车辆使用性质为“营转非”的大中型客车保有和使用情况开展联合调查，对存在非法包车运营的，要严肃取缔，并列入监管的重点，强化日常安全管控。

（三）狠抓工作落实。各地要围绕专项检查的整体安排，认真落实各项检查措施和要求，并深入分析研究重点营运车辆卫星定位系统监管和使用、旅游包车运营安全管理中存在的突出问题，切实提出解决意见和对策，健全完善长效管理制度。各级交通运输、公安、安全监管部门要加强部门协调沟通和信息共享，建立部门配合、协调高效的工作机制，形成监管合力，确保检查工作取得成效。

各地要在专项检查结束后，认真总结，并于2014年1月15日前将总结报告分别报交通运输部、公安部、国家安全监管总局。

联系人及电话：

交通运输部道路运输司　闫剑宇（010）65293435

公安部交通管理局　王政新（010）66263414

安全监管总局监管二司　吕　兵（010）64463983

附件：重点营运车辆卫星定位系统监管使用情况检查统计表

附件

重点营运车辆卫星定位系统监管使用情况检查统计表

省份： 填报人： 电话：

<table>
<tr><th colspan="2">类别</th><th>项 目</th><th>客运企业</th><th>危化品运输企业</th></tr>
<tr><td colspan="2" rowspan="5">企业卫星定位装置、监控平台安装及建设</td><td>全部数量/检查数量（家）</td><td>/</td><td>/</td></tr>
<tr><td>安装使用监控平台（家）</td><td></td><td></td></tr>
<tr><td>监控平台通过标准符合性审查（家）</td><td></td><td></td></tr>
<tr><td>监控平台接入联网联控系统（家）</td><td></td><td></td></tr>
<tr><td>责令限期整改企业（家）</td><td></td><td></td></tr>
<tr><td rowspan="8">车辆卫星定位装置安装</td><td rowspan="2">旅游包车</td><td>总量/检查数量（辆）</td><td colspan="2">/</td></tr>
<tr><td>安装符合标准的卫星定位装置数量/装置的安装符合规范数量（辆）</td><td colspan="2">/</td></tr>
<tr><td rowspan="2">三类以上班线客车</td><td>总量/检查数量（辆）</td><td colspan="2">/</td></tr>
<tr><td>安装符合标准的卫星定位装置数量/装置的安装符合规范数量（辆）</td><td colspan="2">/</td></tr>
<tr><td rowspan="2">其中，卧铺客车</td><td>总量/检查数量（辆）</td><td colspan="2">/</td></tr>
<tr><td>安装符合标准的卫星定位装置数量/装置的安装符合规范数量/具备视频功能数量（辆）</td><td colspan="2">/ /</td></tr>
<tr><td rowspan="2">危化品运输车</td><td>总量/检查数量（辆）</td><td colspan="2">/</td></tr>
<tr><td>安装符合标准的卫星定位装置数量/装置的安装符合规范数量（辆）</td><td colspan="2">/</td></tr>
<tr><td colspan="2" rowspan="6">企业监控制度建立和落实</td><td>配备专职监控人员的企业（家）/监控人员（人）</td><td>/</td><td>/</td></tr>
<tr><td>建立落实车辆运行期间值班制度（家）</td><td></td><td></td></tr>
<tr><td>建立落实卫星定位装置安装、使用及维护制度（家）</td><td></td><td></td></tr>
<tr><td>建立监控平台建设、维护及管理制度（家）</td><td></td><td></td></tr>
<tr><td>建立监控人员岗位职责及管理制度（家）</td><td></td><td></td></tr>
<tr><td>制定动态监控操作规程（家）</td><td></td><td></td></tr>
</table>

续上表

<table>
<tr><th>类别</th><th>项　　目</th><th>客运企业</th><th>危化品运输企业</th></tr>
<tr><td rowspan="10">监控平台应用</td><td>按照道路实际情况设置限速值（家）</td><td></td><td></td></tr>
<tr><td>按照要求分时段设置限速值（家）</td><td></td><td></td></tr>
<tr><td>按照要求设定车辆连续运行时间限值（家）</td><td></td><td></td></tr>
<tr><td>监控客运车辆 2 至 5 时运行情况（家）</td><td></td><td></td></tr>
<tr><td>建立动态监控台账（家）</td><td></td><td></td></tr>
<tr><td>监控信息保存符合要求（家）</td><td></td><td></td></tr>
<tr><td>对车辆违法及时给予警告纠正（家）/警告次数（次）</td><td>/</td><td>/</td></tr>
<tr><td>根据监控定期对违法进行处理（家）/处理次数（次）</td><td>/</td><td>/</td></tr>
<tr><td>落实对故意遮挡信号、破坏卫星定位装置人员的处罚（家）/处罚人数（人次）</td><td>/</td><td>/</td></tr>
<tr><td>落实对不严格动态监控的值守人员的处罚（家）/处罚人数（人次）</td><td>/</td><td>/</td></tr>
<tr><td rowspan="8">旅游包车安全隐患排查和安全管理制度落实情况</td><td>未建立所属旅游包车、驾驶人员安全管理档案的运输企业（家）</td><td colspan="2"></td></tr>
<tr><td>旅游包车安全运行管理措施不落实的运输企业（家）</td><td colspan="2"></td></tr>
<tr><td>旅游包车有交通违法行为未处理的运输企业（家）</td><td colspan="2"></td></tr>
<tr><td>包车客运标志牌管理制度不落实的运输企业（家）</td><td colspan="2"></td></tr>
<tr><td>省际包车客运标志牌信息化备案制度不落实的运输企业（家）</td><td colspan="2"></td></tr>
<tr><td>未建立旅游包车、驾驶人员出车运营台账的运输企业（家）</td><td colspan="2"></td></tr>
<tr><td>没有定期对从业驾驶人员开展安全教育的运输企业（家）</td><td colspan="2"></td></tr>
<tr><td>达到报废标准的旅游包车/已报废旅游包车数量（辆）</td><td colspan="2">/</td></tr>
<tr><td rowspan="5">今年以来企业通过监控平台查纠违法行为</td><td>超员载客（起）</td><td></td><td></td></tr>
<tr><td>超速行驶（起）</td><td></td><td></td></tr>
<tr><td>疲劳驾驶（起）</td><td></td><td></td></tr>
<tr><td>违反夜间禁行规定（起）</td><td></td><td></td></tr>
<tr><td>不按规定线路行驶（起）</td><td></td><td></td></tr>
</table>

交通运输部办公厅关于印发 2013 年道路客运安全年活动总结的通知

(2014 年 2 月 20 日　　厅运字〔2014〕38 号)

各省、自治区、直辖市、新疆生产建设兵团交通运输厅（局、委），上海市、天津市交通运输和港口管理局：

2013 年，各地按照《交通运输部　公安部　安全监管总局关于印发 2013 年“道路客运安全年”活动方案的通知》（交运发〔2013〕230 号）的要求，深入扎实开展各项工作，取得了明显成效，客运企业安全生产主体责任得到了进一步落实，安全管理水平和从业人员安全意识有了明显提高，各类运输事故得到了有效遏制，全国较大以上客运事故起数和死亡人数均大幅下降。现将“2013 年道路客运安全年总结”印发你们，请各地结合实际借鉴，继续做好道路客运安全管理各项工作。

2013 年“道路客运安全年”活动总结

2013 年，为进一步贯彻落实党中央、国务院领导关于加强道路交通安全工作的指示精神，坚决遏制重特大道路交通事故的发生，交通运输部、公安部、安全监管总局（以下简称“三部局”）继续联合开展了“道路客运安全年”活动。一年来，各地按照统一部署，深入扎实开展各项活动，取得了显著成效，客运车辆严重交通违法行为大幅减少，道路交通事故起数和死亡人数均大幅下降，道路运输安全发展能力和水平得到进一步提升。全国道路客运共发生一次死亡 3 人及以上行车事故 96 起，死亡 501 人，分别比去年同期下降 19. 3% 和 27. 7%。特别是一次死亡 10 人及以上的客运事故明显减少，全年共发生 11 起（同比减少 5 起），死亡 148 人，分别比去年同期下降 31. 3% 和 39. 1%，全年 7 个整月、连续 107 天未发生一次死亡 10 人及以上的重大客运事故，没有一次死亡 30 人以上的特别重大事故，均创历史最好水平。

一、主要工作

（一）加强组织领导，周密安排部署。

4 月份，三部局联合印发了《2013 年“道路客运安全年”活动方案》（交运发〔2013〕230 号），对 2013 年道路客运安全工作进行了全面部署。各地活动领导小组，结合当地实际，召开了会议进行专项部署，制定了切实可行的工作方案，细化了工作措施，明确了工作责任，确保活动的各项任务落到实处。吉林省委省政府领导亲自部署，省长亲自带队实地检查指导，对全面深入开展“道路客运安全年”活动提出了具体要求。江苏、安徽等省也结合各地实际，细化了活动方案，分步骤、分批次进行各类专项整治，制定了各专项整治活动方案，狠抓各专项整治活动的落实。

（二）突出工作重点，狠抓活动落实。

活动期间，各地制定出台了专项活动政策措施，突出工作重点，创新工作方法，狠抓工作落实，积极推进各项工作顺利开展。

1．进一步深化客运驾驶人素质教育。各地始终将培养安全驾驶、文明出行驾驶员作为核心目标，严格驾驶员培训和考试，扎实推进继续教育，加强针对性交通安全宣传教育，切实提高驾驶员的安全意识、驾驶技能和应急处置能力。陕西、山西、云南等省积极推进计时培训系统的安装使用，加强对培训质量监督管理，严格落实《机动车驾驶培训教学与考试大纲》规定的学时和内容，从源头把好驾驶员的职业素质关。福建、宁夏等省以活动为载体，通过举办应急演练、应急处置和节能技术知识竞赛、安全演讲等主题活动，强化驾驶员的安全驾驶意识和应急处置能力的提升。湖南、重庆等省市通过驾驶员管理系统，分批对违法违规驾驶员进行集中学习培训，通过法规讲解、案例讲评、观看录像等方式，提升驾驶员守法驾驶意识。

2．全面落实安全管理规范，提升企业安全管理水平。各地把抓好《道路旅客运输企业安全管理规范》（以下简称“规范”）的落实作为促进企业安全生产主体责任落实、提升安全管理水平的重要手段，通过开展客运企业《规范》达标活动，督促客运企业对照规范，逐项落实，促进道路旅客运输安全管理科学化、规范化、精细化，切实提高客运企业安全生产标准化建设水平。各省积极参加交通运输企业安全生产标准化建设达标定级活动，印发了实施推进方案，建立完善了考评管理办法，极大地推动了《规范》的落实。河北、云南等省还通过明察暗访等方式，加强对辖区内客运企业贯彻落实《规范》的情况进行专项检查，及时总结和推广《规范》实施过程中的成功经验和做法。

3．进一步强化科技手段应用，加强车辆动态监管。各地按照国发〔2012〕30号文件要求，督促客运企业对系统平台监控参数科学合理调整，开展监管平台、监控平台和车载终端标准符合性审查，加强对客运企业卫星定位装置的安装使用和系统平台运用情况的督查检查，进一步提高卫星定位装置的应用水平，切实落实企业监控主体责任。黑龙江将车载终端纳入客车发班前的安全例检，将卫星定位系统纳入经常性督查管理，确保动态监控系统能够装好用好。安徽、甘肃、新疆等省（自治区）注重加强监控制度化管理，明确监控人员岗位责任，督促企业科学调整系统平台监控参数设置，因时因路合理设定分段限速值和驾驶时间。截至目前，部共发布了6批系统平台（30个省级监管平台、13个地市监管平台、187个企业监控平台），5批符合JT/T 794标准的车载终端（266个型号），3批符合北斗兼容车载终端技术规范的车载终端（208个型号）。

4. 继续深化“安全带—生命带”活动。按照《关于开展“安全带—生命带”专项行动有关事项的通知》要求，继续深入开展了“安全带—生命带”活动，组织制作了《安全带—生命带》宣传片，在长途班线客车、旅游包车和客运站进行循环播放，对各地损坏的招贴画、不干胶贴片，进行了免费换发。到目前为止，各省途经高速公路客车均已安装乘客座椅安全带，并将乘客佩戴安全带作为“六不出站”的检查内容之一。各地公安部门结合车辆登记、检验、路面执法等环节，加大对营运客车安装、佩戴安全带情况的检查力度，督促上高速公路客运车辆的乘客正确佩戴安全带。吉林将安全带的安装使用作为车辆准入和年度审验的重要内容，并与班线的调整、安全生产奖励评比挂钩。安徽、浙江等省将检查、提醒乘客规范使用安全带作为乘务员工作规范和日常管理的重要内容，建立了安全带使用奖罚机制。自“安全带—生命带”专项行动开展以来，取得了显著效果，据初步统计，一次死亡3人及以上道路客运事故死伤比同比去年下降约26%，安全带在保护旅客人身安全、降低事故损失方面发挥了重要作用。

5. 继续加强和改进旅游包车客运安全管理。各地交通、公安、安监、旅游部门严格落实《关于进一步加强道路包车客运管理的通知》（交运发〔2012〕738号）要求，积极开展包车客运安全集中专项整治活动，完善包车客运标志牌信息化管理，加强对省际客运包车和异地经营行为的监督管理。目前，各省陆续启用了“包车客运信息管理系统”，通过信息化技术手段，加强和完善省际包车客运标志牌申领、审核和发放的管理。上海、江西、广西等省市通过将违法违规行为记录到诚信档案，作为道路客运企业年度审核、等级评定、质量信誉考核和驾驶员诚信考核的重要依据，加强了对旅游包车异地经营的打击力度。湖北规范了道路旅游客运经营主体、用工行为、市场秩序，清理了资质不达标的企业、从业人员、隐形挂靠车辆，统一了旅游客运车辆标识、号牌、示范合同文本等。

6. 进一步推进长途客运接驳运输试点工作。13 个试点省份交通运输主管部门根据《交通运输部关于开展长途客运接驳运输试点工作的通知》（交运发〔2012〕784 号）要求，加强对接驳运输试点工作的组织实施和监督指导，建立规范的监督管理制度，明确并细化监督工作操作规程和评价标准，努力为接驳运输创造良好的环境条件，深入推进长途客运接驳运输试点工作。江苏依托动态监控系统对接驳运输车辆实行 24 小时监控，加强试点线路的驾驶人、接驳点及交接过程的重点监管。广东、山东等省通过优化运输组织，合理安排运力，规范接驳运输流程，合理设置接驳点，确保接驳运输车辆停车换人、落地休息。活动期间，各地公安交警部门也加强路面执法，确保接驳运输顺利推进。

7. 继续严管客运车辆严重交通违法行为。针对客运车辆交通违法和事故特点，各地公安、交通和安监部门积极配合，加强区域联动、路网联动、部门联动，加大夜间、节假日等违法行为高发时段的巡逻检查力度，充分依托交通安全服务站、临时执勤站和动态监控系统，严格客运车辆路面登记巡查，加大对客运车辆交通违法的综合整治力度。黑龙江积极推行高速公路区间测速，严把出站、出城、上高速、过境“四关”，依托交通管理信息系统加强网上巡查，对存在严重超速、超员、疲劳驾驶等违法行为的客运车辆从严整治。福建继续推行“不适岗名单”公布制度，对不适岗驾驶员在“福建省客运驾驶员信息平台”专栏上公布。

8. 进一步规范汽车客运站安全管理。各地按照《汽车客运站营运客车安全例行检查及出站检查工作规范》和安全告知制度要求，积极推行客运站安全标准化管理，认真落实和规范营运客车安全例检、进出站安全检查、安全告知内容和流程，进一步促进汽车客运站安全管理工作的标准化、规范化，把好客运站源头安全管理关。贵州对全省一、二级客运站安全例检的场地、设施设备进行改造升级，制作了《汽车客运站关键岗位工作流程示范片》，推动了客运站封闭式、规范化、程式化、责任制管理。广东在全省三级以上汽车客运站及机场客运专线候机楼启用“监管系统”，实时录入每班次客车的出站信息，严格执行“电子出站登记表”管理制度。吉林在二级以上客运站和客流较大、车辆较多的三级客运站设立了驻站管理办公室并派驻了道路运输管理人员，切实加强对客运站的源头监管工作。

（三）广泛宣传，营造良好活动氛围。

专项活动期间，各地充分利用汽车客运场站、高速公路服务区等公共场所悬挂宣传横幅、张贴宣传标语、摆放宣传展板、播放宣传资料等方式，开展了多渠道、多形式的宣传活动，在全社会、全行业营造了开展“道路客运安全年”活动的良好氛围。《中国交通报》、中国道路运输网等报纸、网站开辟专栏，对2013年“道路客运安全年”活动相关情况进行报道，形成了积极良好的活动氛围。黑龙江通过“安全生产月”，开展以“科学发展，安全发展”为主题的宣传日活动。湖南、江苏大力开展“交通安全提示进大巴”活动，播放安全宣传视频短片，积极宣传安全乘车须知。西藏结合西藏人民广播电台的《新闻早视界》与“安康杯”知识竞赛等活动，开展经常性交通安全宣传教育，宣传交通运输安全常识，提高人民群众的出行安全意识。宁夏、四川等省以《简报》形式，对安全年活动的动态信息进行集中报道。据不完全统计，各地共深入客运企业宣传21万余次，悬挂宣传横幅、宣传标语、宣传画24万余张，发放宣传资料350万余份，制作专题宣传展板2000余块。

（四）强化监督检查，保证各项措施落到实处。

5月份，交通运输部组织在全国交通运输系统开展安全生产大检查，对十二省份“道路客运安全年”活动开展情况进行了随机抽查。7～9月份，结合国务院安委办安全生产综合督查，三部局相关司局对两个省“道路客运安全年”活动分两轮进行了重点督查。12月份，结合春运安全检查，对两个省“道路客运安全年”活动进行了明察暗访。各地也积极开展督查，确保活动各项措施落到实处。

二、活动取得的成效和经验

连续两年“道路客运安全年”活动的开展，取得了明显的成效。一是道路运输安全生产形势明显好转。各级交通运输、公安、安全监管部门认真组织开展“道路客运安全年”活动，道路客运安全从源头监管、过程管理到企业落实安全生产主体责任等方面都有了明显提高，道路旅客运输企业安全生产形势明显好转，实现了事故次数和死亡人数大幅的“双下降”。二是客运安全基础更加牢固。针对企业规范化管理、客运驾驶人管理、旅游包车管理等重点问题，通过建章立制，采取针对性的措施，道路客运安全管理制度和措施进一步完善，企业安全生产立体责任得到进一步落实，客运驾驶人的安全意识、驾驶技能和应急处置能力得到了进一步提升，科技支撑作用进一步发挥。三是部门监管合力进一步加强。通过开展“道路客运安全年”活动，三部局在道路交通安全工作方面，合作范围越来越广，合作程度越来越深，合作效果越来越好。特别是在道路客运安全管理方面，三部局联合发文，联合部署，各地也普遍建立了三个部门协调合作的常态化安全管理格局，形成了各司其职、齐抓共管良好的工作机制，企业自查、行业部门检查、政府督查的工作机制得到进一步完善。

道路客运安全年活动的开展，取得了一些成功经验：

（一）夯实基础，建立长效机制是做好客运安全工作的关键

道路客运安全最主要的问题就是安全基础不牢。通过阶段性的集中整治活动，虽然能够有效遏制超员、疲劳驾驶等严重违法行为引发的事故，但不能从根本上解决行业长期积累的深层次问题。因此，道路客运安全关键在于抓好基础工作，建立长效机制，不仅要采取集中整治的阶段性措施，同时更要强化基础工作，着眼于解决道路客运安全工作中存在的基础性、根源性和机制性问题，从根本上预防和减少事故。这两年来，通过深入扎实地开展各项活动，客运驾驶人队伍安全素质不高，车辆安全性能不强，企业安全管理基础薄弱等困扰客运安全发展主要问题得到了进一步解决，为促进道路客运安全形势持续好转奠定了坚实基础。

（二）实施企业规范化管理是做好客运安全工作的有效途径

客运企业是安全生产的责任主体。三部局联合出台的《规范》，强调要牢牢抓住道路运输企业这个责任主体，并从企业安全生产的基础保障、管理职责、管理制度、隐患排查与治理、目标考核等方面提出了全面、细致的要求。活动中，各地把落实《规范》做为促进企业安全生产主体责任

落实的重要手段，通过贯彻落实《规范》，有效促进了客运企业安全管理方式从经验型、运动式管理向标准化、科学化的转变，提升了客运企业安全管理水平及从业人员的安全意识，全面促进了企业安全主体责任的落实，从而带动整个客运行业安全水平的提升。

（三）充分应用科技手段是做好客运安全工作的重要支撑

实践证明，利用联网联控系统加强对客运车辆的监控，是做好客运安全工作的强有力支撑，同时，也是落实运输企业安全主体责任的有效载体，解决了以前运输企业对营运车辆上路后“看不到、听不见、管不着”的问题。随着联网联控系统的广泛应用，有效地预防和减少了驾驶人疲劳驾驶，车辆超速、超员等违法违章行为的发生，从根本上提高了事故预防和应急处置能力；而且，下一步随着《道路运输车辆动态监督管理办法》的颁布实施，运输企业与驾驶员在卫星定位装置的安装、使用、维护方面的权力和义务，以及三部局在利用卫星定位系统监督管理的职责，将更加明确。加强道路运输车辆的动态监管，不仅有利于实现道路客运管理方式和发展方式的革命性转变，同时对促进现代道路运输发展具有重要意义。

（四）广泛开展宣传和教育是做好客运安全工作的有力保障

保障道路客运安全，不仅仅是政府监管部门、客运企业的责任，同时，也离不开社会民众的广泛参与。只有全体交通参与者的安全意识提高了，道路客运安全的形势才能真正得到根本好转。在“道路客运安全年”活动中，从上到下普遍都突出了宣传教育的作用，鼓励群众主体参与。安全告知等制度的实行，为乘客参与客运安管理建立了渠道。“安全带—生命带”活动宣传，使广大乘客提高了乘车安全意识，增强了预防和降低事故带来损失的自觉性。通过广泛开展各类行之有效的宣传教育活动，创造了良好的宣传和舆论氛围，提高了广大群众的安全意识，丰富了安全知识，激发了主动参与客运安全管理热情，取得了很好的社会效应。

三、2014 年的工作思路

连续两年“道路客运安全年”活动，虽然取得了明显成效，但是，道路运输安全管理是一项长期性、持之以恒的工作，尤其是影响运输安全的基础性工作，必须抓牢抓实，常抓不懈。安全管理一旦松懈，安全隐患就会无处不在，无时不有。因此，在总结2013年活动经验的基础上，围绕贯彻落实国发〔2012〕30号文件和十八届三中会议精神以及《道路运输车辆动态监督管理办法》，并经商公安部交管局、安监总局二司同意，2014年继续深入开展“道路客运安全年”活动，进一步巩固客运安全基础。主要任务：

一是进一步落实企业安全生产主体责任。继续深入贯彻落实《道路旅客运输企业安全管理规范》，落实客运企业安全生产主体责任；组织编写典型事故案例集，开展道路运输安全管理人员大培训，提升安全管理人员的安全素质和管理水平；开展《道路旅客运输企业安全管理规范》落实情况督导检查，确保《道路旅客运输企业安全管理规范》贯彻执行到位。

二是进一步强化驾驶员素质教育。贯彻落实机动车驾驶培训机构开业条件标准，修订《机动车驾驶培训管理规定》；全面推广应用计算机计时培训管理系统，积极推行“先学车，后付费”教学模式，深入落实培训教学大纲规定的内容和学时；推动大客车驾驶员培养纳入职业教育体系，解决客运行业高素质驾驶员短缺的问题；严格从业资格考试，深入抓好客运驾驶人继续教育，用好网络教学资源；规范从业资格考试，提升驾驶员安全意识和应急处置能力。

三是进一步加强营运车辆动态监管。规范联网联控各级系统平台、车载终端的运行管理和安装使用，落实企业监控主体责任。贯彻落实《道路运输车辆动态监督管理办法》，开展宣传培训工作，确保《办法》的有效实施；推进企业加强对车辆卫星定位数据的应用，进一步落实企业监控主体责任。

四是进一步深化“安全带—生命带”活动。加大活动宣传力度，在长途班线客车、旅游包车和客运站推广播放“安全带—生命带”宣传片，对损坏的宣传画、不干胶贴片进行换发；加强客运车辆安全带安装使用的监督检查，提高安全带的佩戴使用率，使乘客佩戴安全带成为常态化。

五是深入推进长途客运接驳运输。联合公安部进一步扩大接驳运输试点省份，加强对接驳运输车辆的通行管理，严格落实长途客运车辆凌晨2

时至5时停车休息制度；强化接驳运输车辆的信息化监管，建立全国统一的“接驳运输车辆动态监控平台”，对接驳运输车辆进行重点监控。

六是进一步规范客运站车辆安全例检和出站检查工作，深入贯彻落实《汽车客运站营运客车安全例行检查及出站检查工作规范》，通过明察暗访、重点抽查等方式，对安全例检和出站检查规范的执行情况进行检查和抽查。

交通运输部　公安部　国家安全监管总局
关于印发 2014 年“道路客运安全年”
活动方案的通知

（2014 年 4 月 12 日　　交运发〔2014〕85 号）

各省、自治区、直辖市、新疆生产建设兵团交通运输厅（局、委）、公安厅（局）、安全生产监督管理局：

为深入贯彻落实党的十八届三中全会精神和《国务院关于加强道路交通安全工作的意见》（国发〔2012〕30 号），扎实开展“平安交通”创建活动，进一步巩固道路客运安全基础，坚决遏制重特大道路交通事故，继续稳定道路交通安全形势，交通运输部、公安部、国家安全监管总局决定今年继续联合开展“道路客运安全年”活动。现将《2014 年“道路客运安全年”活动方案》印发给你们，请结合各地实际，认真抓好落实。

2014 年“道路客运安全年”活动方案

一、指导思想

认真贯彻党的十八届三中全会精神，以科学发展观为指导，以“平安交通”创建活动为载体，在总结前两年“道路客运安全年”活动开展经验的基础上，进一步巩固客运安全基础，继续将“道路客运安全年”活动推向深入，不断提高道路客运安全生产水平。

二、目标任务

通过继续深入开展“道路客运安全年”活动，客运车辆事故同比下降，客运驾驶员素质不断提升，客运企业安全生产主体责任有效落实，动态监控手段进一步完善，制度进一步落实，客运车辆交通违法行为持续减少。

三、活动组织

2014 年“道路客运安全年”活动由交通运输部、公安部和国家安全监管总局联合部署。地方各级交通运输部门、公安部门和安全监管部门要在地方政府的统一领导下，分工负责，密切协作，共同组织开展工作。

四、活动内容

（一）持续深化驾驶员素质教育工程。坚持将培养安全驾驶、文明出行驾驶员作为核心目标，进一步提高驾驶人的安全意识、驾驶技能和应急处置能力。一是贯彻落实机动车驾驶培训机构开业条件标准。《机动车驾驶员培训机构资格条件》（GB/T 30340—2013）和《机动车驾驶员培训教练场技术要求》（GB/T 30341—2013）将于今年 6 月 1 日起正式实施，各地交通运输管理部门要认真组织道路运输管理机构、机动车驾驶培训机构学习和掌握两项标准的具体内容和要求，要按照标准要求，规范新申报机动车驾驶培训业务的许可，督促现有机动车驾驶员培训机构逐步完成改造。二是全面推广应用计算机计时培训管理系统，积极推行“先学后付、计时收费”的教学模式。各地要督促机动车驾驶培训机构，按照《机动车驾驶员计时培训系统平台和计时终端技术规范》的要求，10月1日前完成平台和终端的改造和维护，切实落实培训教学大纲规定的内容和学时。三是认真抓好从业人员队伍建设。以考点建设、考核员队伍建设和无纸化考试规范化以及新大纲执行情况为重点，开展道路运输从业资格考试检查；充分运用网络远程教育等先进手段，深入开展客货运驾驶人继续教育；继续开展机动车驾驶教练员素质提升工程，不断提高机动车驾驶教练员的教学质量和水平；推进道路运输经理人制度建设，不断提高道路运输企业经营管理人员素质。四是深入开展防御性驾驶教育培训。各地要以客运车辆为重点，结合继续教育，组织客运驾驶人开展防御性驾驶教育，提升客运驾驶人的安全驾驶意识，规范习惯养成。

（二）深入落实道路客运企业安全管理规范。继续深入贯彻《道路旅客运输企业安全管理规范（试行）》（以下简称《规范》），进一步提升客运企业安全管理水平和从业人员安全意识，促进客运企业安全生产主体责任的落实。一是开展客运安全管理人员培训。组织编写典型事故案例，组织道路客运行业、企业安全管理人员进行培训，进一步提升安全管理人员的安全素质和管理水平。二是组织编写《道路旅客运输企业安全评估指南》，鼓励和引导客运企业开展安全自我评估，进一步促进客运企业安全主体责任的落实。三是联合组织《规范》落实情况专项检查。各地交通运输部门要会同公安、安全监管部门组成联合检查组，采取“四不两直”（即不发通知、不打招呼、不听汇报、不陪同接待，直奔基层、直插现场）暗访检查、重点抽查等方式，及时了解和掌握交通运输系统内安全生产存在的突出问题和薄弱环节，确保《规范》贯彻执行到位。6月底，各地要向社会公布一批专项检查中发现存在严重安全隐患的客运企业，并下达挂牌督办整改通知；年底前，要向社会公布客运企业整改情况。

（三）进一步加强道路运输车辆动态监管。《道路运输车辆动态监督管理办法》（交通运输部　公安部　国家安全监管总局令2014年第5号，以下简称《办法》）从今年7月1日起正式实施。各地要把贯彻实施《办法》

作为营运车辆动态监管的长期工作认真抓好、抓出成效。一是做好《办法》的宣传贯彻。各地要在交通运输部统一宣贯的基础上，结合本地实际，充分利用各种媒体，突出重点，多层次、多渠道地开展宣传贯彻活动，确保管理部门和企业相关人员了解和掌握《办法》内容要求。二是运输企业开展对照自查自纠。6月底前，各地要在前期卫星定位系统专项检查的基础上，督促、指导运输企业对照《办法》要求，开展全面的自查自纠，重点查纠运输企业监控平台建设运行情况及相关管理制度健全落实情况。三是开展部门联合督导检查。各地交通运输、公安、安全监管部门要联合对辖区内运输企业贯彻落实《办法》、开展自查自纠情况进行专项督导检查，对不符合《办法》要求的运输企业，要责令限期整改。《办法》实施后，各地要不定期地组织对运输企业贯彻执行《办法》情况开展联合突击检查。

（四）联合整治客车非法营运行为。一是集中整治包车客运非法营运行为。交通运输部门要严格包车客运标志牌的审核把关，对包车运营情况开展不定期的抽检核查，发现未按规定线路运营的，以及客运车辆长期在异地从事违规包车客运的，依法依规严肃处理；公安交通管理部门要加强对包车的路检路查，对包车客运标志牌起讫点均与车籍地不一致的，或者包车客运标志牌准许运行的线路与实际不一致的，要及时通报交通运输部门进行查处和卸客转运。二是联合整治汽车租赁企业非法营运行为。6月底前，各地交通运输、公安、安全监管部门要联合对辖区内的汽车租赁企业开展一次集中大排查、大清查，全面清查汽车租赁企业资质、租赁汽车数量、车辆的使用性质、租赁企业业务开展情况及相关制度建设落实情况等，对承办租赁大中型客车的，要重点登记、跟踪调查车辆租赁使用情况，发现非法营运的，坚决取缔并依法予以处罚。三是严厉打击非营运客车非法营运行为。各地交通运输、公安部门要加强联合执法，依托高速公路收费站、服务区，省际、市际交通安全服务站点，加强对过往客车的登记检查，属于非营运客车非法营运的，要依法查处并做好卸客转运。

（五）进一步深化“安全带—生命带”活动。各地要进一步认识开展“安全带—生命带”活动是一项长期的工作，对于提高客车被动安全性、减少事故伤害具有重要意义。一是继续加大活动宣传力度，充分利用电视、广播、报刊等新闻媒体，大力宣传使用安全带的重要意义及正确方法；在长途班线客车、包车和客运站推广播放“安全带—生命带”宣传片，在高速公路服务区、客运站场等场所广泛张贴、发放挂图、车贴等宣传品，对损坏的宣传品要及时进行更换。二是加强客运车辆安全带安装使用的监督检查。各地要对客车安全带安装情况进行检查，对新进入运输市场的客车以及通行高速公路的客车必须安装使用安全带，并逐步扩展推广至所有客运车辆，督促客运企业及时修复损坏的安全带，推动客运企业为所有客运车辆安装符合标准的安全带并引导旅客正确使用；要严格执法检查，客运站要严格出站检查，旅客未佩戴安全带的，禁止出站。公安交通管理部门在路面执法过程中要加大对规定客车安装、佩戴安全带情况的检查力度，发现驾驶人和旅客不佩戴安全带的要及时纠正并依法处理。通过严格执法检查，提高安全带的佩戴使用率，使乘客佩戴安全带成为常态化。

（六）进一步规范客运站安全管理。进一步落实和规范客运站各项安全管理规定，把好客运站源头安全管理关。一是严格客车安全例检和出站检查。各地要督促客运站认真贯彻落实《汽车客运站营运客车安全例行检查及出站检查工作规范》（交运发〔2012〕762 号），加强分类指导，确保制度落实。二是严格落实安全告知制度。各地要进一步规范安全告知工作，在免费发放《道路客运安全告知》、《道路客运驾驶员安全告知培训示范》等宣传片的基础上，督促企业编写具体到每班驾驶员的安全告知材料，并组织好客运驾驶员的培训。三是组织专项检查。各地要通过明察暗访、重点抽查等方式，对客运站安全管理、安全例检、出站检查、安全告知制度、旅客安全带佩戴的执行情况进行检查和抽查，确保各项制度落到实处。对于不落实规定的客运站和客运车辆要及时纠正，限期整改。

（七）进一步强化客运车辆道路交通事故调查处理和挂牌督办机制。一是对于一次死亡 3 至 9 人的客运车辆道路交通事故，各地要严格按照《生产安全事故报告与调查处理条例》（国务院令第 493 号）等有关规定，成立事故调查组认真开展事故调查工作。二是各省（自治区、直辖市）安全生产委员会要进一步强化客运车辆较大道路交通事故挂牌督办机制，督促各地严格按照事故调查“四不放过”（事故原因未查清不放过、责任人员未受到处理不放过、事故责任人没有受到教育不放过、整改措施未落实不放过）和“科学严谨、依法依规、实事求是、注重实效”的原则开展事故调查工作，严肃事故责任追究。三是要充分吸取事故教训，用事故教训推进道路交通安全工作。对于发生客运车辆较大道路交通事故的，相关省（自治区、直辖市）要利用动态监管系统将事故信息和教训传达到各客运企业；对于发生客运车辆重特大道路交通事故的，要利用动态监管系统将事故信息和教训传达到全国省级监控平台和各客运企业。

五、活动安排

（一）制定方案宣传发动阶段（4 月份）。

各地要根据本方案的要求，结合实际，进一步细化工作方案或计划，做好组织发动工作。4 月 30 日前，要将本地的工作方案或计划分别报交通运输部、公安部、国家安全监管总局。

（二）全面推进阶段（5－11 月份）。

各地要统筹安排各项工作的实施计划，全面推进 2014 年“道路客运安全年”活动各项工作的落实，不定期地对活动的开展情况进行督促检查。交通运输部、公安部、国家安全监管总局将适时组织专项督查。

（三）总结完善阶段（12 月份）。

各地对 2014 年“道路客运安全年”活动各项工作进行全面总结，评选出活动开展好的先进地区和先进运输企业，并于 12 月 20 日前将工作开展情况和先进地区、先进运输企业的材料分别报交通运输部、公安部、安全监管总局。

六、相关要求

（一）加强组织领导。各地要根据本方案要求，结合当地实际和前两年“道路客运安全年”活动开展情况，制定切实可行的工作方案，建立工作机制，明确工作任务，制定工作措施，强化工作落实。

（二）注重活动效果。各地要围绕活动整体安排，根据近年来客运安全管理存在的突出问题和薄弱环节，结合前两年活动效果，突出本地区重点，采取针对性措施，加强活动情况的跟踪督查和考核，确保各项工作取得实效。

（三）强化共管合力。各地要进一步强化相关部门之间的沟通协调和信息共享，形成部门配合、社会支持、全员参与、协调高效的工作机制。

（四）加强宣传和信息报送。各地要做好活动的宣传工作，加强舆论引导，构建良好的活动氛围。活动期间，各省级交通运输、公安和安全监管部门每月底前要报送活动开展情况（电子邮箱：dlkyaqn@126.com），好的经验和做法要及时报送。各地报送情况将作为年底评选先进的重要依据。

联系人及电话：

交通运输部运输司　　柴晓军，010－65293754

公安部交通管理局　　王　强，010－66261793

国家安全监管总局监管二司　　侯景雷，010－64464002

交通运输部关于进一步加强道路危险货物运输安全管理工作的通知

（2014年4月15日　　交运发〔2014〕88号）

各省、自治区、直辖市、新疆生产建设兵团交通运输厅（局、委），天津市交通运输和港口管理局：

2014年3月1日，晋济高速公路山西晋城段岩后隧道发生一起特别重大道路交通危化品燃爆事故，造成了重大人员和财产损失。近日，国务院安委会办公室下发了《关于加强危险化学品道路运输和公路隧道安全工作的紧急通知》（安委办明电〔2014〕4号）。各级交通运输主管部门、道路运输管理机构及道路危险货物运输企业要认真贯彻落实国务院安委会办公室通知精神，进一步加强道路危险货物运输安全生产管理工作，牢牢坚守“发展决不能以牺牲人的生命为代价”这条“红线”，坚决防范道路危险货物运输安全生产事故的发生。现将有关要求通知如下：

一、严格落实道路危险货物运输企业安全生产主体责任

道路危险货物运输企业是安全生产的责任主体。各级交通运输主管部门要督促企业按照《安全生产法》、《危险化学品安全管理条例》、《道路运输条例》等法律、行政法规的各项要求，全面落实安全生产主体责任，切实强化企业经理人、企业安全生产管理岗位及其人员的工作职责，加大安全生产经费投入和隐患排查整治力度；完善并严格落实各项安全生产管理制度，有效履行对企业所属从业人员、运输车辆及设施设备的安全管理责任，提升企业安全生产风险防控能力；努力提高运输生产组织化水平，推进公司化运营模式，严禁对道路危险货物运输车辆及从业人员“包而不管”、“以包代管”。

道路危险货物运输企业应当根据《危险化学品管理条例》和《道路危

险货物运输管理规定》（交通运输部令 2013 年第 2 号）的要求配备专职安全管理人员。专职安全管理人员应当熟悉相关危险货物道路运输安全管理的法律、法规、规章和标准，掌握危险货物运输安全技术、运输装卸作业流程、危险特性、安全防护和应急处置等专业知识，具有较丰富的安全管理工作资历和经验。专职安全管理人员应当组织编制企业安全生产规章制度、从业人员操作规程、事故应急预案，监督运输车辆和设备的配备和使用，参与从业人员的招聘和日常考核，组织从业人员教育培训，做好运输作业过程监管，并定期对企业的运输安全管理进行评估，对存在的安全隐患及时建议企业进行整改。

道路危险货物运输企业载运爆炸物品、易燃易爆化学物品以及剧毒、放射性等危险物品的，应当按照《道路交通安全法》、《公路安全保护条例》的规定，向公安机关提出通行许可申请，按照指定的时间、路线、速度行驶。同时，应当根据其运输线路、运输货品的不同情况，有针对性地制定运输方案及安全运营保障措施；必要时应当进行路线勘察，辨识沿途可能存在的运营风险；运输途中因住宿、交通拥堵或者发生影响正常运输的情况，需较长时间停车的，应当采取相应的安全防范和警示措施；运输剧毒化学品或者易制爆危险化学品的，还应当向当地公安机关报告。

二、加强道路危险货物运输从业人员管理

各级交通运输主管部门要根据《道路运输条例》和《道路危险货物运输管理规定》的要求，严格道路危险货物运输从业人员考试与证件发放管理制度，杜绝考试和发证过程中弄虚作假、徇私舞弊等行为。要按照《交通运输部关于印发道路运输经理人从业资格实施办法的通知》（交运发〔2011〕281 号）的要求，加快建立道路危险货物运输经理人从业资格制度，加强道路危险货物运输经理人管理，提高企业主要负责人的安全管理能力。要加强与公安机关交通管理部门的信息共享，及时掌握道路危险货物运输从业人员违章信息，建立道路危险货物运输从业人员黑名单制度，督促运输企业将违法违章频次高、安全意识薄弱的从业人员予以清除，特别是对一个记分周期内被公安机关交通管理部门扣满 12 分的驾驶员，要吊销其从业资格证件，三年内不予重新核发。

道路危险货物运输企业要切实加强对所属从业人员的管理，发挥专职安全管理人员的作用，严格从业人员聘用、培训教育、考核奖惩管理制度。一是要严格从业人员的聘用管理。企业拟聘用驾驶员时，要对其从业经历、驾驶安全事故记录进行核查，严格把关，防止具有严重违章、责任事故记录的驾驶员进入道路危险货物运输从业队伍；要根据所运危险货物的特性，对从业人员进行有针对性的岗前培训，要求驾驶员、押运员充分了解掌握所运货物的危险特性、包装物容器使用要求、突发事件应急处置、操作技能等知识，考核合格后方可上岗。二是强化从业人员的培训教育。企业要制定日常培训计划，经常性地开展安全教育培训及应急演练，重点培训有关法律法规、标准规范、典型事故案例、防御性驾驶技术等内容，切实提高安全驾驶和应急处置能力。近期，要以“晋济高速公路山西晋城段岩后隧道‘3·1’重大道路交通危化品燃爆事故”为典型案例，对从业人员进行一次专题安全警示教育。三是加强从业人员的动态管理。在运输作业前，企业专职安全管理人员应当了解驾驶员身体状况，防止带病驾驶、疲劳驾驶、酒后驾驶等情形发生，并告知安全生产注意事项，检查安全防护措施和消防设备；监督从业人员随车携带《道路运输危险货物安全卡》，并按照法律法规和运输方案要求进行运输作业；要充分利用车辆卫星定位装置，强化对车辆行驶线路、速度和运行时间的安全监管，及时发现问题，即刻督促整改。四是严格从业人员安全奖惩制度。要建立道路危险货物运输从业人员奖惩机制，将安全生产和违法违规情况作为收入分配的重要依据，实行重奖重罚。

三、严格道路危险货物运输装备管理

道路危险货物运输企业要购置、使用符合有关法律法规及标准要求的危险货物运输车辆和设备，不得擅自改装车辆。要按照有关部门的要求定期对车辆和设备进行检验、维护和保养，保证车辆和设备技术状况完好。罐式车辆的罐体必须持有质量检验部门认定的检测机构出具的出厂检验合格证书，压力容器还应当定期到符合条件的检测机构参加年度审验。道路危险货物运输企业不得擅自变更罐式车辆罐体产品公告时的充装介质；对于使用常压罐体的，应当保障其卸料管根部球阀在运输时处于关闭状态；对于罐式车辆罐体使用过程中发现的质量缺陷及年度审验过程中存在的问题，应当依法向有关质量检验部门及时报告。

各地交通运输主管部门要督促道路危险货物运输企业严格按照《道路运输车辆动态监督管理办法》（交通运输部、公安部、国家安全生产监督管理总局令2014年第5号）的各项要求，建设道路车辆动态监控平台，或者使用符合条件的社会化卫星定位系统监控平台；加强对卫星定位装置的日常维护，保持终端设备技术状况良好，有效接入全国重点营运车辆联网联控系统；对监控平台必须配备专人值守，实时了解掌握车辆的位置及运行状况，及时发现、提醒和纠正驾驶员超速行驶、疲劳驾驶、不按规定线路行驶等违法违规行为；对发生违法违规行为的驾驶员事后要及时进行批评教育，并作出处理；要贯彻落实《国务院关于加强道路交通安全工作的意见》（国发〔2012〕30号）及《道路运输车辆动态监督管理办法》要求，对雨雪雾等恶劣天气车辆行驶速度、夜间行驶速度及连续驾驶时间等进行限制。

四、强化对道路危险货物运输监督检查

各级交通运输主管部门要按照“谁许可，谁负责；管业务，必须管安全”的原则，切实履行安全监管责任，加强道路危险货物运输企业安全生产的监督检查，重点检查企业安全生产责任制和安全生产管理制度的建立及落实情况，从业人员资质、安全教育培训、应急演练和奖惩情况，车辆和设备的技术状况、检验及维护保养记录，卫星定位装置的安装、使用及维护情况；监督企业执行《道路运输危险货物车辆标志》（GB 13392—2005)、《汽车运输危险货物规则》（JT 617—2004)、《汽车运输、装卸危险货物作业规程》（JT 618—2004）等有关安全生产的国家标准及行业标准。对安全生产状况较差、安全生产主体责任落实不到位、驾驶员违章多、安全隐患大的企业，要加大检查力度，进行重点监督。检查监督过程发现问题的，要立即下发整改通知书，督促企业限期进行整改；整改不合格仍存在安全隐患、达不到行政许可条件的，原许可机关要注销相关车辆《道路运输证》或吊销《道路运输经营许可证》。

各地要严格按照本通知要求，制定工作方案和实施步骤，加强监督检查，确保各项要求贯彻落实到位。各省级交通运输主管部门要于2014年6月15日前将本通知落实情况、检查发现的问题、整改结果以书面总结形式报部运输司。交通运输部将于2014年5月组织对各地落实情况进行专项检查。

交通运输部办公厅
关于2013年道路运输安全生产情况的通报

（2014年4月21日　　厅运字〔2014〕76号）

各省、自治区、直辖市、新疆生产建设兵团交通运输厅（局、委），天津市交通运输和港口管理局：

2013年是实施“十二五”规划承前启后的关键年。各级交通运输主管部门和道路运输管理机构认真贯彻落实党中央、国务院关于加强道路交通安全工作的一系列部署，深入扎实开展“平安交通”创建、“道路客运安全年”、“打非治违”等一系列活动，继续加强道路旅客运输安全管理，强化车辆动态监管和驾驶人安全素质教育，全国道路运输安全形势总体保持平稳并趋向好转，道路交通事故起数和死亡人数均大幅下降，道路运输安全发展能力和水平继续稳步提升。现将2013年道路运输安全生产情况通报如下：

一、2013年道路运输行业安全生产总体情况

2013年道路旅客运输安全生产总体形势持续好转，道路客运行车事故继续下降，特别是“道路客运安全年”活动深入开展后，道路客运事故明显下降。全年共发生一次死亡3人及以上道路客运（不含城市客运）行车事故96起，造成501人死亡、1008人受伤，同比分别下降19.3%、27.7%和20.9%。其中，一次死亡10人及以上道路客运行车事故11起，造成148人死亡、212人受伤，同比分别下降31.3%、39.1%和36.3%。全年7个整月、连续107天未发生一次死亡10人及以上的重大道路客运行车事故，没有发生一次死亡30人及以上的特别重大事故，均创历史最好水平。

与2012年相比，城市客运行车事故有所反弹，全年共发生一次死亡3至9人城市客运行车事故11起，造成45人死亡、42人受伤，事故起数、死亡人数、受伤人数同比分别增加5起、22人、38人。其中，出租汽车行车事故8起，造成35人死亡、12人受伤，公共汽电车行车事故3起，造成10人死亡、30人受伤。全年未发生一次死亡10人及以上城市客运行车事故。

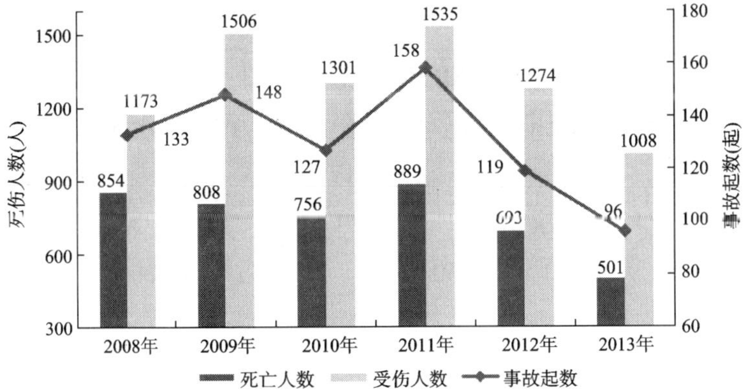

图1 2008－2013年一次死亡3人及以上道路客运行车事故情况

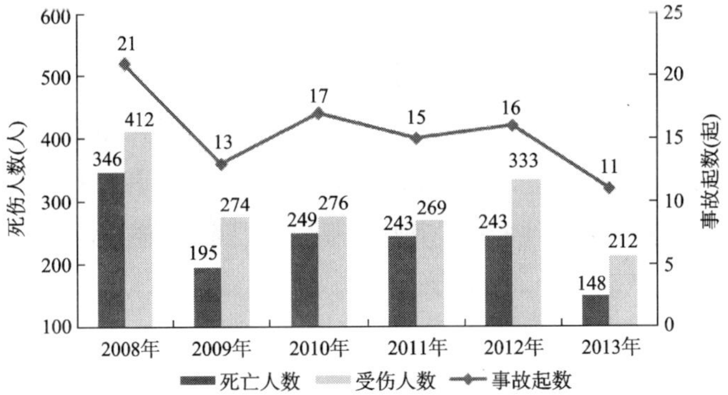

图2 2008－2013年一次死亡10人及以上道路客运行车事故情况

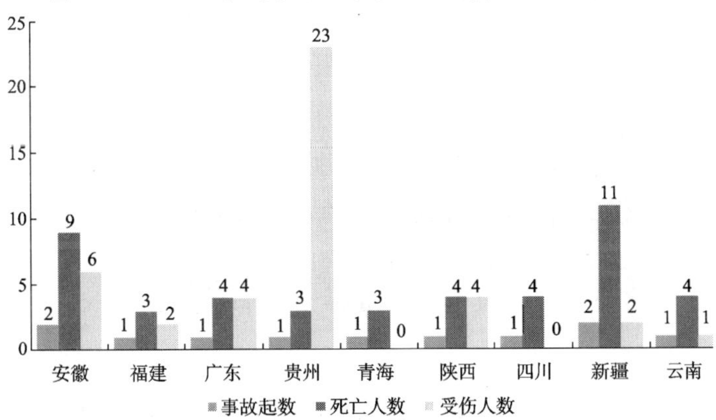

图3 2013年一次死亡3人及以上城市客运行车事故情况

二、2013 年道路客运安全生产情况

（一）按肇事车辆车籍地统计，一次死亡 3 人及以上的道路客运行车事故涉及省份数量明显减少。

按肇事车辆车籍地统计，2013 年一次死亡 3 人及以上的道路客运行车事故共涉及 21 个省份，同比减少 7 个省份。其中，事故起数在 10 起及以上的省份有河南、四川、云南、新疆，以上四省共计发生一次死亡 3 人及以上的道路客运行车事故 46 起，造成 249 人死亡、531 人受伤（每省全年事故造成死亡人数均超过 50 人），分别占全国的 47.9%、49.7% 和 52.7%。

与 2012 年相比，河北省所属客车一次死亡 3 人及以上行车事故起数及伤亡人数的绝对量及占全国比重都有所上升，全年共发生事故 5 起、死亡 34 人、受伤 63 人，分别增加 4 起、30 人、63 人，占比分别上升 4.4%、6.2% 和 6.3%。宁夏回族自治区所属客车 2012 年均未发生一次死亡 3 人及以上行车事故，但 2013 年发生 2 起，死亡人数为 8 人。

2013 年发生一次死亡 10 人及以上道路客运行车事故共计 11 起，涉及 9 个省份，同比减少 2 个省份。其中，湖北、四川省共发生 4 起（每省 2 起），共造成 56 人死亡、42 人受伤，分别占总数的 37.8%、19.8%。

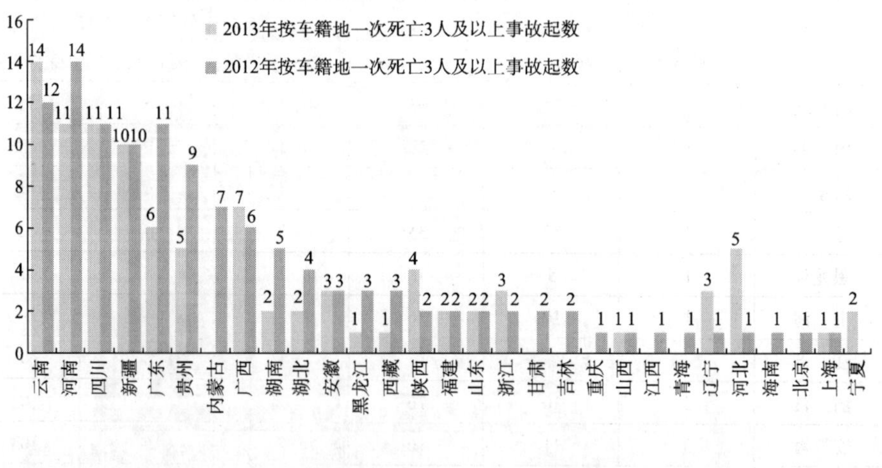

图 4　一次死亡 3 人及以上道路客运行车事故起数对比（按车籍地）

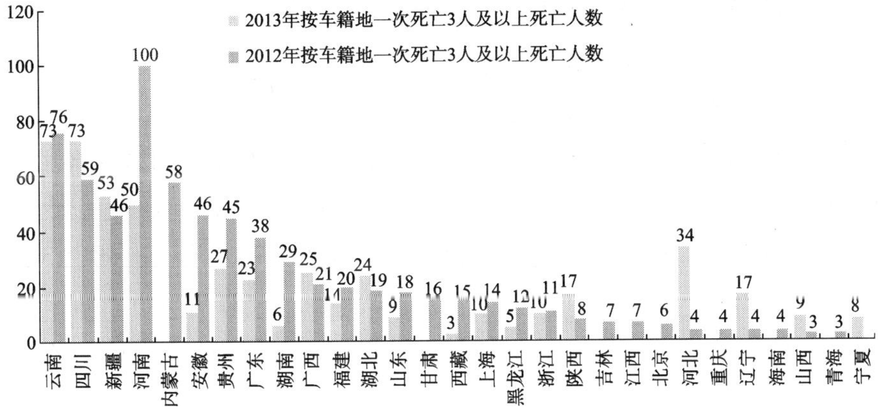

图5　一次死亡3人及以上道路客运行车事故死亡人数对比（按车籍地）

按事故发生地统计，一次死亡3人及以上的道路客运行车事故共涉及25个省份，同比减少1个省份。其中，事故起数在10起及以上的省份有河南、广西、云南、新疆，以上四省共计发生事故46起，造成223人死亡、358人受伤，分别占全国的47.9%、44.5%和35.5%。事故造成死亡人数超过50人的省份有四川、云南、新疆，以上三省共计死亡195人，占全国的38.9%。

2013年一次死亡3人及以上道路客运行车事故情况地区分布　　表1

	按肇事车辆车籍地统计			按事故发生地统计		
	事故起数	死亡人数	受伤人数	事故起数	死亡人数	受伤人数
河　北	5	34	63	1	3	18
山　西	1	9	27	1	9	27
内蒙古	–	–	–	1	4	0
辽　宁	3	17	35	2	10	33
黑龙江	1	5	0	1	5	0
上　海	1	10	36	–	–	–
江　苏	–	–	–	1	3	0
浙　江	3	10	16	1	3	0
安　徽	3	11	16	5	24	103
福　建	2	14	37	1	3	2
江　西	–	–	–	1	11	35

续上表

	按肇事车辆车籍地统计			按事故发生地统计		
	事故起数	死亡人数	受伤人数	事故起数	死亡人数	受伤人数
山　东	2	9	16	3	13	32
河　南	11	50	168	10	48	90
湖　北	2	24	17	2	24	17
湖　南	2	6	1	2	6	1
广　东	6	23	65	3	10	26
广　西	7	25	15	10	39	37
四　川	11	73	157	8	59	97
贵　州	5	27	53	8	41	76
云　南	14	73	131	15	79	150
西　藏	1	3	5	1	3	5
陕　西	4	17	52	3	12	49
甘　肃	–	–	–	2	22	66
青　海	–	–	–	1	5	40
宁　夏	2	8	23	2	8	23
新　疆	10	53	75	11	57	81
总　计	96	501	1008	96	501	1008

（二）从时间分布看，一季度仍是道路客运行车事故多发期。

2013 年一季度，共发生一次死亡 3 人及以上道路客运行车事故 29 起，造成 180 人死亡、273 人受伤，分别占总数的 30.2%、35.9% 和 27.1%，一季度仍是全年事故多发期。二至四季度事故分布相对均衡，二季度为 25 起、115 人死亡、326 人受伤，分别占 26.0%、23.0% 和 32.3%；三季度为 24 起、122 人死亡、237 人受伤，分别占 25.0%、24.4% 和 23.5%；四季度为 18 起，84 人死亡、172 人受伤，分别占 18.8%、16.8% 和 17.1%。与 2012 年相比，全年各季度一次死亡 3 人及以上道路客运行车事故起数、死亡人数同比均有较大幅度下降，其中一季度分别下降 29.3% 和 19.6%，二季度分别下降 3.8% 和 35.4%，三季度分别下降 14.3% 和 24.7%，四季度分别下降 25.0% 和 34.9%。一次死亡 10 人及以上道路客运行车事故方面，一季度共发生 7 起、死亡 91 人，同比分别增加 2 起、22 人；

二季度共发生1起、死亡15人，同比分别减少4起、64人；三季度共发生3起、死亡42人，事故起数与上年持平，死亡人数减少16人，四季度未发生一次死亡10人及以上道路客运行车事故。

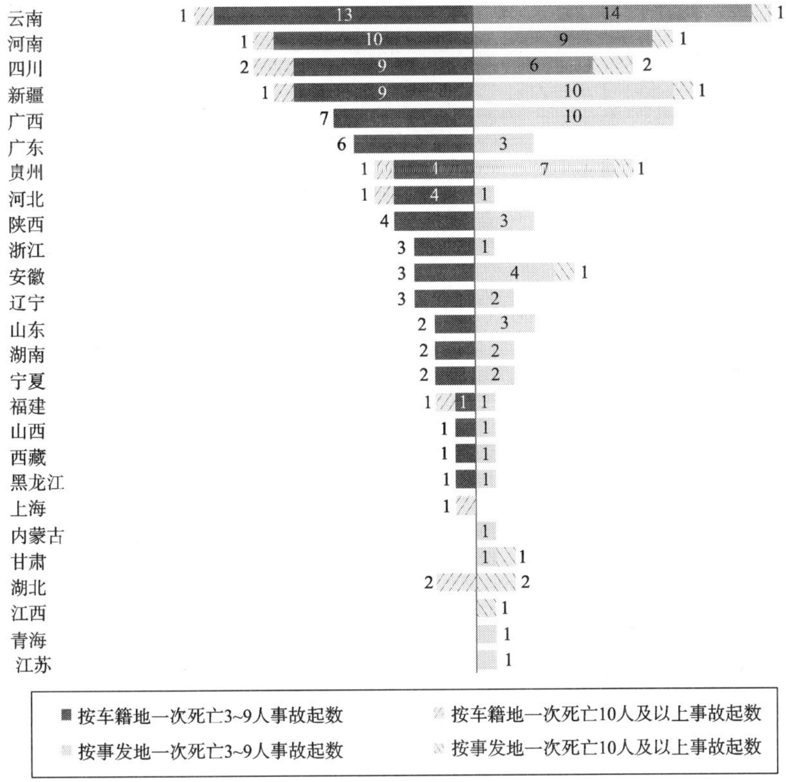

图6 2013年一次死亡3人及以上道路客运行车事故起数地区分布

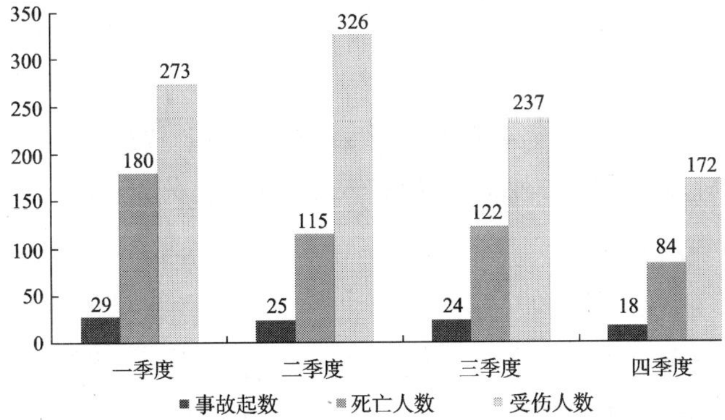

图7 2013年一次死亡3人及以上道路客运行车事故季度分布

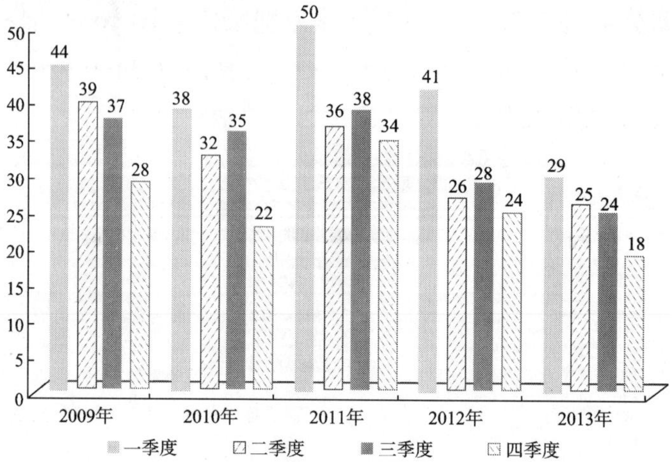

图8　2009－2013年一次死亡3人及以上道路客运行车事故起数季度分布

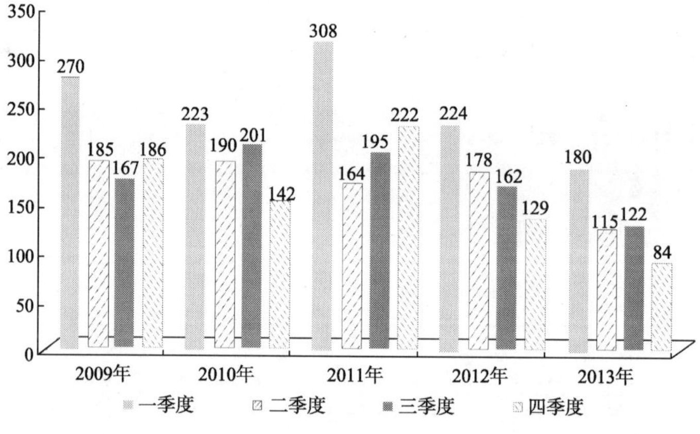

图9　2009－2013年一次死亡3人及以上道路客运行车事故死亡人数季度分布

分月看，2月、9月为事故多发期，事故起数均在10起及以上，两月共发生一次死亡3人及以上道路客运行车事故27起，造成156人死亡、243人受伤，分别占总数的28.1%、31.1%和24.1%。2月与3月重大事故高发，两月共发生一次死亡10人及以上道路客运行车事故7起，造成91人死亡、138人受伤，分别占一次死亡10人及以上道路客运行车事故总数的63.6%、61.5%和65.1%。与2012年相比，1月份、5月份、7月份、12月份事故起数、死亡人数同比均大幅下降，其中1月份分别下降80.0%和84.3%，5月份分别下降30.0%和38.0%，7月份分别下降44.4%和37.1%，12月份分别下降44.4%和55.1%。2月份事故与上年同期相比明显增多，事故起数、死亡人数同比分别上升70.0%和64.5%。

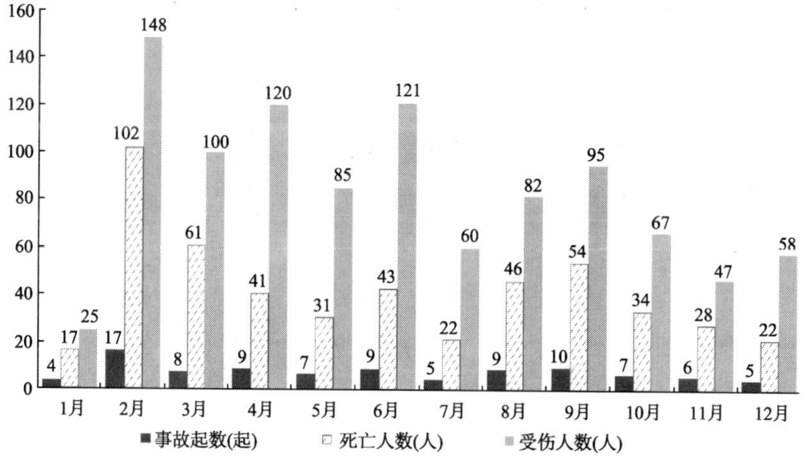

图10 2013年一次死亡3人及以上道路客运行车事故月度分布

2013年一次死亡3人及以上道路客运行车事故月度分布情况 表2

月份	一次死亡3人及以上事故起数（起）		死亡人数（人）		受伤人数（人）	
		一次死亡10人及以上		一次死亡10人及以上		一次死亡10人及以上
1月	4	—	17	—	25	—
2月	17	4	102	51	148	81
3月	8	3	61	40	100	57
4月	9	—	41	—	120	—
5月	7	—	31	—	85	—
6月	9	1	43	15	121	21
7月	5	—	22	—	60	
8月	9	2	46	21	82	46
9月	10	1	54	21	95	7
10月	7	—	34	—	67	—
11月	6	—	28	—	47	—
12月	5	—	22	—	58	—
合计	96	11	501	148	1008	212

春运期间（1月16日至2月24日）通过加强包车客运、接驳运输、车辆安全例检与出站检查等安全管理措施，行业安全形势良好，发生一次死亡3人及以上道路客运行车事故17起，造成103人死亡、148人受伤，与2012年相比，事故起数和受伤人数分别减少2起、13人，死亡人数增加26人。按车籍地统计，广西、贵州两省事故起数相对较多，共发生事故7起，造成35人死亡、27人受伤，分别占总数的41.2%、34.0%和18.2%。按事故发生地统计，广西、贵州、云南省事故起数相对较多，共发生事故9起，造成44人死亡、57人受伤，分别占总数的52.9%、42.7%和38.5%。2012年春运期间未发生一次死亡10人及以上道路客运行车事故，2013年春运期间共发生一次死亡10人及以上道路客运行车事故4起，造成51人死亡、81人受伤，分别占总数的23.5%、49.5%和54.7%。

法定节假日期间行车事故共发生一次死亡3人及以上道路客运行车事故6起，造成26人死亡、55人受伤，事故起数比2012年减少1起，死亡人数和受伤人数均明显下降，分别减少16人、20人。法定节假日期间未发生一次死亡10人及以上道路客运行车事故。

（三）从时段分布看，正常休息时间（0至7时，22至24时）事故明显下降，下午14至18时重大事故多发。

正常休息时间（0至7时，22至24时）事故数量明显下降，共发生一次死亡3人及以上道路客运行车事故13起，造成62人死亡、167人受伤，事故起数、死亡人数、受伤人数同比分别下降53.6%、67.0%和59.1%。其中受行业进一步加强安全管理工作、采取有效措施切实防止驾驶员疲劳驾驶的积极影响，凌晨2时至5时这一时间段事故起数、死亡人数、受伤人数均大幅下降，同比分别下降66.7%、75.0%和43.0%。

7至22时依然为事故多发时段。其中7至12时（上午）每小时发生事故起数均在5起及以上，共发生一次死亡3人及以上道路客运行车事故38起，造成181人死亡、400人受伤，分别占总数的39.6%、36.1%和39.7%；14时至18时（下午）重大事故多发，共发生一次死亡10人及以上行车事故5起，造成73人死亡、70人受伤，分别占一次死亡10人及以上行车事故总数的45.5%、49.3%和33.0%。

2013年一次死亡3人及以上道路客运行车事故时段分布情况 表3

时段	一次死亡3人及以上行车事故起数（起）		死亡人数（人）		受伤人数（人）	
		一次死亡10人及以上		一次死亡10人及以上		一次死亡10人及以上
0－1时	4	—	16	—	13	—
1－2时	2	—	9	—	19	—
2－3时		—	—	—	—	—
3－4时	2	1	13	10	46	36
4－5时	1	—	4	—	3	—
5－6时	—	—	—	—	—	—
6－7时	2	—	11	—	59	
7－8时	5	1	28	12	52	22
8－9时	11	—	40	—	92	—
9－10时	7	—	37	—	101	—
10－11时	6	—	22	—	56	—
11－12时	9	2	54	21	99	44
12－13时	4	—	20	—	53	—
13－14时	5	—	17	—	33	—
14－15时	6	1	41	21	35	7
15－16时	4	1	24	11	24	10
16－17时	4	1	25	15	101	14
17－18时	6	2	38	26	52	39
18－19时	4	—	23	—	44	—
19－20时	4	1	27	14	33	8
20－21时	2	—	6	—	3	—
21－22时	6	1	37	18	63	32
22－23时	—	—	—	—	—	—
23－24时	2	—	9	—	27	—
合　计	96	11	501	148	1008	212

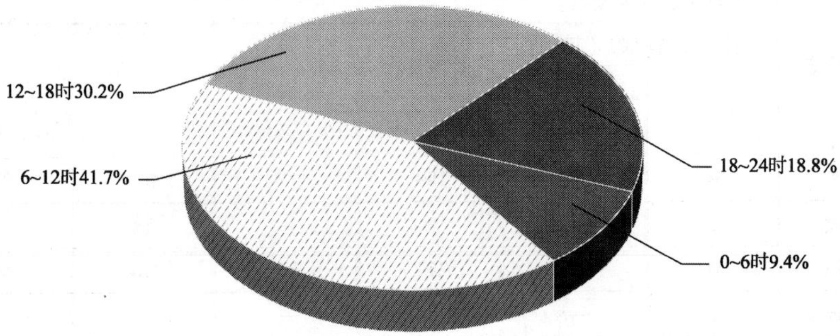

图 11 2013 年一次死亡 3 人及以上道路客运行车事故时段分布（按事故起数）

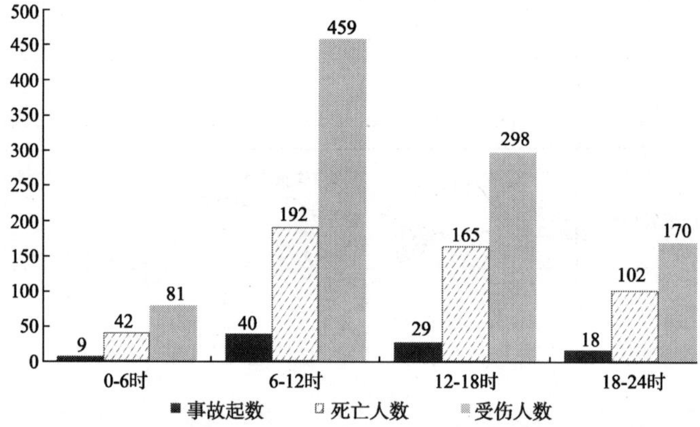

图 12 2013 年一次死亡 3 人及以上道路客运行车事故时段分布

（四）从事故形态看，碰撞和翻车仍是道路客运行车事故的主要形态。

2013 年，碰撞所导致的道路客运行车事故 51 起，造成 253 人死亡、424 人受伤，分别占总数的 53.1%、50.5% 和 42.1%，所占比重分别比 2012 年下降 6.5%、4.9% 和上升 1.1%。其中，碰撞造成一次死亡 10 人及以上行车事故 4 起、死亡 53 人、伤 88 人，分别占一次死亡 10 人及以上道路客运行车事故的 36.4%、35.8% 和 41.5%。

翻车所导致的道路客运行车事故 34 起，造成 189 人死亡、464 人受伤，分别占总数的 35.4%、37.7% 和 46.0%。其中，翻车造成一次死亡 10 人及以上行车事故 6 起、死亡 77 人、伤 92 人，分别占一次及死亡 10 人及以上行车事故的 54.5%、52.0% 和 43.4%。

2013 年一次死亡 3 人及以上道路客运行车事故形态分布情况 表 4

事故形态	一次死亡 3 人及以上行车事故起数（起）		死亡人数（人）		受伤人数（人）	
		一次死亡 10 人及以上		一次死亡 10 人及以上		一次死亡 10 人及以上
翻车	34	6	189	77	464	92
刚擦	2	—	9	—	23	—
碰撞	51	4	253	53	424	88
撞固定物	1	—	5	—	19	—
撞静止车辆	2	—	9	—	8	—
坠车	3	—	11	—	37	—
失火	1	1	18	18	32	32
其他	2	—	7	—	1	—
合计	96	11	501	148	1008	212

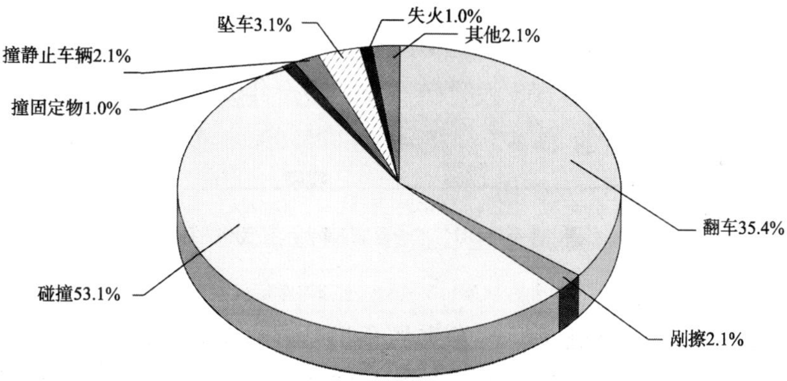

图 13　2013 年一次死亡 3 人及以上道路客运行车事故形态比例（按事故起数）

（五）从肇事车型看，客车自身安全事故占比和客货车之间的事故占比均有所上升。

2013 年，在一次死亡 3 人及以上的道路客运行车事故中，客车自身，以及客车与货车相撞引发的事故仍占主要比例，其中客车自身事故占 36.5%，所占比重同比上升 2.8 个百分点，客车与货车相撞事故占 28.1%，所占比重同比上升 4.6 个百分点。客车与轿车、客车与客车相撞事故合计占 15.6%。

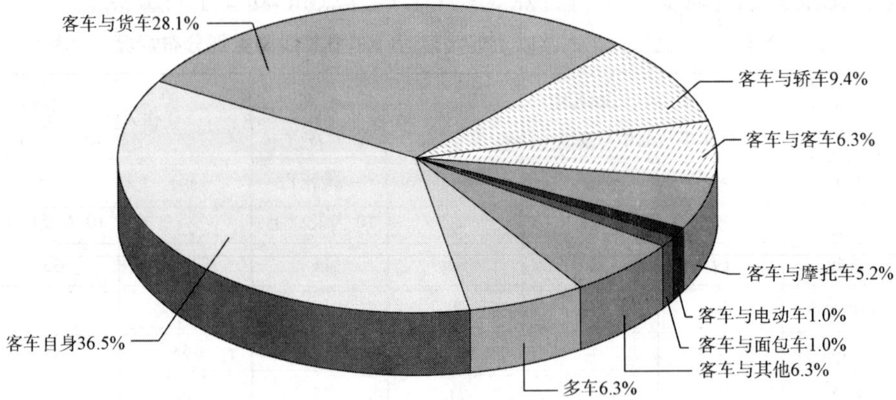

图 14　2013 年一次死亡 3 人及以上道路客运行车事故肇事车辆类型分布

在一次死亡 10 人及以上的道路客运行车事故中，客车自身的事故共 7 起，造成 95 人死亡、124 人受伤，分别占全年一次死亡 10 人及以上道路客运行车事故总量的 63.6%、64.2% 和 58.5%。客车与货车之间的事故共 3 起，造成 42 人死亡、53 人受伤，分别占全年一次死亡 10 人及以上道路客运行车事故总量的 27.3%、28.4% 和 25.0%。多车发生的事故共 1 起，造成 11 人死亡，35 人受伤。

（六）从线路类别看，中长途客运事故多发，旅游及包车客运安全形势依然严峻。

2013 年，省际班线客运发生的一次死亡 3 人及以上行车事故 19 起，造成 84 人死亡、228 人受伤，分别占总数的 19.8%、16.8% 和 22.6%；市际班线客运发生事故 22 起，造成 99 人死亡、219 人受伤，分别占总数的 22.9%、19.8% 和 21.7%；县际班线客运发生事故 22 起，造成 102 人死亡、148 人受伤，分别占总数的 22.9%、20.4% 和 14.7%；县内班线客运发生事故 16 起，造成 97 人死亡、155 人受伤，分别占总数的 16.7%、19.4% 和 15.4%。

旅游及包车客运发生的一次死亡 3 人及以上行车事故 17 起，造成 119 人死亡、258 人受伤，分别占总数的 17.7%、23.8% 和 25.6%。其中，一次死亡 10 人及以上行车事故 4 起，造成 58 人死亡、103 人受伤，分别占旅游及包车客运行车事故总数的23.5%、48.7%和39.9%，与2012年相比，比重分别下降3.1个百分点、4.6个百分点和20.2个百分点。

2013年一次死亡3人及以上道路客运行车事故线路类别分布情况 表5

线路类别	一次死亡3人及以上行车事故起数（起）		死亡人数（人）		受伤人数（人）	
		一次死亡10人及以上		一次死亡10人及以上		一次死亡10人及以上
省际	19	1	84	11	228	35
市际	22	1	99	14	219	8
县际	22	2	102	21	148	19
县内	16	3	97	44	155	47
旅游及包车	17	4	119	58	258	103
合计	96	11	501	148	1008	212

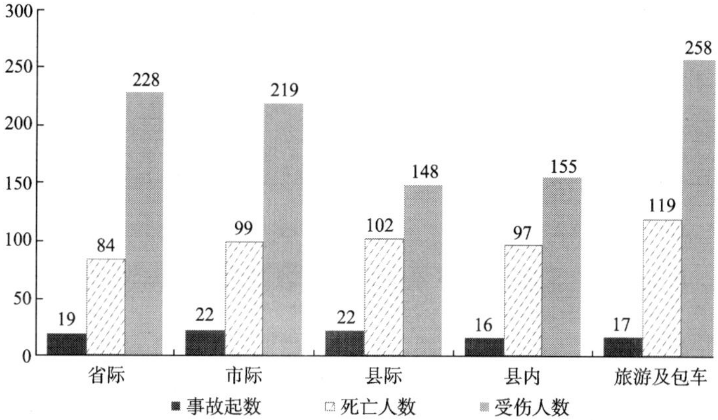

图15 2013年一次死亡3人及以上道路客运行车事故线路类别分布

（七）从事故原因看，超速、超载、驾驶员操作不当是诱发重特大行车事故的主要原因。

驾驶员因素导致的交通事故仍占据事故总数的主要比例，主要表现为驾驶员疲劳驾驶、违法超速、超载、操作不当、违法占道行驶。2013年一次死亡10人及以上的11起道路客运行车事故中，由于超速导致的行车事故有3起，共造成48人死亡，分别占总数的27.3%和32.4%；由于超载导致的行车事故有2起，共造成33人死亡，分别占总数的18.2%和

22.3%；由于驾驶员操作不当导致的行车事故有3起，共造成32人死亡，分别占总数的27.3%和21.6%。

（八）从死伤比例来看，与2012年相比有进一步下降。

2013年，一次死亡3人及以上的道路客运行车事故共造成501人死亡、1008人受伤，死伤比例为1：2.01。其中，一次死亡3至9人道路客运行车事故共造成353人死亡、796人受伤，死伤比例为1：2.25。一次死亡10人及以上道路客运行车事故共造成148人死亡、212人受伤，死伤比例为1：1.43。与2012年相比，死伤比例有进一步下降，“安全带—生命带”专项行动成效进一步显现。

附件：2013年道路运输行业一次死亡10人及以上行车事故汇总表

附件

2013 年道路运输行业一次死亡 10 人及以上行车事故汇总表

序号	时　　间	事 故 概 况	死亡（人）	受伤（人）
1	2013/2/1 17：30	2013 年 2 月 1 日 17 时 30 分左右，四川古蔺县畅通运输有限公司一辆金龙牌大客车（车牌号为川 E44303，核载 30 人，实载 29 人）载客后，从古蔺县城驶往古蔺县庙林，在途经古蔺 S309 线 29KM + 300M 路段时，翻至路外斜坡下，造成 7 人当场死亡，22 人不同程度受伤；4 人经抢救无效死亡，18 人受伤。	11	18
2	2013/2/1 21：30	2013 年 2 月 1 日晚 21 时 30 分，河北省衡水运输集团有限公司一辆号牌为冀 T23171 的旅游包车（核载 47 人、实载 54 人，其中有 7 名儿童），在从河北省廊坊市霸州市胜芳镇包租发往甘肃省庆阳市宁县途中，沿黄宁县乡公路（陕西黄陵至甘肃宁县）行驶至距目的地宁县县城仅 2km + 200m 处驶出长下坡右向急弯外侧，冲出护栏后坠入 29.2 米深的坡下林地，车辆起火烧毁，共造成 18 人死亡，32 人受伤。	18	32
3	2013/2/2 7：30	2013 年 2 月 2 日上午 7 时 30 分许，贵州省黔东南州运发汽车运输有限公司一辆号牌为贵 HA2008 的中型客车（核载 19 人、实载 34 人），从黔东南州黎平县双江乡前往从江县四寨河口，当车辆行驶至从江县四银公路 5 公里 800 米处时，翻下道路右侧约 65 米深山沟，造成客车上 12 人死亡（全部为侗族）、22 人受伤，车辆严重损毁。	12	22
4	2013/2/19 11：00	2013 年 2 月 19 日 11 时许，湖北省恩施州交通运输集团有限公司所属一辆车牌号为鄂 Q01466 中巴车（核载 19 人，实载 19 人）行驶至建始县建官公路青树岭时发生事故，造成 9 人当场死亡，1 人经抢救无效死亡，9 人受伤。	10	9

续上表

序号	时　　间	事 故 概 况	死亡（人）	受伤（人）
5	2013/3/12 19：10	2013年3月12日19时10分许，湖北省恩施州交运集团鹤峰县益通汽运有限公司一辆号牌为鄂Q69888的双层卧铺客车，由湖北省武汉市前往恩施州鹤峰县，当车辆行驶至二广高速1765公里200米处荆州长江大桥南端时，突遇一辆违法逆向行驶的号牌为鄂E2J440两轮摩托车，鄂Q69888双层卧铺客车驾驶员紧急向右打轮，导致双层卧铺客车失控冲断大桥右侧护栏，坠入桥下15米深的江滩，造成大客车上14人死亡，8人受伤（均为重伤），车辆严重损毁。	14	8
6	2013/3/18 16：18	2013年3月18日16时18分许，云南省楚雄州汽车运输公司一辆号牌为云E10598的大客车（核载30人、实载29人），由云南省德宏州瑞丽市前往楚雄州南华县，当行驶至大保高速113公里200米处保山市境内时，车辆失控与中央隔离护栏刮擦碰撞并滑行38.7米，随后快速冲向道路右侧，撞断道路右侧波形防撞护栏，翻下路外95米深的山沟，共造成大客车上15人死亡（13人当场死亡，2人送往医院途中死亡）、14人受伤。	15	14
7	2013/3/22 11：25	2013年3月22日11时25分许，江西省鹰潭市顺驰物流有限公司号牌为赣L38239的重型半挂货车（核载31吨、实载34吨），由福建省龙岩市前往漳州市，当车辆行驶至厦蓉高速公路109公里524米处时，因刹车失灵，车辆失控后先后与号牌为闽DUM793的小汽车、号牌为贵C80937的卧铺大客车（核载44人、实载45人，其中3人为儿童）、号牌为闽E63356的大货车发生碰撞。随后，卧铺大客车与道路右侧波形防撞护栏和交通标志立柱碰撞，在惯性作用下车辆破裂解体，造成8人当场死亡、1人送往医院途中死亡、2人抢救无效死亡（死亡人员均为客车乘客和驾驶员），35人受伤。	11	35

续上表

序号	时　间	事故概况	死亡（人）	受伤（人）
8	2013/6/18 17：10	6月18日17时10分许，新疆安吉达国际旅客运输有限公司 驾驶员马海荣驾驶新A89385客车，在行驶至索尔巴斯陶景区路段时，车辆发生侧翻，造成15人死亡，21人受伤的重大道路运输行车事故。	15	21
9	2013/8/9 3：30	2013年8月9日3时30分，上海瑞锦旅游客运有限公司一辆沪B67525号的大客车，行驶至蚌合高速安徽省合肥市境内时，与安徽春雨物流有限公司的一辆号牌为皖S55940号的重型半挂货车发生追尾碰撞，造成大客车上10人死亡，36人受伤。	10	36
10	2013/8/12 15：59	2013年8月12日15时59分，信阳市运输集团有限责任公司第三客运分公司中型客车豫S－A0905，驾驶员贺德同，自西向东正常行驶至信阳市光山县312国道张胡店时，迎面的豫P－P6696大货车自东向西行驶，跨越中心线与中型客车豫S－A0905相撞，事故共造成11人死亡（当场死亡5人，经医院抢救无效死亡6人），10人受伤。	11	10
11	2013/9/15 14：00	2013年9月15日下午2点左右，四川省达州运输（集团）渠县通林公司驾驶员罗燕驾驶的川S31500（核载24人，实载24人）中型客车由四川省达州市渠县三汇镇至渠县县城，行驶至渠县李馥乡平桥（小地名）时，被达州市亚通运业有限公司货车川S37789追尾，导致客车侧翻于公路边的小河沟中，事故造成客车上乘客8人死亡，6人重伤，6人轻伤的较大交通事故，事故发生后，当地运管处、所领导和四川省交通运输厅道路运输管理局任副局长已带队赴现场。事故具体原因待查。	21	7

驾培与从业人员

关于我国机动车检测行业专业技术人员

关于做好机动车检测维修专业技术人员职业水平考试准备工作的通知

（2012 年 4 月 12 日　交通运输部办公厅
厅职字〔2012〕88 号）

各省、自治区、直辖市、新疆生产建设兵团交通运输厅（局、委）：

机动车检测维修专业技术人员职业水平考试（以下简称机动车维修考试）考务费收费标准已于2012 年4 月1 日由国家发展改革委公布，经商人力资源社会保障部，2012 年将组织首次全国机动车维修考试。为做好考前准备工作，现将有关事项通知如下：

一、核报省级机动车维修考试管理机构及人员信息。对此前已上报省级机动车维修考试管理机构有关信息的省份，要重新核实机动车维修考试工作中交通运输主管部门与人力资源和社会保障部门的职责分工、考试管理机构联系人名单和联系方式的变更情况；尚未明确上述信息的省份，请抓紧会同省级人力资源和社会保障部门明确双方在考试工作中的职责分工、考试管理机构组成、联系人名单和联系方式。上述情况请于 2012 年 5 月 4 日前函报部职业资格中心。

二、抓紧申请机动车维修考试费收费标准。各省级考试管理机构要按照《财政部国家发展改革委关于同意收取机动车检测维修专业技术人员职业水平考试考务费等有关问题的通知》（财综〔2011〕11 号）、《国家发展改革委财政部关于进一步规范职业资格类考试收费标准管理等有关问题的通知》（发改价格〔2012〕328 号）的要求，在国家发展改革委公布的考务费收费标准基础上，积极与省级财政、物价主管部门沟通协调，在 2012 年 6 月 30 日前完成本地区考试费收费标准的核定工作。

三、加强机动车维修考试实操考点建设工作。各省级考试管理机构要根据本地区机动车检测维修从业人员数量和实际操作考试系统考试能力，统筹考虑本地区理论和实际操作考试考点数量；对已建成的实操考点进行全面检查，确保达到实际操作考试的要求。实操考点数量不足或尚未启动实操考点建设工作的省份，要抓紧做好实操考点的建设工作，确保于2012年8月份前通过验收，以保证2012年机动车维修考试顺利进行。实操考点原则上设在省会城市。

四、做好实操考官再教育和培训相关工作。各省级考试管理机构要根据《机动车检测维修专业技术人员职业水平实际操作考官管理暂行办法》(厅职评字〔2012〕309号）和本地区考点设置情况，确定本地区所需实际操作考官人数；统计本地区已获实际操作考官证书人员情况，对于仍将担任实际操作考官的人员，由部职业资格中心免费安排再教育；对于因工作岗位变动等原因已不宜再担任实操考官的人员，5月4日前将名单书面报送部职业资格中心核销其实操考官证卡；对于拟新增担任实际操作考官的人员，按程序推荐至部职业资格中心进行统一培训。

五、联系方式

联 系 人：部职业资格中心考务管理处　张巍、陈旸

电　　话：010－65299036、65299039

传　　真：010－65299034

地　　址：北京市朝阳区惠新里甲240号通联大厦5层

邮　　编：100029

电子邮箱：zhangw@ mot. gov. cn

关于举行2012年度机动车检测维修专业技术人员职业水平考试有关问题的通知

（2012年4月27日　人力资源和社会保障部办公厅
交通运输部办公厅　人社厅发〔2012〕41号）

各省、自治区、直辖市人力资源社会保障厅（局）、交通运输厅（局、委），福建省公务员局：

根据原人事部、原交通部《关于印发〈机动车检测维修专业技术人员职业水平评价暂行规定〉和〈机动车检测维修专业技术人员职业水平考试实施办法〉的通知》（国人部发〔2006〕51号）（以下简称国人部发〔2006〕51号）及《国家发展改革委、财政部关于进一步规范职业资格考试收费标准管理有关问题的通知》（以下简称发改价格〔2012〕328号）有关规定，经研究，现将2012年度机动车检测维修专业技术人员职业水平考试有关问题通知如下：

一、2012年度考试日期安排

（一）机动车检测维修士《机动车检测维修法规与技术》科目和机动车检测维修工程师《机动车检测维修法规与技术》、《机动车检测维修案例分析》科目的考试采用纸笔作答方式进行，考试日期定为11月4日。

（二）机动车检测维修士和机动车检测维修工程师《机动车检测维修实务》科目的考试采用现场实际操作的方式进行，考试日期定在10月15日至11月30日期间。

具体考务安排由交通运输部职业资格中心另行通知。

二、考点的设置

（一）按照国人部发〔2006〕51号文件规定，采用纸笔方式作答科目的考点，原则上设在省会城市和直辖市的大中专院校或高考定点学校，如确需在其他城市设置考点，须经人力资源社会保障部、交通运输部批准。

（二）各省、自治区、直辖市机动车检测维修专业技术人员职业水平考试管理机构设立的现场实际操作的专用考点，必须经检查验收合格，方可承担机动车检测维修专业技术人员职业水平考试任务。

三、考试专业类别的划分

按照原人事部办公厅、原交通部办公厅《关于机动车检测维修专业技术人员职业水平考试专业设置有关问题补充规定的通知》（国人厅发〔2008〕10号）规定，机动车检测维修士和机动车检测维修工程师考试，均分为机动车机电维修技术、机动车整形技术和机动车检测评估与运用技术3个专业类别。参加各级别考试的人员，在报名时应当根据本人所从事的专业技术工作选择其中一个专业类别。

四、与试点考试的衔接

对按照交通运输部办公厅、人力资源社会保障部办公厅《关于机动车检测维修专业技术人员实际操作考试试点工作有关问题的通知》（厅评价字〔2009〕37号）安排，参加相应类别机动车检测维修士《机动车检测维修实务》科目考试并合格人员，可在2012年继续参加本类别《机动车检测维修法规与技术》科目的考试，考试合格即可获得相应职业水平证书。

五、各省、自治区、直辖市机动车检测维修专业技术人员职业水平考试管理机构应严格执行发改价格〔2012〕328号通知精神，接受社会监督。

各省、自治区、直辖市人力资源社会保障部门、交通运输部门要积极协调，密切配合，妥善安排，认真落实考试有关规章制度，切实做好考试各项准备工作，保证考试工作安全有序进行。

关于印发出租汽车驾驶员从业资格考试大纲的通知

（2012年5月16日　交通运输部办公厅
厅运字〔2012〕115号）

各省、自治区、直辖市、新疆生产建设兵团交通运输厅（局、委），天津市、上海市交通运输和港口管理局：

为全面落实《出租汽车驾驶员从业资格管理规定》（交通运输部令2011年第13号），进一步规范出租汽车驾驶员从业资格考试工作，现将《出租汽车驾驶员从业资格考试大纲》印发给你们，自2012年6月1日起执行。

出租汽车驾驶员从业资格考试大纲

为规范出租汽车驾驶员从业资格考试，提高出租汽车驾驶员综合素质，根据《出租汽车驾驶员从业资格管理规定》（交通运输部令2011年第13号）等有关规定，制定本大纲。

一、适用范围

本大纲适用于在中华人民共和国境内，申请从事出租汽车客运服务的驾驶人员。

出租汽车驾驶员从业资格考试实行全国统一考试大纲。

二、考试科目

出租汽车驾驶员从业资格考试科目分为全国公共科目和区域科目两部分。

全国公共科目采取全国统一题库的计算机或纸笔考试方式；区域科目由基础知识考试和应用能力考核两部分组成。

三、考试组织

交通运输部负责指导全国出租汽车驾驶员从业资格考试工作。

省级交通运输主管部门负责指导监督本行政区域内出租汽车驾驶员从业资格考试工作，省级道路运输管理机构（包括出租汽车管理机构，下同）具体负责本行政区域内出租汽车驾驶员从业资格考试管理工作。

设区的市级道路运输管理机构组织实施本行政区域内出租汽丰驾驶员从业资格考试工作。

四、申请条件

申请参加出租汽车驾驶员从业资格考试，应当符合交通运输部《出租汽车驾驶员从业资格管理规定》和从业所在地出租汽车驾驶员从业资格规定的条件。

五、考试范围

（一）全国公共科目。

1. 出租汽车政策、法规、标准；
2. 职业道德与服务规范；
3. 安全营运与治安防范；
4. 运价知识与计价器使用；
5. 汽车使用与常见故障处理；
6. 节能驾驶；
7. 交通事故处理与应急救护。

（二）区域科目。

基础知识考试：

1. 地方出租汽车政策、法规和标准；
2. 人文地理；
3. 地名线路；
4. 需掌握的其他相关知识。

应用能力考核：

1. 车辆安全检视；
2. 设施设备使用；
3. 服务规范操作；
4. 线路选择及驾驶能力；
5. 语言沟通能力。

六、考试方式及要求

（一）考试方式。全国公共科目实行全国统一题库，逐步采用计算机系统随机抽题的方式考试。区域科目基础知识考试由设区的市级道路运输管理机构组织命题，报省级道路运输管理机构备案；应用能力考核采用考核员面试等方式进行。

（二）考试时间。全国公共科目考试时间60分钟；区域科目考试具体时间由设区的市级道路运输管理机构确定。

（三）考试试题。全国公共科目试题共 90 道题，题型分为判断题、单项选择题和多项选择题，其中判断题 30 题，每题 1 分；单项选择题 50 题，每题 1 分；多项选择题 10 题，每题 2 分。

区域科目基础知识考试 30 分，应用能力考核 70 分。其中基础知识考试题型分为判断题、单项选择题和多项选择题。具体分值由设区的市级道路运输管理机构确定。

（四）考试总分及合格标准。全国公共科目考试满分 100 分，80 分及以上为考试合格；区域科目满分 100 分，80 分及以上为考试合格。

全国公共科目和区域科目考试均合格视为从业资格考试合格。

（五）成绩确认及有效期。每场考试应当不少于 2 名考核员，每个科目的考试成绩必须由 2 名考核员签字确认。考试成绩应在考试结束 10 日内公布。

全国公共科目考试成绩 3 年内全国有效，区域科目考试成绩 3 年内在该行政区域内有效。

七、考试内容及分值分配

第一部分　全国公共科目

考试项目	考试范围	分值	总分
1. 出租汽车政策、法规、标准	国家出租汽车政策、法规和标准	15	20
	《道路交通安全法》、《合同法》、《劳动法》、《突发事件应对法》、《信访条例》等法律法规的有关内容	5	
2. 职业道德与服务规范	职业道德	4	26
	营运服务	12	
	车容车貌	4	
	服务仪容	2	
	特殊人群服务	2	
	服务禁忌	2	

续上表

考试项目	考试范围	分值	总分
3. 安全营运与治安防范	安全营运心理素质	4	30
	行车安全、车辆安全、乘客人身与财产安全	12	
	异常天气条件下安全行车知识及紧急情况处理	8	
	防暴防劫和自我安全防范	4	
	常见危险化学品的基本知识	2	
4. 运价知识与计价器使用	运价基本知识	1	4
	计价器使用知识	3	
5. 汽车使用与常见故障处理	汽车维护的基本知识	2	6
	车辆的技术要求	2	
	常见故障处理	2	
6. 节能驾驶	汽车节能驾驶	3	6
	汽车环保知识	3	
7. 交通事故处理与应急救护	交通事故处理程序	2	8
	保险常识和交通事故理赔	2	
	应急保障、消防和乘客救护基本知识	4	

第二部分　区域科目

考试类别	考试项目	考试范围	参考分值
基础知识考试	1. 地方出租汽车政策、法规和标准	地方出租汽车相关法规、规章等	30
		地方出租汽车相关政策、标准等	
	2. 人文地理	地方历史文化、风土人情等	
		主要风景名胜、旅游景点等	
	3. 地名线路	地方行政区划、街道布局等	
		地方交通枢纽、标志性建筑、机关企事业单位、酒店、商场、住宅小区等	
	4. 需掌握的其他相关知识	新能源车辆使用、维护及保养等	

续上表

<table>
<tr><th>考试类别</th><th>考试项目</th><th>考试范围</th><th>参考分值</th></tr>
<tr><td rowspan="15">应用能力考试</td><td rowspan="2">1. 车辆安全及车容车貌检视</td><td>车辆内、外部重要部件</td><td rowspan="2">15</td></tr>
<tr><td>发动机舱安全检视</td></tr>
<tr><td rowspan="5">2. 设施设备使用</td><td>电召服务应答</td><td rowspan="5">10</td></tr>
<tr><td>遇险报警和正确使用安全防范设施</td></tr>
<tr><td>计价器及刷卡计费使用</td></tr>
<tr><td>卫星终端设备</td></tr>
<tr><td>服务评价设施</td></tr>
<tr><td rowspan="4">3. 服务规范操作</td><td>出租车文明服务礼仪</td><td rowspan="4">15</td></tr>
<tr><td>与乘客的沟通技巧</td></tr>
<tr><td>车内外服务设施规范使用</td></tr>
<tr><td>规范使用计价器、正确使用发票</td></tr>
<tr><td rowspan="2">4. 线路选择与驾驶能力</td><td>营运线路正确选择</td><td rowspan="2">25</td></tr>
<tr><td>出租汽车驾驶能力</td></tr>
<tr><td rowspan="4">5. 语言沟通能力</td><td>使用文明服务用语</td><td rowspan="4">5</td></tr>
<tr><td>听懂并会说普通话</td></tr>
<tr><td>听懂并会说简单地方方言</td></tr>
<tr><td>会说简单常用外语</td></tr>
</table>

八、评分标准

（一）全国公共科目。

1. 判断题和单项选择题，每错一题扣 1 分。

2. 多项选择题，每错一题扣 2 分。

（二）区域科目。

区域科目考试的评分标准由设区的市级道路运输管理机构依据本考试大纲，结合本行政区域规范出租汽车运营管理的需要，参照参考分值制定具体的评分标准。

交通运输部关于发布中华人民共和国道路旅客运输驾驶员及道路货物运输驾驶员从业资格考试大纲的通知

（2012 年 7 月 24 日　　交运发〔2012〕339 号）

各省、自治区、直辖市、新疆生产建设兵团交通运输厅（局、委），天津市、上海市交通运输和港口管理局：

现将《中华人民共和国道路旅客运输驾驶员从业资格考试大纲》和《中华人民共和国道路货物运输驾驶员从业资格考试大纲》印发给你们，其中，理论考试科目自发布之日起施行，应用能力考核科目自 2013 年 2 月 1 日起施行。2007 年发布的《中华人民共和国道路客货运输驾驶员从业资格考试大纲》相应部分同时废止。

中华人民共和国道路旅客运输驾驶员从业资格考试大纲

为加强道路旅客运输驾驶员从业资格管理，提高道路旅客运输驾驶员综合素质，根据《中华人民共和国道路运输条例》及有关法律、行政法规及规章，制定本大纲。

一、适用范围

申请道路旅客运输驾驶员从业资格证件，从事经营性道路旅客运输的驾驶人员。

二、执行主体

道路旅客运输驾驶员从业资格考试由设区的市级道路运输管理机构按照交通运输部《道路运输从业人员管理规定》和本考试大纲的要求组织实施。

三、考试方式及合格标准

（一）考试科目与考试方式。

道路旅客运输驾驶员从业资格考试分为理论考试和应用能力考核两个科目。

理论考试采取闭卷方式，并逐步实行计算机系统随机抽题考试。每套试题均分为判断题、单项选择题和多项选择题三种类型，共90题。其中，判断题、单项选择题各40题，每题1分，多项选择题10题，每题2分。应用能力考核分为车辆安全检视、旅客急救、危险源辨识与防御性驾驶、节能驾驶四项。其中，车辆安全检视、旅客急救两项目采用申请人单独操作与考核员提问相结合的方式进行计分考核；危险源辨识与防御性驾驶、节能驾驶两项目采用由计算机系统随机抽取案例场景题，申请人进行分析判断的方式进行计分考核。考试试题从全国统一题库中抽取。

应用能力考核计分，实行减分制。其中，车辆安全检视满分为50分，旅客急救满分为20分、危险源辨识与防御性驾驶满分为20分，节能驾驶满分为10分。

（二）考试时间。

理论考试时间为60分钟，应用能力考核时间为60分钟（其中，车辆安全检视30分钟、旅客急救15分钟、危险源辨识与防御性驾驶10分钟、节能驾驶5分钟）。

（三）合格标准。

理论考试和应用能力考核两个科目满分均为100分，成绩均达到80分及以上为合格。

（四）成绩确认及有效期。

每个科目的考试成绩必须由两名考核员签字确认，各科目考试成绩在考试结束后10日内公布。科目考试成绩有效期为1年。

四、考试内容及分值分配

第一部分　理论考试

<table>
<tr><td colspan="3">考试内容</td><td colspan="2">分值</td></tr>
<tr><td>考试项目</td><td>考试范围</td><td>考试要点</td><td colspan="2">100</td></tr>
<tr><td rowspan="2">1. 驾驶员的社会责任、职业道德和职业心理</td><td>社会责任与职业道德</td><td>客运驾驶员的社会责任；
客运驾驶员的职业道德；
客运驾驶员的行为要求</td><td>8</td><td rowspan="2">10</td></tr>
<tr><td>职业心理</td><td>客运驾驶员心理健康；
客运驾驶员心理调节</td><td>2</td></tr>
<tr><td rowspan="4">2. 道路旅客运输行业从业相关法律、法规</td><td rowspan="2">《中华人民共和国安全生产法》、《中华人民共和国道路交通安全法》及其实施条例</td><td>《中华人民共和国安全生产法》规定的从业人员的权利、应尽的义务及所承担的法律责任；</td><td>2</td><td rowspan="4">18</td></tr>
<tr><td>《中华人民共和国道路交通安全法》及其实施条例中有关客运车辆和驾驶员的相关规定，以及客运驾驶员违法行为应承担的责任</td><td>2</td></tr>
<tr><td>《中华人民共和国道路运输条例》</td><td>道路旅客运输经营许可、经营行为相关规定及内涵</td><td>6</td></tr>
<tr><td>《道路运输从业人员管理规定》和《道路旅客运输及客运站管理规定》</td><td>客运驾驶员从业资格申请程序、条件、考试及证件使用；
诚信考核、继续教育的目的及内涵；
客运经营的有关规定及内涵</td><td>8</td></tr>
</table>

续上表

考试内容			分值	
考试项目	考试范围	考试要点	100	
3. 道路旅客运输知识	旅客运输基本内容	旅客运输的分类与特点； 旅客运输车辆类型与使用； 旅客运输的基本环节； 危险化学品的识别； 客运合同与保险	10	16
	旅客运输服务基本要求	班车客运的服务要求； 包车（旅游）客运的服务要求； 乘客心理与服务	6	
4. 安全意识安全行车	安全驾驶	安全、文明行车意识； 遵守交通信号意识	4	38
		情绪、情感等心理因素对客运驾驶员安全驾驶的影响； 疲劳、药物、酒精等生理因素对客运驾驶员安全驾驶的影响； 客运驾驶员反应时间对安全驾驶的影响	2	
	危险源辨识与防御性驾驶	跟车、会车、超车、变更车道、转弯、倒车、掉头等不同行驶状态中的危险源辨识与防御性驾驶； 山区道路、桥梁、隧道等典型道路条件下的危险源辨识与防御性驾驶； 雨天、雪天、雾天、风沙等恶劣气象条件下的危险源辨识与防御性驾驶；高速公路上的危险源辨识与防御性驾驶； 夜间行车过程中的危险源辨识与防御性驾驶； 冰雪路面的防御性驾驶； 交通标志、标线的识别；	12	

续上表

考试内容			分值	
考试项目	考试范围	考试要点	100	
4. 安全意识安全行车	紧急情况及事故现场的应急处置	紧急、突发情况的处置原则； 发动机突然熄火、转向失控、制动失效、轮胎漏气或爆胎等车辆故障的应急处置； 车辆侧滑、侧翻等紧急情况的应急处置； 车辆起火的应急处置； 突遇自然灾害、恐怖袭击、火灾及爆炸等情况的应急处置； 驾驶员或乘客突发疾病时的应急处置	14	38
		事故现场的应急处置和报告； 事故现场自救与互救原则； 事故现场危重伤员的应急救治措施	4	
		常用救护方法及应注意的问题	2	
5. 汽车使用技术	汽车维护	汽车维护的作用与要求； 汽车维护的分类； 汽车日常维护作业内容	2	18
	道路运输车辆技术要求	道路运输车辆综合性能及检测要求； 道路运输车辆外廓尺寸、轴荷及质量限值的要求； 道路运输车辆燃料消耗量检测的有关内容	4	
	汽车常见故障	发动机、底盘、电器设备常见故障识别	2	
	轮胎的合理使用	轮胎使用寿命的影响因素； 轮胎的正确使用方法	2	
	节能与环保技术	节能与环保的意义； 汽车燃料消耗的影响因素； 汽车主要污染物的种类及危害； 节能与环保驾驶方法	6	
	汽车新技术应用	汽车新技术、新能源与新材料； 卫星定位系统等设备的应用	2	

第二部分　应用能力考核

<table>
<tr><td rowspan="2">考核项目</td><td colspan="3" rowspan="2">考 核 内 容</td><td colspan="2">分值</td></tr>
<tr><td colspan="2">100</td></tr>
<tr><td rowspan="6">车辆安全检视</td><td rowspan="4">出车前检查（抽考其中一项）</td><td>车辆外观</td><td>轮胎气压及磨损；转向横直拉杆、前桥、车架；风窗玻璃、车灯和反光器、外后视镜、燃油箱、行李舱门、备胎、号牌</td><td colspan="2" rowspan="6">50</td></tr>
<tr><td>发动机舱</td><td>润滑油、冷却液、风窗清洗液、制动液、管路；风扇皮带；蓄电池、高低压线路</td></tr>
<tr><td>驾驶室及客车车厢</td><td>仪表、转向盘自由行程、驻车制动器、变速器操纵装置、缓速器操纵装置；离合器踏板、制动踏板、加速踏板行程；安全带、内后视镜等安全设施及装置；行李架、车门、车内灯、应急门、栏杆、扶手、座椅、地板</td></tr>
<tr><td>发动机起动后</td><td>各仪表及报警灯工作状况；发动机有无异响；灯光及控制装置、喇叭按钮；风窗玻璃刮水器和洗涤器的工作状况</td></tr>
<tr><td rowspan="2">行车中、收车后检查</td><td>中途停车时</td><td>各部位油、液、气渗漏检查；轮胎气压及温度；制动鼓、轮毂温度；前后悬架、转向横直拉杆及转向臂各接头紧固情况；灯光及后视镜；备胎、安全设施及装置</td></tr>
<tr><td>收车后</td><td>各部位油、液、气渗漏检查；风扇皮带的松紧度及磨损情况；轮胎气压及磨损；座椅、行李架、行李舱</td></tr>
<tr><td rowspan="2">旅客急救</td><td colspan="3">心肺复苏抢救法（必考项）</td><td>10</td><td rowspan="2">20</td></tr>
<tr><td colspan="3">指压止血法；加压包扎止血法；加垫屈肢止血法；绷带包扎法；三角巾包扎法；骨折固定法（抽考其中一项）</td><td>10</td></tr>
<tr><td>危险源辨识与防御性驾驶</td><td colspan="3">车辆在一般天气、雨天、雪天、雾天等条件下，通过高速公路、山区道路、桥梁、隧道等典型道路，以及在交叉路口、城乡结合部、上下坡道、冰雪路面等路段行驶时的危险源辨识与防御性驾驶</td><td colspan="2">20</td></tr>
<tr><td>节能驾驶</td><td colspan="3">行车过程中的节能驾驶要领</td><td colspan="2">10</td></tr>
</table>

五、评分标准

（一）理论考试

1. 判断题、单项选择题，不答、答错，每题扣 1 分；
2. 多项选择题，漏选、错选、不选，每题扣 2 分。

（二）应用能力考核

1．车辆安全检视评分标准：

（1）每漏检一项扣 2 分；

（2）检查到，但故障和安全隐患未指出的扣 10 分；

（3）检查到，但未进行判断分析的扣 2 分。

2．旅客急救评分标准：

（1）出现急救方法不当的扣 10 分；

（2）出现操作顺序错误的扣 5 分；

（3）每漏掉一个操作环节的扣 5 分；

（4）选择、使用急救用品不正确的扣 2 分。

3．危险源辨识与防御性驾驶评分标准：

（1）每漏掉一处危险源点扣 2 分；

（2）危险源相关知识综合判断错误扣 1 分。

4．节能驾驶评分标准：

（1）判断每错一项扣 2 分；

（2）每漏掉一项扣 2 分。

中华人民共和国道路货物运输驾驶员从业资格考试大纲

为加强道路货物运输驾驶员从业资格管理，提高道路货物运输驾驶员综合素质，根据《中华人民共和国道路运输条例》及有关法律、行政法规及规定，制定本大纲。

一、适用范围

申请道路货物运输驾驶员从业资格证件，从事经营性道路货物运输的驾驶人员。申请从事危险货物和放射性货物运输的驾驶人员从业资格考试大纲另行规定。

二、执行主体

道路货物运输驾驶员从业资格考试由设区的市级道路运输管理机构按照交通运输部《道路运输从业人员管理规定》和本考试大纲的要求组织实施。

三、考试方式及合格标准

（一）考试科目与考试方式。

道路货物运输驾驶员从业资格考试分为理论考试和应用能力考核两个科目。

理论考试采取闭卷考试方式，并逐步实行计算机系统随机抽题考试。每套试题均分为判断题、单项选择题和多项选择题三种类型，共90题。其中，判断题、单项选择题各40题，每题1分，多项选择题10题，每题2分。

应用能力考核分为车辆安全检视、轮胎更换、危险源辨识与防御性驾驶、节能驾驶四项。其中，车辆安全检视、轮胎更换两项目采用申请人单独操作与考核员提问相结合的方式进行计分考核；危险源辨识与防御性驾驶、节能驾驶两项目采用由计算机系统随机抽取案例场景题，申请人进行分析判断的方式进行计分考核。考试试题从全国统一题库中抽取。

应用能力考核计分，实行减分制。车辆安全检视满分为60分；轮胎更换满分为 10 分；危险源辨识与防御性驾驶满分为 20 分；节能驾驶满分为 10 分。

（二）考试时间。

理论考试时间为 60 分钟，应用能力考核时间为 60 分钟（其中，车辆安全检视 35 分钟、轮胎更换 10 分钟、危险源辨识与防御性驾驶 10 分钟、节能驾驶 5 分钟）。

（二）合格标准。

理论考试和应用能力考核两个科目满分均为 100 分，成绩均达到 80 分及以上为合格。

（四）成绩确认及有效期。

每个科目的考试成绩必须由两名考核员签字确认，考试成绩在考试结束后 10 日内公布。科目考试成绩有效期为 1 年。

四、考试内容及分值分配

第一部分　理论考试

<table>
<tr><th colspan="3">考试内容</th><th colspan="2">分值</th></tr>
<tr><th>考试项目</th><th>考试范围</th><th>考试要点</th><th colspan="2">100</th></tr>
<tr><td rowspan="2">1. 驾驶员的社会责任、职业道德及职业心理</td><td>社会责任与职业道德</td><td>货运驾驶员的社会责任；
货运驾驶员的职业道德；
货运驾驶员的行为要求</td><td>6</td><td rowspan="2">8</td></tr>
<tr><td>职业心理</td><td>货运驾驶员心理健康；
货运驾驶员心理调节</td><td>2</td></tr>
<tr><td rowspan="3">2. 道路货物运输行业从业相关法律、法规</td><td rowspan="2">《中华人民共和国安全生产法》、《中华人民共和国道路交通安全法》及其实施条例</td><td>《中华人民共和国安全生产法》规定的从业人员权利、应尽的义务及所承担的法律责任</td><td>2</td><td rowspan="3">20</td></tr>
<tr><td>《中华人民共和国道路交通安全法》及其实施条例中有关货运车辆和驾驶员的相关规定，以及货运驾驶员违法行为所应承担的责任</td><td>2</td></tr>
<tr><td>《中华人民共和国道路运输条例》</td><td>道路货物运输经营许可、经营行为相关规定及内涵</td><td>6</td></tr>
</table>

续上表

<table>
<tr><th colspan="3">考 试 内 容</th><th colspan="2">分值</th></tr>
<tr><th>考试项目</th><th>考试范围</th><th>考 试 要 点</th><th colspan="2">100</th></tr>
<tr><td rowspan="2">2. 道路货物运输行业从业相关法律、法规</td><td>《中华人民共和国公路安全保护条例》</td><td>超限运输的有关规定及货物装载的有关要求；
货运驾驶员违法行为所应承担的责任</td><td>2</td><td rowspan="2">20</td></tr>
<tr><td>《道路运输从业人员管理规定》、《道路货物运输及站场管理规定》</td><td>货运驾驶员从业资格申请程序、条件、考试及证件使用；
诚信考核、继续教育的目的及内涵；
货运经营的有关规定及内涵</td><td>8</td></tr>
<tr><td rowspan="5">3. 道路货物运输知识</td><td>货物运输基本内容</td><td>货物运输的分类与特点；
货物运输车辆类型与技术要求；
货物运输基本环节与运输质量要求；
甩挂运输特点及其要求；
危险化学品的分类及常见危险化学品；
货运合同与保险、保价</td><td>8</td><td rowspan="5">20</td></tr>
<tr><td>货物装载</td><td>货物装载质量、顺序及拼装配载要求；
常见货物固定方法；
货物包装储运图示标志；
货物运输途中的装载检查</td><td>6</td></tr>
<tr><td>普通货物运输</td><td>普通货物运输的组织形式、特点及要求；
零担货物运输与整车货物运输要求</td><td>2</td></tr>
<tr><td>货物专用运输</td><td>集装箱运输特点及要求；
冷藏保鲜货物运输特点及要求；
罐式容器运输特点及要求</td><td>2</td></tr>
<tr><td>大型物件运输</td><td>大型物件运输特点及要求；
道路超限运输相关知识</td><td>2</td></tr>
<tr><td rowspan="2">4. 安全意识与安全行车</td><td rowspan="2">安全驾驶</td><td>安全、文明行车意识；
遵守交通信号意识</td><td>4</td><td rowspan="2">34</td></tr>
<tr><td>情绪、情感等心理因素对货运驾驶员安全驾驶的影响；
疲劳、药物、酒精等生理因素对货运驾驶员安全驾驶的影响；
货运驾驶员反应时间对安全驾驶的影响</td><td>2</td></tr>
</table>

续上表

<table>
<tr><th colspan="3">考试内容</th><th colspan="2">分值</th></tr>
<tr><th>考试项目</th><th>考试范围</th><th>考试要点</th><th colspan="2">100</th></tr>
<tr><td rowspan="3">4. 安全意识与安全行车</td><td>危险源辨识与防御性驾驶</td><td>跟车、会车、超车、变更车道、转弯、倒车、掉头等不同行驶状态中的危险源辨识与防御性驾驶；
山区道路、县乡道路、桥梁、隧道等典型道路条件下的危险源辨识与防御性驾驶；
雨天、雪天、雾天、风沙等恶劣气象条件下的危险源辨识与防御性驾驶；
高速公路上的危险源辨识与防御性驾驶；
夜间行车过程中的危险源辨识与防御性驾驶；
冰雪路面上的防御性驾驶；
交通标志、标线的识别</td><td>12</td><td rowspan="3">34</td></tr>
<tr><td rowspan="2">紧急情况及事故现场的处置</td><td>紧急、突发情况的处置原则；
发动机突然熄火、转向失控、制动失效、轮胎漏气或爆胎等车辆故障的应急处置；
车辆侧滑、侧翻等紧急情况的应急处置；
车辆起火的应急处置；
突遇自然灾害、恐怖袭击、火灾及爆炸等情况的应急处置；
事故现场的应急处置</td><td>14</td></tr>
<tr><td>常用救护方法及应注意的问题</td><td>2</td></tr>
<tr><td rowspan="6">5. 汽车使用技术</td><td>汽车维护</td><td>汽车维护的作用与要求；
汽车维护的分类；
汽车日常维护作业内容</td><td>2</td><td rowspan="6">18</td></tr>
<tr><td>道路运输车辆技术要求</td><td>道路运输车辆综合性能及检测要求；
道路运输车辆外廓尺寸、轴荷及质量限值的要求；
道路运输车辆改装管理的有关规定；
道路运输车辆燃料消耗量检测的有关内容</td><td>4</td></tr>
<tr><td>汽车常见故障</td><td>发动机、底盘、电器设备常见故障识别</td><td>2</td></tr>
<tr><td>轮胎的合理使用</td><td>轮胎使用寿命的影响因素；
轮胎的正确使用方法</td><td>2</td></tr>
<tr><td>节能与环保技术</td><td>节能与环保的意义；
汽车燃料消耗的影响因素；
汽车主要污染物的种类及危害；
节能与环保驾驶方法</td><td>6</td></tr>
<tr><td>汽车新技术应用</td><td>汽车新技术、新能源与新材料；
卫星定位系统等设备的应用</td><td>2</td></tr>
</table>

第二部分　应用能力考核

<table>
<tr><td rowspan="2">考核项目</td><td colspan="3" rowspan="2">考 核 内 容</td><td>分值</td></tr>
<tr><td>100</td></tr>
<tr><td rowspan="7">车辆安全检视</td><td rowspan="4">出车前检查（抽考其中一项）</td><td>车辆外观</td><td>轮胎气压及磨损、轮胎紧固件；转向横直拉杆；前桥、后桥、车架、钢板弹簧、U 型螺栓、传动轴及万向节；贮气筒、制动管路；风窗玻璃、车灯和反光器、外后视镜、燃油箱、备胎、号牌；驾驶室翻转机构、车厢栏板、后防护装置、侧防护装置、牵引车与挂车连接装置</td><td rowspan="7">60</td></tr>
<tr><td>发动机舱</td><td>润滑油、冷却液、风窗清洗液、制动液、管路；传动皮带、蓄电池、高低压线路</td></tr>
<tr><td>驾驶室内部</td><td>仪表、转向盘自由行程、驻车制动器、变速器操纵装置、缓速器操纵装置；离合器踏板、制动踏板、加速踏板行程；安全带、内后视镜等安全设施及装置；车门、车内灯</td></tr>
<tr><td>发动机起动后</td><td>各仪表及报警灯工作状况；发动机有无异响；灯光及控制装置、喇叭按钮；风窗玻璃刮水器和洗涤器的工作状况</td></tr>
<tr><td rowspan="2">行车中、收车后检查</td><td>中途停车时</td><td>各部位油、液、气渗漏检查；轮胎气压及温度；制动鼓、轮毂温度；转向横直拉杆及转向臂各接头紧固情况；前后悬架、钢板弹簧、U 型螺栓、传动轴紧固情况；灯光及后视镜；备胎、安全设施及装置</td></tr>
<tr><td>收车后</td><td>各部位油、液、气渗漏检查；传动皮带的松紧度及磨损情况；轮胎气压及磨损情况</td></tr>
<tr><td colspan="3"></td></tr>
<tr><td>轮胎更换</td><td colspan="3">后轮外侧轮胎的拆卸、安装及千斤顶使用</td><td>10</td></tr>
<tr><td>危险源辨识与防御性驾驶</td><td colspan="3">车辆在一般天气、雨天、雪天、雾天等条件下，通过高速公路、山区道路、桥梁、隧道等典型道路，以及在交叉路口、城乡结合部、上下坡道、冰雪路面等路段行驶时的危险源辨识与防御性驾驶</td><td>20</td></tr>
<tr><td>节能驾驶</td><td colspan="3">行车过程中的节能驾驶要领</td><td>10</td></tr>
</table>

五、评分标准

（一）理论考试

1. 判断题、单项选择题，漏答、答错一题扣 1 分；

2. 多项选择题，漏选、错选、不选，每题扣 2 分。

（二）应用能力考核

1. 车辆安全检视评分标准：

（1）每漏检一项扣 2 分；

（2）检查到，但故障和安全隐患未指出的扣 10 分；

（3）检查到，但未进行判断分析的扣 2 分。

2. 轮胎更换评分标准：

（1）未能正确使用千斤顶的扣 5 分；

（2）轮胎螺母安装未紧固牢靠的扣 5 分；

3. 危险源辨识与防御性驾驶评分标准：

（1）每漏掉一处危险源点扣 2 分；

（2）危险源有关知识综合判断错误扣 1 分。

4. 节能驾驶评分标准：

（1）判断每错一项扣 2 分；

（2）每漏掉一项扣 2 分。

交通运输部办公厅关于加强道路运输驾驶员继续教育工作的意见

（2012年11月20日　厅函运〔2012〕148号）

各省、自治区、直辖市、新疆生产建设兵团交通运输厅（局、委）：

《道路运输驾驶员继续教育办法》（交运发〔2011〕106号，以下简称《办法》）自2011年5月1日实施以来，各级交通运输主管部门、道路运输管理机构按照《办法》的要求，对道路运输驾驶员继续教育工作进行了部署，相关工作已陆续展开，并取得一定成效。为进一步贯彻落实《办法》，切实加强道路运输驾驶员继续教育工作，提高道路运输驾驶员职业素质，保障道路运输安全，现提出如下意见：

一、提高认识，切实加强组织领导

建立和实施道路运输驾驶员继续教育制度，是提升道路运输驾驶员职业道德水平，巩固和更新道路运输驾驶员业务知识，强化其安全意识、安全驾驶技能和应急处置能力的有效途径。组织实施好这项制度，对提高道路运输驾驶员综合素质，保障道路运输安全具有重要意义。

各级交通运输主管部门和道路运输管理机构要高度重视驾驶员继续教育工作，切实加强组织领导，将其作为一项基础性工作，列入日常工作计划，认真落实《办法》的各项要求，不断强化对继续教育工作的指导和监督，及时解决继续教育组织实施过程中存在的问题，把继续教育工作的各项要求落到实处。

二、精心组织，大力推进道路运输驾驶员继续教育工作

各级交通运输主管部门和道路运输管理机构要结合本地实际，出台相关实施细则，建立和完善继续教育的相关制度与配套措施，积极推进继续教育工作的全面开展。

（一）建立继续教育培训体系。继续教育要坚持便民利民的原则，依托具有一定规模和能力的道路运输骨干企业，充分发挥道路运输从业资格培训机构和机动车驾驶培训学校等社会化培训机构的作用，以及通过远程网络等形式开展继续教育，建立起覆盖所有道路运输驾驶员的继续教育培训体系。承担继续教育的道路运输企业和培训机构要报县级以上道路运输管理机构备案；开展远程网络培训的，要报省级道路运输管理机构备案。

（二）强化师资队伍建设。部职业资格中心将根据各地实际需要举办培训班，为各地培训继续教育骨干师资；省级道路运输管理机构要根据本省承担继续教育的企业和培训机构的数量，有计划地组织继续教育师资力量的培训，积极推进继续教育师资队伍建设；县级以上道路运输管理机构要建立继续教育师资数据库，对培训合格的继续教育师资实行备案管理。

（三）积极利用信息化手段加强继续教育管理。加快推进网络化继续教育管理信息系统建设，建立健全道路运输驾驶员继续教育信息档案，逐步建立信息反馈体系，实时掌握道路运输企业和培训机构继续教育开展情况和继续教育对象的学时完成、考核情况，不断提高继续教育管理水平和工作效率。各地要采取有力措施，充分利用已有的信息、网络资源，构建多功能、高效率、方便适用的继续教育信息管理与共享体系。

（四）强化约束机制。各级道路运输管理机构要把继续教育合格作为道路运输驾驶员诚信考核、从业资格换证的必备条件之一，将参加继续教育情况作为道路运输企业质量信誉考核的一项重要内容。道路运输驾驶员在其从业资格证件有效期内，未按规定完成继续教育的，要补充完成继续教育后再办理换证手续。道路运输企业应当督促其所聘用的道路运输驾驶员参加继续教育，学习情况要作为聘用、续聘道路运输驾驶员的一项基本条件。

（五）规范道路运输驾驶员继续教育收费标准。接受道路运输企业委托的各类继续教育培训机构应遵循节俭务实的原则，以道路运输驾驶员继续教育组织实施实际支出为基准，测算继续教育收费标准，并报当地物价部门备案。

三、强化监督，保证道路运输驾驶员继续教育的质量和效果

各级道路运输管理机构要完善继续教育工作监督、检查制度，保证继续教育活动的质量与效果。

（一）加强对道路运输企业的监督和检查。各地交通运输主管部门和道路运输管理机构要积极引导道路运输企业成为继续教育的主体，督促道路运输企业按照《办法》要求，组织好本企业道路运输驾驶员的继续教育。道路运输企业要制订本企业继续教育工作规划和年度实施计划，完善相关制度和措施，明确分工；要引导所聘用的道路运输驾驶员充分认识到按照规定接受继续教育既是一项权利，也是一项义务，不断增强其参加继续教育的主动性；要改善继续教育条件，改进教育方法和手段，切实为继续教育活动创造良好的氛围和环境。

（二）加强继续教育机构管理。道路运输管理机构要建立继续教育机构管理档案，规范继续教育机构的教学行为。继续教育机构要建立学员继续教育档案，将继续教育培训计划、继续教育师资情况、参加培训学员登记表等纳入档案管理，并接受道路运输管理机构的监督检查。

（三）严格落实继续教育大纲教学内容。继续教育机构应当根据继续教育大纲要求，按照规定的学时和课程内容编制教学计划和组织教学，加强教学管理，保证教学质量。继续教育实施机构要使用好教材，重点加强典型事故案例警示教育以及危险源辨识、防御性驾驶、恶劣天气和复杂道路驾驶常识、紧急避险、应急救援处置等方面的教育，不断提升道路运输驾驶员的职业技能、职业道德和文明安全素质。

（四）规范继续教育有效性确认。道路运输管理机构要完善道路运输驾驶员从业资格管理档案，将道路运输驾驶员继续教育情况纳入从业资格管理档案，通过学时认定或考核的方式，对道路运输驾驶员的继续教育进行确认，并将道路运输驾驶员继续教育学时数及时在其从业资格证件和从业资格管理档案予以记载。继续教育实施机构要接受各级道路运输管理机构对培训学时记录的监督检查，保证继续教育的规范性。

交通运输部关于印发道路旅客运输驾驶员和道路货物运输驾驶员从业资格培训教学大纲的通知

（2012年12月10日　　交运发〔2012〕687号）

各省、自治区、直辖市、新疆生产建设兵团交通运输厅（局、委），天津市、上海市交通运输和港口管理局：

现将《道路旅客运输驾驶员从业资格培训教学大纲》和《道路货物运输驾驶员从业资格培训教学大纲》印发给你们，请遵照执行。

道路旅客运输驾驶员从业资格培训教学大纲

培训目标：树立驾驶员的社会责任，培养驾驶员的职业道德，熟知道路运输驾驶员的行为要求；掌握道路运输从业相关法律、法规和道路运输专业知识；养成安全、文明行车意识，掌握各种环境和条件下安全驾驶、应急处置的方法；了解汽车使用技术知识；掌握汽车常见故障的识别方法；培养专业知识应用能力。

理论知识

教学项目	教学内容	教学目的	学时安排
			42
1. 驾驶员的社会责任、职业道德和职业心理	道路运输驾驶员的社会责任与职业道德	树立驾驶员的社会责任，培养驾驶员的职业道德，熟知道路运输驾驶员的行为要求	2
	道路运输驾驶员的职业心理	了解驾驶员心理健康知识； 了解驾驶员心理调节方法	1
2. 道路旅客运输行业从业相关法律、法规	《中华人民共和国安全生产法》、《中华人民共和国道路交通安全法》及实施条例	掌握从业人员享有的权利、应尽的义务及所应承担的法律责任； 掌握客运车辆、驾驶员的相关规定； 熟知客运驾驶员违法行为所应承担的责任	2
	《中华人民共和国道路运输条例》	掌握道路运输经营许可、经营行为相关规定及内涵	1
	《道路运输从业人员管理规定》、《道路旅客运输及客运站管理规定》	掌握道路运输驾驶员从业资格申请程序、条件、考试、证件使用规定； 掌握诚信考核、继续教育的目的及内涵； 掌握客运经营的有关规定及内涵	2
3. 道路运输知识	道路旅客运输知识	了解旅客运输的分类与特点； 掌握旅客运输车辆类型与使用、旅客运输的基本环节、危险化学品的识别； 熟知客运合同与保险知识	3
		熟知班车客运、包车（旅游）客运的服务要求和乘客心理与服务知识	2

续上表

教学项目	教学内容	教 学 目 的	学时安排 42
4．安全意识与安全行车	安全驾驶	养成安全、文明行车和遵守交通信号的意识； 熟知驾驶员心理、生理因素对安全驾驶的影响； 了解驾驶员的反应时间对安全驾驶的影响	4
	危险源识别与防御性驾驶	掌握各种行驶状态、典型道路环境、恶劣气象和高速公路，夜间等环境条件下的危险源识别与防御性驾驶方法	4
	临危避险驾驶	掌握紧急、突发情况的处理原则； 掌握发动机突然熄火、转向失控、制动失效、轮胎漏气及爆裂等车辆故障的应急处置方法； 掌握车辆侧滑、侧翻、起火等紧急情况的应急处置方法； 掌握突遇自然灾害、恐怖袭击、火灾及爆炸等情况的应急处置方法	6
		掌握驾驶员或乘客突发疾病时的应急处置方法	1
	事故现场的应急处置	掌握事故现场的应急处置和报告程序、自救与互救原则和危重伤员的应急措施； 了解常用救护方法	2
5．汽车使用技术	汽车维护基本知识	了解汽车维护的作用与要求、汽车维护的分类； 掌握汽车日常维护作业内容	3
	道路运输车辆技术要求	了解道路运输车辆综合性能及检测要求； 了解道路运输车辆外廓尺寸、轴荷及质量限值的要求； 了解道路运输车辆燃料消耗量检测的有关内容	
	汽车常见故障	掌握发动机、底盘、电器设备常见故障识别方法	4
	轮胎的合理使用	了解轮胎使用寿命的影响因素； 掌握轮胎的正确使用方法	1
	节能与环保技术	了解节能与环保的意义、汽车燃料消耗的影响因素、汽车主要污染物的种类及危害； 掌握节能与环保驾驶方法	2
	汽车新技术	了解汽车新技术、新能源与新材料； 掌握卫星定位系统等设备的使用方法	2

应用能力

教学项目	教学内容	教 学 目 标	学时安排
			10
1. 车辆安全检视	出车前检查	掌握客车车辆外观、发动机舱、驾驶室、客车车厢及发动机起动后的安全检视内容和方法	1
	行车中、收车后检查	掌握行车中、收车后的车辆安全检视内容和方法	1
2. 旅客急救	心肺复苏抢救法	掌握心肺复苏抢救法的方法	4
	止血、包扎、骨折固定法	掌握指压止血法、加压包扎止血法、加垫屈肢止血法、绷带包扎法、三角巾包扎法、骨折固定法的方法	
3. 危险源辨识与防御性驾驶	危险源辨识与防御性驾驶方法	掌握车辆在一般天气、雨天、雪天、雾天等条件下，通过高速公路、山区道路、桥梁、隧道等道路环境，以及在交叉路口、城乡结合部、上下坡道、冰雪路面等路段行驶时的危险源辨识与防御性驾驶方法	2
4. 节能驾驶	节能驾驶要领	掌握车辆运行过程中的节能驾驶要领	1
5. 综合复习与考核	综合复习	掌握车辆安全检视、旅客急救、危险源辨识与防御性驾驶及节能驾驶要领等	1

说明：按照培训类别使用教学日志。

道路货物运输驾驶员从业资格培训教学大纲

培训目标：树立驾驶员的社会责任，培养驾驶员的职业道德，熟知道路运输驾驶员的行为要求；掌握道路运输从业相关法律、法规和道路运输专业知识；养成安全、文明行车意识，掌握各种环境和条件下安全驾驶、应急处置的方法；了解汽车使用技术知识；掌握汽车常见故障的识别方法；培养专业知识应用能力。

理论知识

教学项目	教学内容	教学目的	学时安排
			48
1. 驾驶员的社会责任、职业道德和职业心理	道路运输驾驶员的社会责任与职业道德	树立驾驶员的社会责任，培养驾驶员的职业道德，熟知道路运输驾驶员的行为要求	2
	道路运输驾驶员的职业心理	了解驾驶员心理健康知识； 了解驾驶员心理调节方法	1
2. 道路货物运输行业从业相关法律、法规	《中华人民共和国安全生产法》、《中华人民共和国道路交通安全法》及实施条例	掌握从业人员享有的权利、应尽的义务及所应承担的法律责任； 掌握货运车辆、驾驶员的相关规定； 熟知货运驾驶员违法行为所应承担的责任	2
	《中华人民共和国道路运输条例》	掌握道路运输经营许可、经营行为相关规定及内涵	1
	《中华人民共和国公路安全保护条例》	掌握超限运输的有关规定及货物装载的有关要求，熟知货运驾驶员违法行为所应承担的责任	2
	《道路运输从业人员管理规定》、《道路货物运输及站场管理规定》	掌握道路运输驾驶员从业资格申请程序、条件、考试、证件使用规定； 掌握诚信考核、继续教育的目的及内涵； 掌握货运经营的有关规定及内涵	2
3. 道路运输知识	道路货物运输知识	了解货物运输的分类与特点、甩挂运输特点及其要求、危险化学品的分类及常见危险化学品； 掌握货物运输车辆类型与技术要求、运输基本环节与运输质量要求； 熟知货运合同与保险知识； 了解保价知识	4

续上表

教学项目	教学内容	教 学 目 的	学时安排 48
3. 道路运输知识	道路货物运输知识	熟知货物装载质量、顺序及拼装配载要求和常见货物固定方法、货物包装储运图示标志； 掌握货物运输途中的装载检查方法	2
		了解普通货物运输组织形式、特点及要求； 熟知零担货物运输与整车货物运输要求	2
		了解集装箱、冷藏保鲜货物、罐式容器运输的特点及要求 了解大型物件运输特点及要求； 熟知道路超限运输相关知识	2
4. 安全意识与安全行车	安全驾驶	养成安全、文明行车和遵守交通信号的意识； 熟知驾驶员心理、生理因素对安全驾驶的影响； 了解驾驶员的反应时间对安全驾驶的影响	4
	危险源识别与防御性驾驶	掌握各种行驶状态、典型道路环境、恶劣气象和高速公路、夜间等环境条件下的危险源识别与防御性驾驶方法	4
	临危避险驾驶	掌握紧急、突发情况的处理原则； 掌握发动机突然熄火、转向失控、制动失效、轮胎漏气及爆裂等车辆故障的应急处置方法； 掌握车辆侧滑、侧翻、起火等紧急情况的应急处置方法； 掌握突遇自然灾害、恐怖袭击、火灾及爆炸等情况的应急处置方法	6
	事故现场的应急处置	掌握事故现场的应急处置方法； 了解常用伤员急救方法	2
5. 汽车使用技术	汽车维护基本知识	了解汽车维护的作用与要求、汽车维护的分类； 掌握汽车日常维护作业内容	3
	道路运输车辆技术要求	了解道路运输车辆综合性能及检测要求； 了解道路运输车辆外廓尺寸、轴荷及质量限值的要求； 了解道路运输车辆燃料消耗量检测的有关内容 了解道路运输车辆改装管理的有关规定	

续上表

教学项目	教学内容	教学目的	学时安排 48
5. 汽车使用技术	汽车常见故障	掌握发动机、底盘、电器设备常见故障识别方法	4
	轮胎的合理使用	了解轮胎使用寿命的影响因素； 掌握轮胎的正确使用方法	1
	节能与环保技术	了解节能与环保的意义、汽车燃料消耗的影响因素、汽车主要污染物的种类及危害； 掌握节能与环保驾驶方法	2
	汽车新技术	了解汽车新技术、新能源与新材料； 掌握卫星定位系统等设备的使用方法	2

应用能力

教学项目	教 学 内 容	教 学 目 标	学 时 安 排 8
1. 车辆安全检视	出车前检查	掌握货车车辆外观、发动机舱、驾驶室内部及发动机起动后的安全检视内容和方法	1
	行车中、收车后检查	掌握行车中、收车后的车辆安全检视内容和方法	1
2. 轮胎更换	轮胎的更换步骤和要求	掌握车辆后轮外侧轮胎的拆卸、安装及千斤顶的使用方法	2
3. 危险源辨识与防御性驾驶	危险源辨识与防御性驾驶方法	掌握车辆在一般天气、雨天、雪天、雾天等条件下，通过高速公路、山区道路、桥梁、隧道等道路环境，以及在交叉路口、城乡结合部、上下坡道、冰雪路面等路段行驶时的危险源辨识与防御性驾驶方法	2
4. 节能驾驶	节能驾驶要领	掌握车辆运行过程中的节能驾驶要领	1
5. 综合复习与考核	综合复习	掌握车辆安全检视、轮胎更换、危险源辨识与防御性驾驶及节能驾驶要领等	1

说明：按照培训类别使用教学日志。

道路客货运输驾驶员从业资格培训教学日志

括号中标注“（客）”者——仅作为道路旅客运输驾驶员的教学项目或学时。

括号中标注“（货）”者——仅作为道路货物运输驾驶员的教学项目或学时。 No.

培训机构名称：	学员姓名：	类别：

培训目标：树立驾驶员的社会责任，培养驾驶员的职业道德，熟知道路运输驾驶员的行为要求；掌握道路运输从业相关法律、法规和道路运输专业知识；养成安全、文明行车意识，掌握各种环境和条件下安全驾驶、应急处置的方法；了解汽车使用技术知识；掌握汽车常见故障的识别方法；培养专业知识应用能力。

	教学项目	教学目标
理论知识学时：42（客）48（货）	1. 驾驶员的社会责任、职业道德和职业心理 2. 道路运输从业相关法律、法规 3. 道路运输知识 4. 安全意识与安全行车 5. 汽车使用技术	1. 树立驾驶员的社会责任，培养驾驶员的职业道德，熟知道路运输驾驶员的行为要求，了解驾驶员心理健康知识，了解驾驶员心理调节方法； 2. 熟练掌握道路运输相关法律、法规的有关内容； 3. 掌握道路运输专业知识； 4. 养成安全、文明行车意识，掌握各种环境和条件下安全驾驶和应急处置方法； 5. 了解汽车使用技术知识

次数/日期	1/	2/	3/	4/	5/	6/	7/	8/
教学项目								
所用学时								
学员签字								
教练员评价及签字								

	教学项目	教学目标
应用能力学时：10（客）8（货）	1. 车辆安全检视 2. 旅客急救（客） 3. 轮胎更换（货） 4. 危险源辨识与防御性驾驶 5. 节能驾驶 6. 综合复习与考核	1. 掌握车辆外观、发动机舱、客车车厢（客）、驾驶室内部（货）、发动机起动后及行车中、收车后的车辆安全检视内容和方法； 2. 掌握心肺复苏抢救法及常用止血法、包扎法、骨折固定法的方法； 3. 掌握车辆后轮外侧轮胎的拆卸、安装及千斤顶的使用方法； 4. 掌握车辆在各种天气条件和道路环境下的危险源辨识与防御性驾驶方法； 5. 掌握车辆运行过程中的节能驾驶要领； 6. 掌握专业知识应用能力

次数/日期	1/	2/	3/	4/	5/	6/
教学项目						
所用学时						
学员签字						
教练员评价及签字						

考核意见：

考核人签字：

培训机构审核意见	（盖章）

交通运输部　公安部关于认真贯彻《机动车驾驶培训教学与考试大纲》的通知

（2012 年 12 月 13 日　　交运发〔2012〕730 号）

各省、自治区、直辖市、新疆生产建设兵团交通运输厅（局、委），公安厅（局）：

为深入贯彻落实《国务院关于加强道路交通安全工作的意见》（国发〔2012〕30 号），进一步做好机动车驾驶培训与考试工作，交通运输部、公安部联合发布了《机动车驾驶培训教学与考试大纲》（交运发〔2012〕729 号，以下简称《大纲》），《大纲》自 2013 年 1 月 1 日起正式实施。现就贯彻落实《大纲》提出如下要求：

一、高度重视，充分认识《大纲》的重要作用

驾驶人的安全文明素质是道路交通安全的第一道防线，直接关系到全社会道路交通安全水平和文明程度。做好机动车驾驶培训与考试工作，培养高素质的机动车驾驶人，是夯实道路交通安全基础的重要保障。《大纲》根据近年来机动车驾驶培训与考试发展的实际需要，将安全与文明驾驶知识纳入机动车驾驶培训教学内容和考试项目，以培养学员安全文明意识为核心，以培养学员安全驾驶技能为重点，细化了各项操作的具体要求，突出了驾驶人安全文明意识养成，强化了实际道路驾驶培训，充分体现了以人为本、尊重生命的理念。各地要充分认识《大纲》对于机动车驾驶培训与考试工作的重要作用，把贯彻落实好《大纲》作为当前夯实道路交通安全重点基础工作，统筹安排，统一部署，确保各项工作有序开展，取得实效。

二、加强领导，切实落实好《大纲》内容和要求

各地交通运输、公安部门要加强对机动车驾驶培训与考试工作的领导和协调，按照法定职责，各司其职，密切配合，完善和细化相关措施，建立长效工作机制，切实将《大纲》的要求落到实处。各地要抓紧组织相关管理人员、教练员、考核员和考试员学习《大纲》的具体内容和要求，并将《大纲》要求纳入教练员、考核员和考试员资格考试内容，确保教练员、考核员和考试员都能熟练掌握《大纲》。交通运输部门要督促驾驶培训机构按照《大纲》要求，使用符合《大纲》要求的规范培训教材，尽快调整培训教学计划、教学场地、设施设备，确保按照《大纲》要求教学。对已经完成培训，2013 年 1 月 1 日之后参加考试的学员，要督促驾驶培训机构按照《大纲》要求，增加教学内容。模拟高速公路、连续急弯山区路、隧道驾驶等新增项目和其他项目的教学场地、设施设备的建设和调整，要抓紧完成。交通运输部门要会同公安部门定期开展驾驶培训机构培训能力评估，根据培训能力及培训、服务质量核定其招生人数，并对社会公布；要配合物价部门合理核定培训收费价格，防止驾驶培训机构乱定价、乱涨价。公安部门要根据核定的驾驶培训机构培训能力，确定受理考试人数，并向社会公布。对于实行按学时收费、“先培训、后付费”培训模式的培训机构，交通运输部门、公安部门在培训能力评估和考试安排方面应当给予便利。

三、加强协作，充分利用信息化手段加强培训与考试的衔接

各级交通运输、公安部门要充分利用信息化手段，建立信息联网共享机制，进一步加强培训与考试的衔接。交通运输部将尽快出台驾驶计时培训管理系统的相关技术规范，各地要按照要求，全面推广应用驾驶计时培训管理系统，督促驾驶培训机构通过计时培训等方式，严格落实《大纲》规定的培训内容和学时。交通运输部门要利用科技和信息化手段，积极推广“按学时收费”、“先培训、后付费”等先进模式，加强对学时落实情况的监督，严格审核培训记录，杜绝违规发放结业证书。公安部门在受理驾驶培训机构统一申报的考试预约时，要审核培训记录，不符合培训要求的不予受理考试。

四、统筹安排，做好实际道路驾驶培训的相关工作

《大纲》注重培养学员的实际道路驾驶能力，增加了实际道路驾驶培训的学时和里程。各地公安部门要根据本地区实际道路驾驶培训的需求，科学规划实际道路驾驶培训的线路，并根据交通流量的变化，适时调整、引导驾驶培训机构选择合理的实际道路驾驶培训线路；要加大对实际道路驾驶培训路面的管控力度，避免造成交通拥堵，防止发生交通事故。

五、强化监管，严格违规培训与考试责任追究

各地要进一步强化机动车驾驶培训与考试工作的监管力度，建立完善驾驶培训机构信誉考核机制，对发现有重大违规的驾驶培训机构，交通运输部门应暂停其培训工作，公安部门应暂停受理考试申请。驾驶培训机构及其教练员存在缩短培训学时、减少培训项目，以及贿赂考试员、以承诺考试合格等名义向学员索取钱物、参与违规办理驾驶证或者考试舞弊现象的，交通运输部门应依法责令停业整顿，整顿不到位的，依法吊销其经营许可证件，公安部门应停止受理其考试申请，构成犯罪的，依法追究刑事责任。对道路运输管理人员违规发放结业证，交通民警减少驾驶人考试项目、降低评判标准或者参与、协助、纵容驾驶人考试作弊的，从严追究责任。聘用人员有上述行为的，一律解聘。

六、加强宣传，营造重视安全文明驾驶的良好社会氛围

各地要利用各种新闻渠道，通过广播、电视、报刊、互联网以及手机短信、户外传媒等形式，深入宣传机动车驾驶培训与考试工作对道路交通安全与文明的重要意义，以及机动车驾驶培训及机动车驾驶证申领业务程序和注意事项等相关内容，积极倡导守法出行、安全出行、文明出行，共同营造安全文明的道路交通安全氛围。

交通运输部　公安部关于印发《机动车驾驶培训教学与考试大纲》的通知

(2012 年 12 月 17 日　　交运发〔2012〕729 号)

各省、自治区、直辖市、新疆生产建设兵团交通运输厅（局、委），公安厅（局）：

现将《机动车驾驶培训教学与考试大纲》印发给你们，自 2013 年 1 月 1 日起施行。2007 年发布的《中华人民共和国机动车驾驶员培训教学大纲》及 2010 年发布的《中华人民共和国机动车残疾人驾驶培训教学大纲（试行）》同时废止。

机动车驾驶培训教学与考试大纲

为了加强机动车驾驶培训与考试管理工作，规范驾驶培训机构教学行为，提高驾驶培训质量，根据《中华人民共和国道路交通安全法》及实施条例、《中华人民共和国道路运输条例》、《机动车驾驶员培训管理规定》、《机动车驾驶证申领和使用规定》等有关规定，制定本大纲。

机动车驾驶培训教学与考试大纲包括：机动车驾驶培训教学大纲、机动车驾驶人考试大纲和驾驶培训教学日志。

机动车驾驶培训教学的学时安排见下表：

学 时 安 排 表

车型	C1	C2	C3	C4、D、E、F	C5	B2	A3	A1、B1	A2
总学时	78	78	56	48	78	118	120	82	88

每个学员的理论培训时间每天不得超过4个学时，实际操作培训时间每天不得超过4个学时。

本大纲培训教学部分分为三个阶段，每个教学阶段结束后，应当对学员本阶段的学习进行考核，考核员由二级以上教练员担任；阶段考核合格后，进入下一阶段学习；阶段考核不合格的，由考核员确定应当增加复训的内容和学时。

本大纲考试部分分为三个科目，考试由公安机关交通管理部门组织，考试顺序按照科目一、科目二、科目三依次进行，前一科目考试合格后，可以参加下一科目的考试；前一科目考试不合格的，继续该科目考试。

轮式自行机械车（M）、无轨电车（N）、有轨电车（P）三种准驾车型的培训教学与考试大纲，由各省根据需要和地方特点自行制定，并报交通运输部和公安部备案。

第一阶段（科目一）　道路交通安全法律、法规和相关知识

阶段目标：了解机动车基本知识，掌握道路交通安全法律、法规及道路交通信号的规定。

教学大纲

教学项目	教学内容	教学目标	学时安排								
			C1	C2	C3	C4 D E F	C5	B2	A3	A1 B1	A2
			12	12	12	10	12	12	14	10	10
1. 机动车基本知识	车辆结构常识	了解车辆的基本构成	1	1	1	1	1	1	1	1	1
	车辆主要安全装置	熟悉各主要安全装置的配置； 掌握仪表、报警灯的作用； 掌握安全头枕、安全带、安全气囊、灯光、喇叭、防抱死制动系统的作用									
	驾驶操纵机构	掌握转向盘、加速操纵装置、制动操纵装置、变速器操纵杆、驻车制动操纵装置及其他操纵装置的作用	1	1	1	1	1	1	1	1	1
		掌握离合器踏板的作用		*			*				
	车辆性能	了解车辆性能与安全行车的关系； 了解制动性能对行车安全的影响	1	1	1		1	1	1	1	1
	车辆检查和维护	掌握日常检查和维护的基本内容									
	车辆运行材料	了解燃油、润滑油、冷却液、风窗玻璃清洗液等运行材料的使用常识									

续上表

教学项目	教学内容	教学目标	学时安排								
			C1	C2	C3	C4 D E F	C5	B2	A3	A1 B1	A2
			12	12	12	10	12	12	14	10	10
1. 机动车基本知识	客车制动系统及车门	了解客车行车制动装置、缓行器和驻车制动装置、客车乘客门、安全出口、客车外推式安全窗的结构特点	*	*	*	*	*	*	1	1	*
	公交车制动系统及车门	了解公交车行车制动装置、驻车制动装置、乘客门的结构特点	*	*	*	*	*	*	1	*	*
	汽车列车制动系统、连接与分离装置	了解汽车列车制动系统的结构特点； 了解汽车列车连接与分离装置的结构	*	*	*	*	*	*	*	*	1
2. 法律、法规及道路交通信号	机动车驾驶证申领与使用	熟练掌握机动车驾驶证申领与使用的规定、考试标准、记分标准	1	1	1	1	1	1	1	1	1
	道路通行规则	熟练掌握道路交通信号的种类、识别和作用； 熟练掌握各类道路条件下的通行规则； 熟练掌握变更车道、跟车与限制超车、会车规定、避让行人和非机动车、掉头与倒车的规定	4	4	4	3	4	4	4	1	1
	驾驶行为	熟练掌握正确驾驶的行为要求	1	1	1	1	1	1	1	1	1
	违法行为处罚	掌握主要交通安全违法行为情形、法律责任的基本知识、驾驶机动车禁止行为	2	2	2	2	2	2	2	2	2
	机动车登记	掌握机动车登记的有关规定	1	1	1	1	1	1	1	1	1
	交通事故处理	了解道路交通事故现场处置方法									
3. 综合复习及考核	道路交通安全法律、法规及相关知识	熟练掌握道路交通安全法律、法规、交通信号等相关知识； 考核不合格的，可根据实际情况增加相应的内容和学时	—	—	—	—	—	—	—	—	—

注：1. 本阶段理论知识应当采用课堂多媒体教学。

2. 本阶段所有车型综合复习及考核不计学时。

考试大纲

考试项目	考 试 内 容	考 试 要 点	考 试 目 标
1. 道路交通安全法律、法规和规章	中华人民共和国道路交通安全法及实施条例	灯光、喇叭的使用； 有划分车道的道路通行； 无划分车道的道路通行； 交叉路口通行； 变更车道； 机动车限速通行； 跟车与限制超车； 会车规定； 铁路道口及渡口通行； 缓行、拥堵路段交替通行； 漫水路、漫水桥通行； 避让行人和非机动车； 掉头与倒车	熟练掌握各类道路条件下的通行规则； 熟练掌握驾驶证申领和使用的有关规定； 熟知相关权利、义务和法律责任； 掌握其他法律、法规和规章中与道路交通安全有关的主要规定
	刑法	交通肇事罪； 危险驾驶罪	
	道路交通安全违法行为处理程序规定	扣留车辆的情形； 扣留机动车驾驶证的情形	
	道路交通事故处理程序规定	事故现场处置； 高速公路事故现场处置； 现场报警和处置； 自行协商事故处理； 事故现场的强制撤离	
	机动车驾驶证申领和使用规定	机动车驾驶证许可； 机动车驾驶证种类、准驾车型和有效期； 机动车驾驶证申请条件； 初次申领机动车驾驶证的车型； 驾驶人考试内容和合格标准； 驾驶人考试要求； 有效期满换证； 转入换证； 变更换证； 驾驶证遗失补证； 记分制度； 违法记分分值及考试； 驾驶证实习期； 驾驶证审验； 驾驶人体检； 驾驶证注销； 违法处罚	
	机动车登记规定	机动车注册、变更、转移、抵押、注销登记； 机动车登记证书灭失、丢失或者损毁； 机动车号牌、行驶证灭失、丢失或者损毁； 临时行驶车号牌； 机动车检验	

续上表

<table>
<tr><th>考试项目</th><th>考试内容</th><th>考试要点</th><th>考试目标</th></tr>
<tr><td>2. 地方性法规</td><td>根据地方性法规选定的重点内容</td><td></td><td>掌握地方性法规的重点内容</td></tr>
<tr><td rowspan="4">3. 交通信号</td><td>道路交通信号灯</td><td>红灯；
绿灯；
黄灯；
车道信号灯；
箭头信号灯；
黄色闪光警告信号灯；
道路与铁路平面交叉道口信号灯</td><td rowspan="4">熟练掌握各类道路交通信号的种类、识别和作用</td></tr>
<tr><td>道路交通标志</td><td>警告标志；
禁令标志；
指示标志；
指路标志；
旅游区标志</td></tr>
<tr><td>道路交通标线</td><td>指示标线；
禁止标线；
警告标线</td></tr>
<tr><td>交通警察手势</td><td>停止信号；
直行信号；
左转弯信号；
左转弯待转信号；
右转弯信号；
变道信号；
减速慢行信号；
示意车辆靠边停车信号</td></tr>
<tr><td rowspan="2">4. 安全行车、文明驾驶基础知识</td><td>驾驶行为</td><td>驾驶人驾驶行为要求；
驾驶人对所驾车辆应负的安全责任；
避让特种车辆；
避让道路养护作业车辆；
机动车停车；
高速公路安全行驶；
高速公路故障车处置；
故障车警示要求</td><td rowspan="2">掌握正确驾驶行为要领；
掌握主要交通安全违法行为情形、法律责任的基本知识</td></tr>
<tr><td>交通安全违法行为</td><td>驾驶机动车禁止行为；
对道路交通安全违法的处罚种类；
对违反交通信号的处罚；
对酒后、吸毒、服药驾驶的处罚；
对涉机动车驾驶证违法的处罚；
对涉机动车号牌违法的处罚；
简易程序处罚；
对不正当手段取得驾驶证的处理；
超员、超载违法消除规定</td></tr>
</table>

续上表

考试项目	考试内容	考试要点	考试目标
5. 机动车驾驶操作相关基础知识	仪表与指示灯	仪表； 雾灯指示灯； 机油压力表与报警灯； 制动报警灯； 燃油报警灯； 水温报警灯； 远、近光指示灯； 安全带报警灯； 危险报警闪光灯； 转向指示灯； 其他指示灯	掌握机动车主要仪表、指示灯和操纵、安全装置的基本知识
	操纵装置	转向盘； 离合器踏板； 制动踏板； 加速踏板； 变速器操纵杆； 驻车制动器操纵装置； 点火开关； 灯光开关； 风窗玻璃刮水、除霜和除雾装置	
	安全装置	安全头枕； 安全带； 防抱死制动（ABS）装置； 安全气囊	

第二阶段（科目二）　场内驾驶

阶段目标：掌握基础的驾驶操作要领，具备对车辆控制的基本能力；熟练掌握场地和场内道路驾驶的基本方法，具备合理使用车辆操纵机件、正确控制车辆运动空间位置的能力，能够准确地控制车辆的行驶位置、速度和路线。

教学大纲

理论知识

教学项目	教学内容	教学目标	学时安排								
			C1	C2	C3	C4 D E F	C5	B2	A3	A1 B1	A2
			2	2	2	2	2	2	2	2	2
1. 基础驾驶	基础驾驶操作规范	掌握基础驾驶操作的要求、作用	1	1	1	1	1	1	1	1	1
2. 场地驾驶	场地驾驶知识	熟知速度控制、转向控制、空间位置控制对安全行车的影响	1	1	1	1	1	1	1	1	1

实际操作

教学项目	教学内容	教学目标	学时安排								
			C1	C2	C3	C4 D E F	C5	B2	A3	A1 B1	A2
			24	24	12	12	24	52	51	34	38
1. 基础驾驶	驾驶姿势	掌握正确的驾驶姿势要领	2	2	1	0.5	2	2	2	2	1
	操纵装置的操作	掌握转向盘、变速器操纵杆、驻车制动装置、行车制动装置、加速操纵装置的安全操作方法； 掌握照明和信号及其他操纵装置的操作方法									
		掌握离合器踏板的安全操作方法		*			*				

续上表

<table>
<tr><th rowspan="3">教学项目</th><th rowspan="3">教学内容</th><th rowspan="3">教学目标</th><th colspan="9">学时安排</th></tr>
<tr><th>C1</th><th>C2</th><th>C3</th><th>C4
D
E
F</th><th>C5</th><th>B2</th><th>A3</th><th>A1
B1</th><th>A2</th></tr>
<tr><th>24</th><th>24</th><th>12</th><th>12</th><th>24</th><th>52</th><th>51</th><th>34</th><th>38</th></tr>
<tr><td rowspan="3">1. 基础驾驶</td><td rowspan="2">操纵装置的操作</td><td>掌握转向盘、制动和加速迁延控制手柄的正确操作方法；
掌握制动和加速迁延控制踏板的正确操作方法；
掌握照明和信号装置及其他操纵装置的正确操作方法</td><td rowspan="2">*</td><td rowspan="2">*</td><td rowspan="2">*</td><td rowspan="2">*</td><td rowspan="2">1</td><td rowspan="2">*</td><td rowspan="2">*</td><td rowspan="3">*</td><td rowspan="3">*</td></tr>
<tr><td>掌握转向盘、转向盘控制辅助手柄、制动和加速迁延控制手柄、转向信号灯迁延开关的正确操作方法；
掌握驻车制动辅助手柄、照明和信号装置及其他操纵装置的正确操作方法</td></tr>
<tr><td>行车前车辆检查与调整</td><td>掌握调整座椅、头枕、后视镜和系、松安全带的正确方法；
掌握检查操纵装置、起动发动机、检查仪表、停熄发动机的正确方法</td><td>1</td><td>1</td><td>1</td><td>1</td><td>1</td><td>1</td><td>1</td></tr>
<tr><td rowspan="8">2. 场地驾驶</td><td>牵引车与挂车的连接与分离</td><td>掌握牵引车与挂车的连接与分离的操作方法和注意事项</td><td>*</td><td>*</td><td>*</td><td>*</td><td>*</td><td>*</td><td>*</td><td>*</td><td>1</td></tr>
<tr><td>上车、下车动作</td><td>掌握正确的上车、下车动作</td><td>1</td><td>1</td><td>1</td><td>0.5</td><td>*</td><td>1</td><td>*</td><td>*</td><td>*</td></tr>
<tr><td>车上轮椅或拐杖的放置</td><td>掌握轮椅和拐杖的安全放置方法</td><td>*</td><td>*</td><td>*</td><td>*</td><td rowspan="6">6</td><td>*</td><td>*</td><td>*</td><td>*</td></tr>
<tr><td>上车前的观察</td><td>掌握上车前观察，确认安全的正确方法</td><td rowspan="5">6</td><td rowspan="5">6</td><td rowspan="5">2</td><td rowspan="2">*</td><td rowspan="5">8</td><td rowspan="5">8</td><td rowspan="5">4</td><td rowspan="5">4</td></tr>
<tr><td>下车前的观察</td><td>掌握下车打开车门前观察，确认安全的正确方法</td></tr>
<tr><td>起步、停车</td><td>掌握安全平稳起步、停车的操作方法</td><td rowspan="3">2</td></tr>
<tr><td>变速、换挡、倒车</td><td>掌握加速、减速行驶和换挡、倒车的安全操作要领</td></tr>
<tr><td>行驶位置和路线</td><td>判断安全状况，保持车辆沿正确的位置和路线行驶</td></tr>
</table>

续上表

教学项目	教学内容	教学目标	学时安排								
			C1	C2	C3	C4 D E F	C5	B2	A3	A1 B1	A2
			24	24	12	12	24	52	51	34	38
2. 场地驾驶	倒车入库	在运动中操纵车辆从两侧正确倒入车库	8	8	4	*	8	*	*	*	*
	坡道定点停车和起步	准确地判断停车位置； 正确地选择挡位，平稳起步				1		16	16	10	10
	侧方停车	在运动中操纵车辆正确停入道路右侧车位（库）				*					
	曲线行驶	熟练操纵转向装置，控制车辆曲线行驶									
	直角转弯	在急转弯路段正确操纵转向装置，准确判断内外轮差									
	通过限宽门	在一定车速下正确判断车身位置顺利通过限宽门	*	*	*		*				
	通过连续障碍	准确判断车轮行驶轨迹和内外轮差，顺利通过连续障碍									
	起伏路行驶	操纵车辆平顺通过起伏路面									
	通过单边桥	准确运用转向装置，正确判断车轮直线行驶轨迹，顺利通过单边桥				2					
	窄路掉头	不超过三进二退掉头后靠右停车				*					
	侧方移位、倒车进库	准确判断行车轨迹，操控车辆进行倒车进库、移位和出库	*	*	*	*	*	8	8	6	8
	模拟高速公路驾驶	操纵车辆在模拟高速公路完成匝道入主道、变更车道、驶出高速公路等操作	*	*	*	*	*	10	10	6	8
	模拟连续急弯山区路驾驶	操纵车辆在模拟急弯山区路完成减速、靠右行驶、驶入弯道等操作									
	模拟隧道驾驶	操纵车辆在模拟隧道完成减速、开启（关闭）灯光、鸣喇叭等操作									
	模拟雨（雾）天驾驶	操纵车辆在模拟雨雾天气完成减速、选择刮水器挡位、开启灯光等操作									

续上表

教学项目	教学内容	教学目标	学时安排								
			C1	C2	C3	C4 D E F	C5	B2	A3	A1 B1	A2
			24	24	12	12	24	52	51	34	38
2. 场地驾驶	模拟湿滑道路驾驶	操纵车辆在模拟湿滑路完成减速、低速挡匀速行驶等操作									
	模拟紧急情况处置	操纵车辆在模拟紧急情况出现时，完成制动、停车、开启危险报警闪光灯、摆放警告标志、撤离画内人员等操作									
	模拟城市街道驾驶	掌握通过人行横道、路口、学校区域、居民小区、公交车站、医院、商店、铁路道口等操作要领	2	2	*	*	2	*	*	*	*
	跟车速度感知	掌握 50km/h 或 70km/h 跟车行驶的方法	1	1	*	*	1	1	1	*	*
	绕桩驾驶	在运动中从起点绕桩前进驶出，再绕桩反向驶回	*	*	*	2	*	*	*	*	*
	停靠货台	倒车尾靠货台、倒车侧靠货台、前进侧靠货台，准确停靠到位	*	*	*	*	*	2	*	*	2
	停靠站台	倒车侧靠站台、前进侧靠站台，准确停靠到位	*	*	*	*	*	*	2	2	*
	独立驾驶	独立在场内安全驾驶车辆	1	1	1	1	1	1	1	2	2
3. 综合驾驶及考核	基础驾驶；场地驾驶	综合运用本阶段的所学内容，熟练完成场地驾驶科目； 考核不合格的，可根据实际情况增加相应的内容和学时	2	2	2	2	2	2	2	2	2

注：本阶段实际操作项目基础驾驶应当采用驾驶模拟器教学。

教学大纲

考试项目	考试要点	考试车型	考试目标
1. 桩考	正确判断车身行驶空间位置，操控车辆低速完成倒车或前进通过空间限位障碍	A1、A2、A3、B1、B2、C4、D、E、F	掌握基础的驾驶操作要领； 具备合理使用车辆操纵机件、正确控制车辆运动空间位置的能力； 能够准确地控制车辆的行驶位置、速度和路线
2. 倒车入库	正确判断车辆倒车轨迹，操控车辆完成倒车入库	C1、C2、C3、C5	
3. 坡道定点停车和起步	准确地判断停车位置；协调运用加速踏板、驻车制动器和离合器，平稳起步	A1、A2、A3、B1、B2、C1、C2、C3、C4、C5、D、E、F	

续上表

考试项目	考试要点	考试车型	考试目标
4. 侧方停车	在运动中操纵车辆正确停入道路右侧车位（库）	A1、A2、A3、B1、B2、C1、C2、C3、C5	掌握基础的驾驶操作要领； 具备合理使用车辆操纵机件、正确控制车辆运动空间位置的能力； 能够准确地控制车辆的行驶位置、速度和路线
5. 通过单边桥	在运动中准确运用转向装置，正确判断车轮直线行驶轨迹，保持直线行驶	A1、A2、A3、B1、B2、C4、D、E、F	
6. 曲线行驶	在运动中操纵转向装置，控制车辆曲线行驶	A1、A2、A3、B1、B2、C1、C2、C3、C5	
7. 直角转弯	在运动中正确操纵转向装置，准确判断内外轮差	A1、A2、A3、B1、B2、C1、C2、C3、C5	
8. 通过限宽门	在一定车速下正确判断车身位置通过限宽门	A1、A2、A3、B1、B2	
9. 通过连续障碍	在运动中准确判断左右车轮内侧空间运行变化	A1、A2、A3、B1、B2	
10. 起伏路行驶	运行中针对凹凸障碍以最小颠簸方式通过障碍	A1、A2、A3、B1、B2	
11. 窄路掉头	不超过三进二退掉头后靠右停车	A1、A2、A3、B1、B2	
12. 模拟高速公路驾驶	驶入驶出高速公路、合理选择行车道、遵守行车规定以及高速公路应急停车	A1、A2、A3、B1、B2	
13. 模拟连续急弯山区路驾驶	通过模拟急弯山区路要减速、鸣号、靠右行	A1、A2、A3、B1、B2	
14. 模拟隧道驾驶	进入隧道前完成减速、开灯、鸣号操作以适应环境光照度急剧变化	A1、A2、A3、B1、B2	
15. 模拟雨（雾）天驾驶	操纵车辆在模拟雨雾天气完成减速、选择刮水器挡位、开启灯光等操作	A1、A2、A3、B1、B2	
16. 模拟湿滑路驾驶	操纵车辆在模拟湿滑路低速挡匀速行驶	A1、A2、A3、B1、B2	
17. 紧急情况处置	操纵车辆在模拟紧急情况出现时，合理完成制动、停车、开启危险报警闪光灯、摆放警告标志、撤离车内人员等操作	A1、A2、A3、B1、B2	
18. 省级公安机关交通管理部门增加的考试内容	省级公安机关交通管理部门可以根据实际增加考试内容，并确定轮式自行机械车、无轨电车、有轨电车的考试内容	A1、A2、A3、B1、B2、C1、C2、C3、C5、M、N、P	

第三阶段（科目三） 道路驾驶技能和安全文明驾驶常识

阶段目标：掌握安全文明驾驶知识，具备对车辆综合控制能力；了解行人、非机动车的动态特点及险情的预测和分析方法；熟练掌握一般道路和夜间驾驶方法，能够根据不同的道路交通状况安全驾驶；形成自觉遵守交通法规、有效处置随机交通状况、无意识合理操纵车辆的能力。

教学大纲

理论知识

教学项目	教学内容	教学目标	学时安排								
			C1	C2	C3	C4 D E F	C5	B2	A3	A1 B1	A2
			16	16	14	14	16	20	20	16	16
1. 安全、文明驾驶	安全驾驶	熟练掌握车辆安全检查与调整的方法； 熟练掌握起步、汇入车流、跟车行驶、变更车道、会车、超车、让超车、停车、掉头和倒车的安全驾驶方法； 熟练掌握通过弯道、路口、人行横道、学校区域、居民小区和公交车站的安全驾驶方法； 掌握保护行人（尤其儿童）、非机动车和乘车人的安全要领	2	2	2	2	2	4	4	2	2
	文明礼让	培养优先通行权与安全礼让（尤其校车）的道德意识； 养成安全、文明的驾驶习惯； 杜绝不文明行为和违法行为	4	4	4	3	4	4	4	4	4
	常见交通标志、标线和交警手势辨识	具备实际道路驾驶时辨识、遵守各类道路交通信号的能力									
2. 恶劣气象和复杂道路条件下的安全驾驶	雨天驾驶	掌握雨天灯光、刮水器的正确使用方法； 掌握雨天行驶路面选择、速度控制方法； 掌握雨天跟车、会车、制动和停车的安全驾驶方法	4	4	4	3	4	4	4	4	4

续上表

教学项目	教学内容	教学目标	学时安排								
			C1	C2	C3	C4 D E F	C5	B2	A3	A1 B1	A2
			16	16	14	14	16	20	20	16	16
2. 恶劣气象和复杂道路条件下的安全驾驶	冰雪道路驾驶	掌握冰雪道路灯光的正确使用方法； 掌握冰雪道路行驶路面选择、速度控制方法； 掌握冰雪道路跟车、会车、制动、停车的安全驾驶方法	4	4	4	3	4	4	4	4	4
	雾天驾驶	掌握雾天灯光的正确使用方法； 掌握雾天行驶路面选择、速度控制方法； 掌握雾天跟车、会车、制动、停车的安全驾驶方法									
	大风天气驾驶	掌握大风天气灯光的正确使用方法； 掌握大风天气行驶路面选择、速度控制方法； 掌握大风天气跟车、会车、制动和停车安全驾驶方法									
	泥泞道路驾驶	掌握泥泞道路的路面选择、速度控制、方向控制方法； 了解侧滑、驱动轮空转打滑的处置方法									
	涉水驾驶	熟悉通过漫水桥、漫水路及其他情况的安全涉水驾驶方法									
	施工道路驾驶	掌握安全通过施工路段的方法									
	通过铁路道口	掌握安全通过铁路道口的方法									
	山区道路驾驶	掌握山区道路跟车、超车、会车、停车、坡道和弯道行驶的安全驾驶方法									
	通过桥梁	通过立交桥、公路跨线桥、山区跨涧公路大桥及跨江、河、海大桥及简易桥梁的安全驾驶方法									

续上表

<table>
<tr><th rowspan="3">教学项目</th><th rowspan="3">教学内容</th><th rowspan="3">教学目标</th><th colspan="9">学时安排</th></tr>
<tr><th>C1</th><th>C2</th><th>C3</th><th>C4
D
E
F</th><th>C5</th><th>B2</th><th>A3</th><th>A1
B1</th><th>A2</th></tr>
<tr><th>16</th><th>16</th><th>14</th><th>14</th><th>16</th><th>20</th><th>20</th><th>16</th><th>16</th></tr>
<tr><td rowspan="3">2. 恶劣气象和复杂道路条件下的安全驾驶</td><td>通过隧道</td><td>熟悉通过隧道的明暗适应知识；
掌握通过隧道时灯光的使用、速度控制方法及禁止行为</td><td rowspan="3">4</td><td rowspan="3">4</td><td rowspan="3">4</td><td rowspan="3">3</td><td rowspan="3">4</td><td rowspan="3">4</td><td rowspan="3">4</td><td rowspan="3">4</td><td rowspan="3">4</td></tr>
<tr><td>夜间驾驶</td><td>掌握夜间灯光的使用、路面的识别与判断、会车、跟车、超车、让超车、通过交叉路口、通过坡道、通过人行横道、转弯的安全驾驶方法及车辆发生故障时的处置方法</td></tr>
<tr><td>高速公路驾驶</td><td>掌握安全驶入高速公路、加速车道行驶、行车道的选择、行车速度控制的正确方法；
掌握控制高速公路安全跟车距离、变更车道、通过隧道、减速车道行驶、驶出高速公路的方法；
掌握高速行驶减速不让路的安全驾驶方法</td></tr>
<tr><td>3. 紧急情况下的临危处置</td><td>险情的预测与分析</td><td>了解跟车、会车、超车、变更车道、转弯、倒车、掉头等不同行驶状态下险情的预测与分析方法；
了解山区道路、桥梁、隧道等典型道路环境下驾驶险情的预测与分析方法；
了解雨天、雪天、雾天、风沙等恶劣气象条件下驾驶险情的预测与分析方法；
了解高速公路驾驶险情的预测与分析方法；
了解夜间驾驶险情的预测与分析方法</td><td>2</td><td>2</td><td>1</td><td>2</td><td>2</td><td>4</td><td>4</td><td>2</td><td>2</td></tr>
</table>

续上表

<table>
<tr><th rowspan="3">教学项目</th><th rowspan="3">教学内容</th><th rowspan="3">教学目标</th><th colspan="9">学时安排</th></tr>
<tr><th>C1</th><th>C2</th><th>C3</th><th>C4
D
E
F</th><th>C5</th><th>B2</th><th>A3</th><th>A1
B1</th><th>A2</th></tr>
<tr><th>16</th><th>16</th><th>14</th><th>14</th><th>16</th><th>20</th><th>20</th><th>16</th><th>16</th></tr>
<tr><td rowspan="2">3. 紧急情况下的临危处置</td><td>紧急情况避险知识</td><td>熟悉轮胎漏气、突然爆胎、转向突然失控、制动突然失效、发动机突然熄火、雨雪天侧滑、泥泞路面侧滑、碰撞、连续倾翻、着火、落水、突然出现障碍物、行人突然横穿、遇险时对乘员的保护等临危应急处置方法；
掌握紧急情况下的避险原则</td><td rowspan="2">2</td><td rowspan="2">2</td><td rowspan="2">1</td><td rowspan="2">2</td><td rowspan="2">2</td><td rowspan="2">4</td><td rowspan="2">4</td><td rowspan="2">2</td><td rowspan="2">2</td></tr>
<tr><td>高速公路驾驶紧急避险</td><td>熟悉高速公路行驶发生“水滑”、雾天遇事故、意外碰撞护栏、遇到横风、紧急情况停车的应急避险方法；
掌握高速公路紧急避险的原则</td></tr>
<tr><td>4. 发生交通事故后的处置</td><td>事故处置原则；
事故现场处置</td><td>了解事故现场急救的原则、基本要求；
掌握昏迷不醒、失血、烧伤、中毒、骨折伤员的自救、急救方法；
掌握常用的伤员止血方法</td><td>2</td><td>2</td><td>1</td><td>2</td><td>2</td><td rowspan="2">2</td><td rowspan="2">2</td><td rowspan="2">2</td><td rowspan="2">2</td></tr>
<tr><td>5. 危险化学品知识</td><td>常见危险化学品知识</td><td>了解常见危险化学品的特性及运输中特殊情况的处理方法</td><td>*</td><td>*</td><td>*</td><td>*</td><td>*</td></tr>
<tr><td>6. 典型事故案例</td><td>违法行为综合判断与案例分析</td><td>分析道路交通典型事故案例，判断事故发生原因</td><td>2</td><td>2</td><td>2</td><td>2</td><td>2</td><td>2</td><td>2</td><td>2</td><td>2</td></tr>
</table>

注：本阶段理论知识应当采用多媒体教学，有条件的可通过网络等形式配合教学。

实际操作

<table>
<tr><th rowspan="3">教学项目</th><th rowspan="3">教 学 内 容</th><th rowspan="3">教 学 目 标</th><th colspan="9">学 时 安 排</th></tr>
<tr><th>C1</th><th>C2</th><th>C3</th><th>C4
D
E
F</th><th>C5</th><th>B2</th><th>A3</th><th>A1
B1</th><th>A2</th></tr>
<tr><th>24</th><th>24</th><th>16</th><th>10</th><th>24</th><th>32</th><th>33</th><th>20</th><th>22</th></tr>
<tr><td>1. 起步</td><td>起步操作</td><td>掌握起步前检查、调整、观察的要领和安全平稳起步的驾驶方法</td><td rowspan="2">1</td><td rowspan="2">1</td><td rowspan="2">1</td><td rowspan="2">1</td><td rowspan="2">1</td><td rowspan="2">1</td><td rowspan="2">1</td><td rowspan="2">1</td><td rowspan="2">1</td></tr>
<tr><td>2. 直线行驶</td><td>直线行驶、行驶速度与安全距离控制</td><td>掌握根据道路情况合理控制车速、使用挡位，保持直线行驶，跟车距离适当，行驶过程中适时观察内、外后视镜的驾驶方法</td></tr>
<tr><td>3. 换挡</td><td>加、减挡操作</td><td>掌握根据道路交通状况和车速，合理加减挡，及时、平顺换挡的驾驶方法</td><td rowspan="3">4</td><td>*</td><td rowspan="3">2</td><td rowspan="3">1</td><td>*</td><td rowspan="3">4</td><td rowspan="3">4</td><td rowspan="3">4</td><td rowspan="3">4</td></tr>
<tr><td>4. 跟车</td><td>跟车距离和跟车速度控制</td><td>掌握合理控制跟车速度、保持安全跟车距离的驾驶方法</td><td rowspan="2">4</td><td rowspan="2">4</td></tr>
<tr><td>5. 变更车道</td><td>安全变更车道</td><td>掌握变更车道时观察、判断车辆安全距离，控制行驶速度，使用灯光信号的驾驶方法</td></tr>
<tr><td>6. 靠边停车</td><td>顺位停车
S 形倒车入位
L 形倒车入位</td><td>掌握靠路边顺位停车、倒入平行式停车位（S 形倒车入位）、倒入垂直式停车位（L 形倒车入位）的操作方法</td><td>1</td><td>1</td><td>1</td><td>*</td><td>1</td><td>1</td><td>1</td><td>1</td><td>1</td></tr>
<tr><td rowspan="2">7. 通过路口</td><td>直行通过路口</td><td>掌握路口合理观察交通情况，减速或停车瞭望，直行安全通过路口的驾驶方法</td><td rowspan="4">8</td><td rowspan="4">8</td><td rowspan="4">4</td><td rowspan="4">4</td><td rowspan="4">8</td><td rowspan="4">13</td><td rowspan="4">13</td><td rowspan="4">4</td><td rowspan="4">4</td></tr>
<tr><td>路口左转弯、路口右转弯</td><td>掌握路口合理观察交通情况，减速或停车瞭望，正确使用转向灯，左、右转弯安全通过路口的驾驶方法</td></tr>
<tr><td>8. 通过人行横道</td><td>安全通过人行横道</td><td>掌握安全通过人行横道、合理控制车速、礼让行人的驾驶方法</td></tr>
<tr><td>9. 通过学校区域</td><td>安全通过学校区域</td><td>掌握安全通过学校区域，文明礼让，避让学生和校车，确保安全通过的驾驶方法</td></tr>
</table>

续上表

教学项目	教学内容	教学目标	学时安排								
			C1	C2	C3	C4 D E F	C5	B2	A3	A1 B1	A2
			24	24	16	10	24	32	33	20	22
10. 通过公共汽车站	安全通过公共汽车站	掌握通过公共汽车站提前减速，观察公共汽车进、出站动态和上下车乘客动态及预防行人横穿道路的驾驶方法	8	8	4	4	8	13	13	4	4
11. 会车	安全会车	掌握正确判断会车地点，会车有危险时，控制车速、提前避让、调整会车地点及与对方车辆保持安全间距的驾驶方法									
12. 超车	同向超车、借道超车	掌握同向超车、借道超车的要领，以及观察被超越车辆的动态，保持与被超越车辆的安全间距，观察左侧交通情况，选择合理超车时机的驾驶方法									
13. 掉头	安全掉头	掌握降低车速，观察交通情况，正确选择掉头地点和时机的驾驶方法	1	1	1	*	1	1	1	1	1
14. 夜间驾驶	夜间安全驾驶与灯光的使用	掌握夜间起步、会车、超车、通过急弯、通过坡路、通过拱桥、通过人行横道或者没有交通信号灯控制的路口时正确使用灯光的驾驶方法	2	2	2	1	2	4	4	2	4
15. 行驶路线选择	自行选择行驶路线	按照自行选择的行驶路线，在一般道路上独立地安全驾驶	1	1	1	1	1	2	2	1	1
16. 模拟驾驶	驾驶行为综合分析与判断	能够对常见驾驶陋习和违法行为进行综合分析与判断	2	2	2	1	2	2	2	2	2
	恶劣条件下的驾驶	掌握在雨天、雾天、冰雪路面、泥泞道路、涉水等恶劣条件下安全驾驶的要领和方法	1	1	1	1	1	1	2	1	1
	山区道路驾驶	掌握山区道路安全驾驶的要领和方法									
	高速公路驾驶	掌握高速公路安全驾驶的要领和方法	1	1	*	*	1	1	1	1	1

续上表

教学项目	教学内容	教学目标	学时安排								
			C1	C2	C3	C4 D E F	C5	B2	A3	A1 B1	A2
			24	24	16	10	24	32	33	20	22
17. 综合驾驶及考核	实际道路驾驶； 安全文明驾驶常识； 模拟驾驶	在实际道路上熟练地驾驶所学准驾车型； 掌握安全文明驾驶常识和驾驶行为综合分析与判断方法； 考核不合格的，可根据实际情况增加相应的内容和学时	2	2	1	—	2	2	2	2	2

注：1. 本阶段摸拟驾驶部分内容可采用驾驶模拟器教学；

2. 本阶段 C4、D、E、F 车型的综合驾驶及考核不计学时。

考试大纲

道路驾驶技能

考试项目	考试要点	考试车型	考试目标
1. 上车准备	上车前观察车辆外观和周围环境，确认安全	A1、A2、A3、B1、B2、C1、C2、C3、C5	熟练掌握各类道路和夜间驾驶方法，具备自觉遵守交通法规、有效处置随机交通状况、无意识合理操纵车辆的能力，做到安全、文明、谨慎驾驶
2. 起步	起步前调整和检查车内设施，观察后方、侧方交通情况，起步过程规范、平稳	A1、A2、A3、B1、B2、C1、C2、C3、C5	
3. 直线行驶	根据道路情况合理控制车速，正确使用挡位，保持直线行驶，跟车距离适当	A1、A2、A3、B1、B2、C1、C2、C3、C5	
4. 加减挡位操作	根据道路交通状况和车速，合理加减挡，换挡及时、平顺	A1、A2、A3、B1、B2、C1、C2、C3、C5	
5. 变更车道	变更车道过程中正确使用转向灯，观察侧后方交通情况，保持车辆安全间距，控制行驶速度，合理选择变道时机	A1、A2、A3、B1、B2、C1、C2、C3、C5	
6. 靠边停车	正确使用转向灯，观察后方和右侧交通情况，减速向右平稳停车	A1、A2、A3、B1、B2、C1、C2、C3、C5	
7. 直行通过路口	合理观察交通情况，减速或停车瞭望，直行安全通过路口	A1、A2、A3、B1、B2、C1、C2、C3、C5	

续上表

考试项目	考试要点	考试车型	考试目标
8. 路口左转弯	合理观察交通情况，减速或停车瞭望，正确使用转向灯，左转弯安全通过路口	A1、A2、A3、B1、B2、C1、C2、C3、C5	熟练掌握各类道路和夜间驾驶方法，具备自觉遵守交通法规、有效处置随机交通状况、无意识合理操纵车辆的能力，做到安全、文明、谨慎驾驶
9. 路口右转弯	合理观察交通情况，减速或停车瞭望，正确使用转向灯，右转弯安全通过路口	A1、A2、A3、B1、B2、C1、C2、C3、C5	
10. 通过人行横道	减速，观察两侧交通情况，确认安全后，合理控制车速通过，遇行人停车让行	A1、A2、A3、B1、B2、C1、C2、C3、C5	
11. 通过学校区域	提前减速观察情况，文明礼让，确保安全通过，遇有学生横过马路时应停车让行	A1、A2、A3、B1、B2、C1、C2、C3、C5	
12. 通过公共汽车站	提前减速，观察公共汽车进、出站动态和乘客上下车动态，着重注意同向公共汽车前方或对向公共汽车后方有无行人横穿道路	A1、A2、A3、B1、B2、C1、C2、C3、C5	
13. 会车	正确判断会车地点，与对方车辆保持安全间距	A1、A2、A3、B1、B2、C1、C2、C3、C5	
14. 超车	保持与被超越车辆的安全跟车距离，观察左侧交通情况，选择合理时机，正确使用灯光，从被超越车辆的左侧超越。超越后，在不影响被超越车辆正常行驶的情况下，逐渐驶回原车道	A1、A2、A3、B1、B2、C1、C2、C3、C5	
15. 掉头	降低车速，观察交通情况，正确选择掉头地点和时机，发出掉头信号后掉头； 掉头时不妨碍其他车辆和行人的正常通行	A1、A2、A3、B1、B2、C1、C2、C3、C5	
16. 夜间行驶	行驶中根据各种照明情况和道路情况正确使用灯光	A1、A2、A3、B1、B2、C1、C2、C3、C5	
17. 省级公安机关交通管理部门确定的考试内容	除大型客车、牵引车、城市公交车、中型客车、大型货车、小型汽车、小型自动挡汽车、低速载货汽车和残疾人专用小型自动挡载客汽车外的其他准驾车型考试内容	C4、D、E、F、M、N、P	
18. 省级公安机关交通管理部门增加的考试内容	大型客车、牵引车、城市公交车、中型客车、大型货车的山区、隧道、陡坡等复杂道路驾驶考试内容	A1、A2、A3、B1、B2	

安全文明驾驶常识

<table>
<tr><th>考试项目</th><th>考试内容</th><th>考试要点</th><th>考试目标</th></tr>
<tr><td rowspan="2">1. 违法行为综合判断与案例分析</td><td>典型事故案例</td><td>道路交通事故原因分析；
典型事故带来的经验教训</td><td rowspan="2">能够独立对各类典型事故案例进行分析，总结经验教训，了解常见违法行为和不文明行为</td></tr>
<tr><td>违法行为</td><td>常见违法行为和不文明行为分析</td></tr>
<tr><td>2. 安全行车常识</td><td>安全行车</td><td>出车前的检查；
起步前的调整；
安全起步；
安全汇入车流；
安全跟车距离；
安全会车；
安全超车、让超车；
安全停车；
安全掉头；
安全倒车；
弯道安全驾驶；
路口安全驾驶；
安全通过人行横道；
安全通过学校区域；
安全通过居民小区；
安全通过公交车站；
保护乘车人</td><td>熟练掌握安全驾驶知识，强化安全、谨慎驾驶意识</td></tr>
<tr><td>3. 驾驶职业道德和文明驾驶常识</td><td>文明驾驶</td><td>人行横道前的礼让；
会车时的礼让；
超车时的礼让；
遇特种车辆的礼让；
遇异常行驶车辆的礼让；
遇道路、路口拥堵时的礼让；
遇行人的礼让；
遇牲畜的礼让；
遇非机动车的礼让；
常见不文明行为；
常见违法行为</td><td>熟练掌握文明驾驶知识，强化文明、礼让驾驶意识</td></tr>
<tr><td>4. 常见交通标志、标线和交警手势辨识</td><td>道路交通信号</td><td>警告标志；
禁令标志；
指示标志；
指路标志；
旅游区标志；
指示标线；
禁止标线；
警告标线；
交通警察手势</td><td>具备实际道路驾驶时辨识、遵守各类道路交通信号的能力</td></tr>
</table>

续上表

考试项目	考试内容	考试要点	考试目标
5. 恶劣气象和复杂道路条件下驾驶常识	通过桥梁、隧道的安全驾驶	通过桥梁的安全驾驶； 通过双向行驶隧道的安全驾驶	熟练掌握恶劣气象和复杂道路条件下的安全驾驶知识，能够根据不同的道路交通状况安全驾驶
	山区道路安全驾驶	山路跟车时的安全驾驶； 山路超车时的安全驾驶； 山路会车时的安全驾驶； 山区道路安全停车； 山路坡道的安全驾驶； 山路弯道的安全驾驶	
	夜间安全驾驶	夜间灯光的使用； 夜间路面的识别与判断； 夜间跟车、超车、让超车时的安全驾驶； 夜间会车时的安全驾驶； 夜间通过交叉路口时的安全驾驶； 夜间通过坡道、人行横道时的安全驾驶； 夜间转弯、发生故障时的安全驾驶	
	特殊道路及恶劣气象条件下的安全驾驶	雨天安全驾驶； 冰雪道路的安全驾驶； 雾天安全驾驶； 大风天气的安全驾驶； 泥泞、涉水、施工道路的安全驾驶	
	高速公路安全驾驶	驶入收费口； 匝道行驶； 加速车道行驶； 汇入车流； 行车道的选择； 行车速度确认； 安全距离； 安全停车； 通过隧道、桥梁； 减速车道行驶	
6. 紧急情况下避险常识	紧急情况通用避险知识	紧急情况下的避险原则； 轮胎漏气、突然爆胎、转向突然失控、制动突然失效、发动机突然熄火、侧滑、碰撞、倾翻、火灾、车辆落水的应急处置	熟练掌握紧急情况下的临危处置方法，掌握应对各类突发紧急情况的基本知识
	高速公路紧急避险	紧急避险的原则； 发生“水滑”、雾天遇事故、意外碰撞护栏、遇到横风、紧急情况停车的应急处置	

续上表

考试项目	考试内容	考试要点	考试目标
7. 交通事故救护及常见危险化学品处置常识	事故处置	事故处置原则； 事故现场处置常规方法	掌握发生交通事故后现场处置方法、伤员自救常识和常见危险化学品名称、特性等常识
	伤员自救、急救	伤员急救的基本要求； 昏迷不醒伤员急救； 失血伤员急救； 烧伤者急救； 中毒伤员的急救； 骨折伤员处置； 常用伤员止血方法	
	常见危险化学品	常见危险化学品的特性； 危险化学品运输中特殊情况的处理	
8. 地方试题	省级公安交通管理部门根据实际确定的考试内容		掌握根据本地实际确定的安全文明驾驶常识

说明：1. 标注“*”部分为本车型不要求的教学项目和内容；

2. 按照培训车型使用教学日志。

C1、C2、C5/C3 驾驶培训教学日志

车型：C1、C2、C5/C3
学时：78/56
每学时为1小时

No.

培训机构名称：	学员姓名：	车型：

第一阶段　　学时：12/12	阶段目标：了解机动车基本知识，掌握道路交通安全法律、法规及道路交通信号的规定。

理论知识 学时：12/12	教学项目		教学目标	
	1. 机动车基本知识 2. 法律、法规及道路交通信号		1. 熟练掌握法律、法规及道路交通信号相关规定和要求 2. 掌握车辆主要安全装置、驾驶操纵机构的作用 3. 了解机动车基本结构知识、车辆性能、车辆运行材料知识	
次数/日期	1/	2/	3/	4/
教学项目				
所用学时				
学员签字				
教练员评价及签字				

第一阶段考核意见：

考核员签字：

年　　月　　日

第二阶段　　学时：26/14	阶段目标：掌握基础的驾驶操作要领，具备对车辆控制的基本能力；熟练掌握场地和场内道路驾驶的基本方法，具备合理使用车辆操纵机件、正确控制车辆运动空间位置的能力，能够准确地控制车辆的行驶位置、速度和路线。

<table>
<tr><td rowspan="5">理论知识
学时：2/2</td><td>教学项目</td><td>教学目标</td><td>日　期</td><td></td></tr>
<tr><td rowspan="4">1. 基础驾驶
2. 场地驾驶</td><td rowspan="4">1. 掌握基础驾驶操作的要领与作用
2. 熟知速度控制、转向控制、空间位置控制对安全行车的影响</td><td>教学项目</td><td></td></tr>
<tr><td>所用学时</td><td></td></tr>
<tr><td>学员签字</td><td></td></tr>
<tr><td>教练员评价及签字</td><td></td></tr>
<tr><td rowspan="2">实际操作
学时：24/12</td><td>教学项目</td><td colspan="3">教学目标</td></tr>
<tr><td>1. 基础驾驶
2. 场地驾驶</td><td colspan="3">1. 掌握正确的上、下车动作及驾驶姿势要领
2. 熟练掌握操纵装置的操作要领
3. 掌握行车前车辆的检查与调整方法
4. 掌握上下车观察、起步、变速、换挡、停车、倒车的驾驶方法
5. 掌握判断安全状况，保持车辆沿正确的位置和路线行驶的方法
6. 掌握倒车入库、坡道定点停车和起步、侧方停车、曲线行驶、直角转弯驾驶的方法
7. 掌握通过人行横道、路口、学校区域、居民小区、公交车站、医院、商店、铁路道口等操作要领
8. 掌握50km/h或70km/h车速下的跟车行驶要领
9. 独立在场内安全驾驶车辆</td></tr>
</table>

次数/日期	1/	2/	3/	4/	5/	6/
教学项目						
所用学时						
学员签字						
教练员评价及签字						
次数/日期	7/	8/	9/	10/	11/	12/
教学项目						
所用学时						
学员签字						
教练员评价及签字						

第二阶段考核意见： 考核员签字： 年　　月　　日

<table>
<tr><td>第三阶段　　学时：40/30</td><td colspan="4">阶段目标：掌握安全文明驾驶知识，具备对车辆综合控制能力；了解行人、非机动车的动态特点及险情的预测和分析方法；熟练掌握一般道路和夜间驾驶方法，能够根据不同的道路交通状况安全驾驶；形成自觉遵守交通法规、有效处置随机交通状况、无意识合理操纵车辆的能力。</td></tr>
<tr><td rowspan="2">理论知识
学时：16/14</td><td colspan="2">教学项目</td><td colspan="2">教学目标</td></tr>
<tr><td colspan="2">1. 安全、文明驾驶
2. 恶劣气象和复杂道路条件下的安全驾驶
3. 紧急情况下的临危处置
4. 发生交通事故后的处置
5. 典型事故案例</td><td colspan="2">1. 熟练掌握安全驾驶、文明礼让知识，具备实际道路驾驶时辨识、遵守各类道路交通信号的能力
2. 掌握雨天、冰雪道路、雾天、大风天气、泥泞道路、涉水、施工道路、通过铁路道口、山区道路、夜间、高速公路和通过桥梁、隧道的安全驾驶方法
3. 熟知险情的预测和分析方法、紧急情况避险知识和高速公路紧急避险方法
4. 熟知事故处置原则，掌握常用事故现场处置方法
5. 分析道路交通典型事故案例，判断事故发生原因</td></tr>
<tr><td>次数/日期</td><td>1/</td><td>2/</td><td>3/</td><td>4/</td></tr>
<tr><td>教学项目</td><td></td><td></td><td></td><td></td></tr>
<tr><td>所用学时</td><td></td><td></td><td></td><td></td></tr>
<tr><td>学员签字</td><td></td><td></td><td></td><td></td></tr>
<tr><td>教练员评价及签字</td><td></td><td></td><td></td><td></td></tr>
</table>

<table>
<tr><td rowspan="2">实际操作
学时：24/16</td><td>教学项目</td><td>教学目标</td></tr>
<tr><td>1. 起步
2. 直线行驶
3. 换挡
4. 跟车
5. 变更车道
6. 靠边停车
7. 通过路口
8. 通过人行横道
9. 通过学校区域
10. 通过公共汽车站
11. 会车
12. 超车
13. 掉头
14. 夜间驾驶
15. 行驶路线选择
16. 模拟驾驶</td><td>1. 掌握起步前检查、调整、观察的要领和安全平稳起步的驾驶方法
2. 掌握根据道路情况合理控制车速、保持直线行驶，跟车距离适当，行驶过程中适时观察内、外后视镜的驾驶方法
3. 掌握根据道路交通状况和车速，合理加减挡，及时、平顺换挡的驾驶方法
4. 掌握合理控制跟车速度、保持安全跟车距离的安全驾驶方法
5. 掌握变更车道时观察、判断车辆安全距离，控制行驶速度、使用灯光信号的安全驾驶方法
6. 掌握靠路边顺位停车、倒入平行式停车位（S 形倒车入位）、倒入垂直式停车位（L 形倒车入位）的操作方法
7. 掌握路口合理观察交通情况，直行、向左右转弯安全通过路口的驾驶方法
8. 掌握通过人行横道、学校区域、公共汽车站的安全驾驶方法
9. 掌握会车、同向超车、借道超车、掉头的安全驾驶方法
10. 掌握夜间安全驾驶与灯光的使用方法
11. 按照自行选择的行驶路线，在一般道路上独立地安全驾驶
12. 掌握常见驾驶陋习、违法行为的综合分析与判断的方法
13. 掌握模拟雨天、雾天、冰雪路面、泥泞道路、涉水等恶劣条件下的安全驾驶要领和方法
14. 掌握模拟山区道路、高速公路的安全驾驶要领和方法</td></tr>
</table>

次数/日期	1/	2/	3/	4/	5/	6/
教学项目						
所用学时						
学员签字						
教练员评价及签字						
次数/日期	7/	8/	9/	10/	11/	12/
教学项目						
所用学时						
学员签字						
教练员评价及签字						

第三阶段考核意见： 考核员签字： 年 月 日	
培训机构审核意见	（盖章） 年 月 日

B2/A2 驾驶培训教学日志

车型：B2/　A2
学时：118　/　88
每学时为1小时

No.

<table>
<tr><td>培训机构名称：</td><td>学员姓名：</td><td>车型：</td></tr>
</table>

<table>
<tr><td>第一阶段　　学时：12/10</td><td>阶段目标：了解机动车基本知识，掌握道路交通安全法律、法规及道路交通信号的规定。</td></tr>
</table>

<table>
<tr><td rowspan="2">理论知识
学时：12/10</td><td colspan="2">教学项目</td><td colspan="2">教学目标</td></tr>
<tr><td colspan="2">1. 机动车基本知识
2. 法律、法规及道路交通信号</td><td colspan="2">1. 熟练掌握法律、法规及道路交通信号相关规定、要求和通行规则
2. 掌握车辆主要安全装置、驾驶操纵机构的作用
3. 了解机动车基本结构知识、车辆性能、车辆运行材料知识</td></tr>
<tr><td>次数/日期</td><td>1/</td><td>2/</td><td>3/</td><td>4/</td></tr>
<tr><td>教学项目</td><td></td><td></td><td></td><td></td></tr>
<tr><td>所用学时</td><td></td><td></td><td></td><td></td></tr>
<tr><td>学员签字</td><td></td><td></td><td></td><td></td></tr>
<tr><td>教练员评价及签字</td><td></td><td></td><td></td><td></td></tr>
</table>

<table>
<tr><td>第一阶段考核意见：

考核员签字：
年　　月　　日</td></tr>
</table>

<table>
<tr><td>第二阶段　　学时：54/40</td><td>阶段目标：掌握基础的驾驶操作要领，具备对车辆控制的基本能力；熟练掌握场地和场内道路驾驶的基本方法，具备合理使用车辆操纵机件、正确控制车辆运动空间位置的能力，能够准确地控制车辆的行驶位置、速度和路线。</td></tr>
</table>

<table>
<tr><td rowspan="6">理论知识
学时：2/2</td><td>教学项目</td><td>教 学 目 标</td><td>日期</td><td></td></tr>
<tr><td rowspan="5">1. 基础驾驶
2. 场地驾驶</td><td rowspan="5">1. 掌握基础驾驶操作的要领与作用
2. 熟知速度控制、转向控制、空间位置控制对安全行车的影响</td><td>教学项目</td><td></td></tr>
<tr><td>所用学时</td><td></td></tr>
<tr><td>学员签字</td><td></td></tr>
<tr><td>教练员评价及签字</td><td></td></tr>
<tr></tr>
<tr><td rowspan="2">实际操作
学时：52/38</td><td>教学项目</td><td colspan="3">教 学 目 标</td></tr>
<tr><td>1. 基础驾驶
2. 场地驾驶</td><td colspan="3">1. 掌握牵引车与挂车的连接与分离的操作方法和注意事项
2. 掌握正确的上、下车动作及驾驶姿势要领
3. 熟练掌握操纵装置的操作要领
4. 掌握行车前车辆的检查与调整方法
5. 掌握上下车观察、起步、变速、换挡、停车、倒车的驾驶方法
6. 掌握判断安全状况，保持车辆沿正确的位置和路线行驶的方法
7. 掌握倒桩、坡道定点停车和起步、侧方停车、通过单边桥、曲线行驶、直角转弯、通过限宽门、通过连续障碍、起伏路行驶、窄路掉头的驾驶方法
8. 掌握模拟高速公路、连续急弯山区路、隧道、雨（雾）天、湿滑路驾驶方法及遇紧急情况的处置方法
9. 掌握 50km/h 或 70km/h 车速下的跟车行驶要领
10. 掌握倒车尾靠货台、倒车侧靠货台、前进侧靠货台，准确停靠到位的方法
11. 独立在场内安全驾驶车辆</td></tr>
</table>

次数/日期	1/	2/	3/	4/	5/	6/	7/
教学项目							
所用学时							
学员签字							
教练员评价及签字							

次数/日期	8/	9/	10/	11/	12/	13/	14/
教学项目							
所用学时							
学员签字							
教练员评价及签字							
次数/日期	15/	16/	17/	18/	19/	20/	21/
教学项目							
所用学时							
学员签字							
教练员评价及签字							
次数/日期	22/	23/	24/	25/	26/	27/	28/
教学项目							
所用学时							
学员签字							
教练员评价及签字							

第二阶段考核意见：

考核员签字：

年　　月　　日

第三阶段　　学时：52/38	阶段目标：掌握安全文明驾驶知识，具备对车辆综合控制能力；了解行人、非机动车的动态特点及险情的预测和分析方法；熟练掌握一般道路和夜间驾驶方法，能够根据不同的道路交通状况安全驾驶；形成自觉遵守交通法规、有效处置随机交通状况、无意识合理操纵车辆的能力。

	教学项目	教学目标
理论知识 学时：20/16	1. 安全、文明驾驶 2. 恶劣气象和复杂道路条件下的安全驾驶 3. 紧急情况下的临危处置 4. 发生交通事故后的处置 5. 危险化学品知识 6. 典型事故案例	1. 熟练掌握安全驾驶、文明礼让知识，具备实际道路驾驶时辨识、遵守各类道路交通信号的能力 2. 掌握雨天、冰雪道路、雾天、大风天气、泥泞道路、涉水、施工道路、通过铁路道口、山区道路、夜间、高速公路和通过桥梁、隧道的安全驾驶方法 3. 熟知险情的预测和分析方法、紧急情况避险知识和高速公路紧急避险方法 4. 熟知事故处置原则，掌握常用事故现场处置方法 5. 了解常见危险化学品的特性及运输中特殊情况的处理方法 6. 分析道路交通典型事故案例，判断事故发生原因

次数/日期	1/	2/	3/	4/	5/
教学项目					
所用学时					
学员签字					
教练员评价及签字					

	教学项目	教学目标
实际操作 学时：32/22	1. 起步 2. 直线行驶 3. 换挡 4. 跟车 5. 变更车道 6. 靠边停车 7. 通过路口 8. 通过人行横道 9. 通过学校区域 10. 通过公共汽车站 11. 会车 12. 超车 13. 掉头 14. 夜间驾驶 15. 行驶路线选择 16. 模拟驾驶	1. 掌握起步前检查、调整、观察的要领和安全平稳起步的驾驶方法 2. 掌握根据道路情况合理控制车速、保持直线行驶，跟车距离适当，行驶过程中适时观察内、外后视镜的驾驶方法 3. 掌握根据道路交通状况和车速，合理加减挡，及时、平顺换挡的驾驶方法 4. 掌握合理控制跟车速度、保持安全跟车距离的安全驾驶方法 5. 掌握变更车道时观察、判断车辆安全距离，控制行驶速度、使用灯光信号的安全驾驶方法 6. 掌握靠路边顺位停车、倒入平行式停车位（S 形倒车入位）、倒入垂直式停车位（L 形倒车入位）的操作方法 7. 掌握路口合理观察交通情况，直行、向左右转弯安全通过路口的驾驶方法 8. 掌握通过人行横道、学校区域、公共汽车站的安全驾驶方法 9. 掌握会车、同向超车、借道超车、掉头的安全驾驶方法 10. 掌握夜间安全驾驶与灯光的使用方法 11. 按照自行选择的行驶路线，在一般道路上独立地安全驾驶 12. 掌握常见驾驶陋习、违法行为的综合分析与判断的方法 13. 掌握模拟雨天、雾天、冰雪路面、泥泞道路、涉水等恶劣条件下安全驾驶要领和方法 14. 掌握模拟山区道路、高速公路的安全驾驶要领和方法

次数/日期	1/	2/	3/	4/	5/	6/	7/	8/
教学项目								
所用学时								
学员签字								
教练员评价及签字								
次数/日期	9/	10/	11/	12/	13/	14/	15/	16/
教学项目								
所用学时								
学员签字								
教练员评价及签字								

第三阶段考核意见： 考核员签字： 年　　月　　日	
培训机构审核意见	（盖章） 年　　月　　日

A3/A1、B1 驾驶培训教学日志

车型：A3/A1、B1
学时：120　/82
每学时为 1 小时

No.

培训机构名称：	学员姓名：	车型：

第一阶段　　学时：14/10	阶段目标：了解机动车基本知识，掌握道路交通安全法律、法规及道路交通信号的规定。

<table>
<tr><td rowspan="2">理论知识
学时：14/10</td><td>教学项目</td><td colspan="3">教学目标</td></tr>
<tr><td>1. 机动车基本知识
2. 法律、法规及道路交通信号</td><td colspan="3">1. 熟练掌握法律、法规及道路交通信号相关规定、要求和通行规则
2. 掌握车辆主要安全装置、驾驶操纵机构的作用
3. 了解机动车基本结构知识、车辆性能、车辆运行材料知识</td></tr>
<tr><td>次数/日期</td><td>1/</td><td>2/</td><td>3/</td><td>4/</td></tr>
<tr><td>教学项目</td><td></td><td></td><td></td><td></td></tr>
<tr><td>所用学时</td><td></td><td></td><td></td><td></td></tr>
<tr><td>学员签字</td><td></td><td></td><td></td><td></td></tr>
<tr><td>教练员评价及签字</td><td></td><td></td><td></td><td></td></tr>
</table>

第一阶段考核意见：

考核员签字：

年　　月　　日

第二阶段　　学时：53/36	阶段目标：掌握基础的驾驶操作要领，具备对车辆控制的基本能力；熟练掌握场地和场内道路驾驶的基本方法，具备合理使用车辆操纵机件、正确控制车辆运动空间位置的能力，能够准确地控制车辆的行驶位置、速度和路线。

	教学项目	教 学 目 标	日期	
理论知识 学时：2/2	1. 基础驾驶 2. 场地驾驶	1. 掌握基础驾驶操作的要领与作用 2. 熟知速度控制、转向控制、空间位置控制对安全行车的影响	教学项目	
			所用学时	
			学员签字	
			教练员评价及签字	

	教学项目	教 学 目 标
实际操作 学时：51/34	1. 基础驾驶 2. 场地驾驶	1. 熟练掌握操纵装置的操作要领 2. 掌握行车前车辆的检查与调整方法 3. 掌握上下车观察、起步、变速、换挡、停车、倒车的驾驶方法 4. 掌握判断安全状况，保持车辆沿正确的位置和路线行驶的方法 5. 掌握倒桩、坡道定点停车和起步、侧方停车、通过单边桥、曲线行驶、直角转弯、通过限宽门、通过连续障碍、起伏路行驶、窄路掉头的驾驶方法 6. 掌握模拟高速公路、连续急弯山区路、隧道、雨（雾）天、湿滑路驾驶方法及遇紧急情况的处置方法 7. 掌握 50km/h 或 70km/h 车速下的跟车行驶要领 8. 掌握倒车侧靠站台、前进侧靠站台，准确停靠到位的方法 9. 独立在场内安全驾驶车辆

次数/日期	1/	2/	3/	4/	5/	6/	7/
教学项目							
所用学时							
学员签字							
教练员评价及签字							

次数/日期	8/	9/	10/	11/	12/	13/	14/
教学项目							
所用学时							
学员签字							
教练员评价及签字							
次数/日期	15/	16/	17/	18/	19/	20/	21/
教学项目							
所用学时							
学员签字							
教练员评价及签字							
次数/日期	22/	23/	24/	25/	26/	27/	28/
教学项目							
所用学时							
学员签字							
教练员评价及签字							

第二阶段考核意见：

考核员签字：

年　　月　　日

第三阶段　　学时：53/36	阶段目标：掌握安全文明驾驶知识，具备对车辆综合控制能力；了解行人、非机动车的动态特点及险情的预测和分析方法；熟练掌握一般道路和夜间驾驶方法，能够根据不同的道路交通状况安全驾驶；形成自觉遵守交通法规、有效处置随机交通状况、无意识合理操纵车辆的能力。

	教学项目	教学目标
理论知识 学时：20/16	1. 安全、文明驾驶 2. 恶劣气象和复杂道路条件下的安全驾驶 3. 紧急情况下的临危处置 4. 发生交通事故后的处置 5. 危险化学品知识 6. 典型事故案例	1. 熟练掌握安全驾驶、文明礼让知识，具备实际道路驾驶时辨识、遵守各类道路交通信号的能力 2. 掌握雨天、冰雪道路、雾天、大风天气、泥泞道路、涉水、施工道路、通过铁路道口、山区道路、夜间、高速公路和通过桥梁、隧道的安全驾驶方法 3. 熟知险情的预测和分析方法、紧急情况避险知识和高速公路紧急避险方法 4. 熟知事故处置原则，掌握常用事故现场处置方法 5. 了解常见危险化学品的特性及运输中特殊情况的处理 6. 分析道路交通典型事故案例，判断事故发生原因

次数/日期	1/	2/	3/	4/	5/
教学项目					
所用学时					
学员签字					
教练员评价及签字					

	教学项目	教学目标
实际操作 学时：33/20	1. 起步 2. 直线行驶 3. 换档 4. 跟车 5. 变更车道 6. 靠边停车 7. 通过路口 8. 通过人行横道 9. 通过学校区域 10. 通过公共汽车站 11. 会车 12. 超车 13. 掉头 14. 夜间驾驶 15. 行驶路线选择 16. 模拟驾驶	1. 掌握起步前检查、调整、观察和安全平稳起步的驾驶方法 2. 掌握根据道路情况合理控制车速、保持直线行驶，跟车距离适当，行驶过程中适时观察内、外后视镜的驾驶方法 3. 掌握根据道路交通状况和车速，合理加减挡，及时、平顺换挡的驾驶方法 4. 掌握合理控制跟车速度、保持安全跟车距离的安全驾驶方法 5. 掌握变更车道时观察、判断车辆安全距离，控制行驶速度、使用灯光信号的安全驾驶方法 6. 掌握靠路边顺位停车、倒入平行式停车位（S形倒车入位）、倒入垂直式停车位（L形倒车入位）的操作方法 7. 掌握路口合理观察交通情况，直行、向左右转弯安全通过路口的驾驶方法 8. 掌握通过人行横道、学校区域、公共汽车站的安全驾驶方法 9. 掌握会车、同向超车、借道超车、掉头的安全驾驶方法 10. 掌握夜间安全驾驶与灯光的使用方法 11. 按照自行选择的行驶路线，在一般道路上独立地安全驾驶 12. 掌握常见驾驶陋习、违法行为的综合分析与判断的方法 13. 掌握模拟雨天、雾天、冰雪路面、泥泞道路、涉水等恶劣条件下安全驾驶要领和方法 14. 掌握模拟山区道路、高速公路安全驾驶要领和方法

次数/日期	1/	2/	3/	4/	5/	6/	7/	8/	9/
教学项目									
所用学时									
学员签字									
教练员评价及签字									
次数/日期	10/	11/	12/	13/	14/	15/	16/	17/	18/
教学项目									
所用学时									
学员签字									
教练员评价及签字									

第三阶段考核意见： 考核员签字： 年 月 日	
培训机构审核意见	（盖章） 年 月 日

C4、D、E、F 驾驶培训教学日志

车型：C4、D、E、F
学时：48
每学时为 1 小时

No.

培训机构名称：	学员姓名：	车型：

第一阶段　　学时：10	阶段目标：了解机动车基本知识，掌握道路交通安全法律、法规及道路交通信号的规定。

理论知识 学时：10	教学项目		教学目标	
	1. 机动车基本知识 2. 法律、法规及道路交通信号		1. 熟练掌握法律、法规及道路交通信号相关规定和要求 2. 掌握车辆主要安全装置、驾驶操纵机构的作用 3. 了解机动车基本结构知识、车辆性能、车辆运行材料知识	
次数/日期	1/	2/	3/	4/
教学项目				
所用学时				
学员签字				
教练员评价及签字				

第一阶段考核意见：

考核员签字：

年　　月　　日

第二阶段　　学时：14	阶段目标：掌握基础的驾驶操作要领，具备对车辆控制的基本能力；熟练掌握场地和场内道路驾驶的基本方法，具备合理使用车辆操纵机件、正确控制车辆运动空间位置的能力，能够准确地控制车辆的行驶位置、速度和路线。

理论知识 学时：2	教学项目	教 学 目 标	日期	
	1. 基础驾驶 2. 场地驾驶	1. 掌握基础驾驶操作的要领与作用 2. 熟知速度控制、转向控制、空间位置控制对安全行车的影响	教学项目	
			所用学时	
			学员签字	
			教练员评价及签字	

实际操作 学时：12	教学项目	教 学 目 标				
	1. 基础驾驶 2. 场地驾驶	1. 掌握正确的上、下车动作及驾驶姿势要领 2. 熟练掌握操纵装置的操作要领 3. 掌握行车前车辆的检查与调整方法 4. 掌握起步、变速、换挡、停车、倒车的驾驶方法 5. 掌握判断安全状况，保持车辆沿正确的位置和路线行驶 6. 掌握绕桩驾驶、坡道定点停车和起步、通过单边桥的驾驶方法 7. 独立在场内安全驾驶车辆				
次数/日期	1/	2/	3/	4/	5/	6/
教学项目						
所用学时						
学员签字						
教练员评价及签字						

第二阶段考核意见：   考核员签字： 年　　月　　日

第三阶段　　学时：24	阶段目标：掌握安全文明驾驶知识，具备对车辆综合控制能力；了解行人、非机动车的动态特点及险情的预测和分析方法；熟练掌握一般道路和夜间驾驶方法，能够根据不同的道路交通状况安全驾驶；形成自觉遵守交通法规、有效处置随机交通状况、无意识合理操纵车辆的能力。

	教学项目	教学目标
理论知识 学时：14	1. 安全、文明驾驶 2. 恶劣气象和复杂道路条件下的安全驾驶 3. 紧急情况下的临危处置 4. 发生交通事故后的处置 5. 典型事故案例	1. 熟练掌握安全驾驶、文明礼让知识，具备实际道路驾驶时辨识、遵守各类道路交通信号的能力 2. 掌握雨天、冰雪道路、雾天、大风天气、泥泞道路、涉水、施工道路、通过铁路道口、山区道路、夜间和通过桥梁、隧道的安全驾驶方法 3. 熟知险情的预测和分析方法、紧急情况避险知识 4. 熟知事故处置原则，掌握常用事故现场处置方法 5. 分析道路交通典型事故案例，判断事故发生原因

次数/日期	1/	2/	3/	4/
教学项目				
所用学时				
学员签字				
教练员评价及签字				

	教学项目	教学目标
实际操作 学时：10	1. 起步 2. 直线行驶 3. 换挡 4. 跟车 5. 变更车道 6. 通过路口 7. 通过人行横道 8. 通过学校区域 9. 通过公共汽车站 10. 会车 11. 超车 12. 夜间驾驶 13. 行驶路线选择 14. 模拟驾驶	1. 掌握起步前检查、调整、观察和安全平稳起步的驾驶方法 2. 掌握根据道路情况合理控制车速、保持直线行驶，跟车距离适当，行驶过程中适时观察内、外后视镜的驾驶方法 3. 掌握根据道路交通状况和车速，合理加减挡，及时、平顺换挡的驾驶方法 4. 掌握合理控制跟车速度、保持安全跟车距离的安全驾驶方法 5. 掌握变更车道时观察、判断车辆安全距离，控制行驶速度、使用灯光信号的安全驾驶方法 6. 掌握路口合理观察交通情况，直行、向左右转弯安全通过路口的驾驶方法 7. 掌握通过人行横道、学校区域、公共汽车站的安全驾驶方法 8. 掌握会车、同向超车、借道超车的安全驾驶方法 9. 掌握夜间安全驾驶与灯光的使用方法 10. 按照自行选择的行驶路线，在一般道路上独立地安全驾驶 11. 掌握常见驾驶陋习、违法行为的综合分析与判断的方法 12. 掌握模拟雨天、雾天、冰雪路面、泥泞道路、涉水等恶劣条件下安全驾驶要领和方法 13. 掌握模拟山区道路安全驾驶要领和方法

次数/日期	1/	2/	3/	4/
教学项目				
所用学时				
学员签字				
教练员评价及签字				
次数/日期	5/	6/	7/	8/
教学项目				
所用学时				
学员签字				
教练员评价及签字				

第三阶段考核意见： 考核员签字： 年　　月　　日	
培训机构审核意见	（盖章） 年　　月　　日

交通运输部办公厅关于发布出租汽车驾驶员从业资格考试全国公共科目考试题库的通知

（2013 年 3 月 18 日　厅运字〔2013〕83 号）

各省、自治区、直辖市、新疆生产建设兵团交通运输厅（局、委），天津市、上海市交通运输和港口管理局：

为贯彻落实《出租汽车驾驶员从业资格管理规定》（交通运输部令 2011 年第 13 号），规范出租汽车驾驶员从业资格考试工作，根据出租汽车驾驶员从业资格考试大纲，部组织制定了《出租汽车驾驶员从业资格考试全国公共科目考试题库》，现予发布，自 2013 年 5 月 1 日起执行。本题库不向社会公开，由部职业资格中心统一配发，具体事宜由部职业资格中心另行通知。

交通运输部关于印发机动车驾驶培训教练员素质提升工程实施方案的通知

（2013 年 5 月 29 日　　交运发〔2013〕330 号）

各省、自治区、直辖市、新疆生产建设兵团交通运输厅（局、委），天津市、上海市交通运输和港口管理局：

为进一步贯彻落实《国务院关于加强道路交通安全工作的意见》（国发〔2012〕30 号），以及全国机动车驾驶培训工作会议精神，加强教练员队伍建设，全面提升教练员的整体素质，部决定开展“机动车驾驶培训教练员素质提升工程”（以下简称“素质提升工程”）。现将《“机动车驾驶培训教练员素质提升工程”实施方案》印发给你们，请结合各地实际，认真抓好落实。

附件：“机动车驾驶培训教练员素质提升工程”实施方案

附件

“机动车驾驶培训教练员素质提升工程”实施方案

一、指导思想

以科学发展观为指导，认真贯彻落实《国务院关于加强道路交通安全工作的意见》（国发〔2012〕30号），以及全国机动车驾驶培训工作会议精神，加强机动车驾驶培训教练员（以下简称教练员）队伍建设，全面提升教练员的整体素质，提高机动车驾驶培训质量，夯实道路交通安全基础。

二、目标任务

通过开展“素质提升工程”，使教练员全面掌握《机动车驾驶培训教学与考试大纲》（以下简称《大纲》），了解机动车驾驶培训新理念、新技术的应用，增强教练员的安全驾驶理念、职业道德修养，规范教练员教学行为，基本建立机动车驾驶培训考核员队伍，教练员综合素质明显提升，机动车驾驶培训行业教学质量和服务水平全面提高。

三、主要内容

（一）严格教练员资格管理。一是要把好教练员职业资格关。进一步加强教练员从业资格培训，注重教练员职业道德培养，规范教练员从业资格考试，提高教练员职业资格门槛。二是要加强对教练员持证上岗情况的监管，督促驾驶培训机构按要求聘用有教练员从业资格的人员担任教练员。三是要推进教练员职业化教育，积极研究适合教练员培训的课程体系和培养模式，继续推进将教练员培养纳入职业教育体系，全面提升教练员的综合素质，提升教练员职业地位。四是要推进教练员国家职业资格制度实施，按照国家职业标准开展教练员职业技能鉴定工作。

（二）强化教练员监管与责任追究。一是强化教练员日常监管。对教练员存在缩短培训学时、减少培训项目，以及贿赂考试员、以承诺考试合格等名义向学员索取钱物、参与违规办理驾驶证或者考试舞弊现象的，各地要督促驾驶培训机构暂停其培训，情节严重的，依法撤销其从业资格。二是规范教练员教学行为。加强对教学过程监管，广泛发动学员参与教学过程监督，建立以学员满意度为主要指标的评判机制，形成“学员选教练，学员评教练”的良性机制。三是建立完善教练员考评机制。建立教练员黑名单制度，定期公布教练员的教学质量排行情况。四是加强事故责任追究。对导致一次死亡3人以上的机动车驾驶员，且负同等以上责任的，各地要协助公安、安全监管等部门，依法依规做好培训过程责任倒查。

（三）开展教练员全员培训活动。推进教练员继续教育，组织开展在岗教练员全员培训活动。各地要以培养教练员安全驾驶理念、职业道德修养、规范教学行为、现代教学技术应用等为主要内容，对所有教练员进行一次提升教育。要结合本地区实际，完成对《大纲》的宣贯培训，确保教练员全面掌握《大纲》内容和要求，保证《大纲》落到实处。对参加培训的教练员，要进行统一考试。未通过考试的教练员，要重新进行培训。要督促机动车驾驶培训机构从获得二级机动车驾驶教练员国家职业资格的教练员中聘用考核员，建立完善考核员聘用机制，加强对教学过程的管理，推进教练员国家职业技能鉴定工作。

（四）开展教练员技能竞赛及考核评比。一是积极开展竞赛活动。部将适时在全国范围内组织开展教练员技能竞赛活动。各地要结合教练员全员培训工作，加强规范化教学的研究和推广，开展形式多样的教学观摩、竞赛和技能比武等活动，促进培训成果转化，提升教练员的教学水平。二是开展教练员考核工作。各地要建立完善教练员信誉考核制度，细化考核标准和考核内容，对教练员的教学质量、服务水平等进行综合评价。三是开展星级教练员和优秀教练员评比活动。各地要建立星级教练员认定制度，细化评定标准和内容，组织开展本地区星级教练员认定和优秀教练员评比活动。要以星级教练员评比结果为依据，引导具备条件的驾驶培训机构开展“学员选教练”服务，用好星级教练员评比结果。

四、任务分工

部负责组织编写教练员培训相关教材、培训教练员师资骨干、发放考核员证书，组织开展全国教练员技能竞赛。具体工作委托中国道路运输协会驾驶员工作委员会牵头，会同部职业资格中心、人民交通出版社相关部门共同完成。各省负责组织好本地区教练员全员培训的具体工作，负责组织开展各省教练员技能竞赛。

五、实施步骤

（一）制定方案宣传发动阶段（2013 年 5 月 ~2013 年 9 月）。

各地要根据本方案的要求，结合实际，进一步细化工作方案或计划，做好组织发动工作。2013 年 7 月 1 日前，要将本地区的工作方案或计划报部。

（二）全面推进阶段（2013 年 10 月 ~2015 年 11 月）。

2013 年 9 月 30 日前，部组织完成教练员培训教材的编写以及考核员考试和发证工作方案的制订。2013 年年底前，完成对各省、自治区、直辖市师资的培训。2014 年年底前，各省、自治区、直辖市要完成对本辖区内所有在岗教练员的全员培训。2015 年，部将组织开展教练员竞赛，各地结合实际做好竞赛的初赛工作。

各地要统筹安排各项工作的实施计划，全面推进“素质提升工程”各项工作的落实，不定期地对活动的开展情况进行督促检查。部将适时组织专项督查。

（三）总结完善阶段（2015 年 12 月）。

各地各单位对“素质提升工程”各项工作进行全面总结，并将工作总结报部。

六、相关要求

（一）加强组织领导。各地各单位要根据本方案要求，结合当地实际，制定切实可行的工作方案，明确工作任务，制定工作措施，强化工作落实。

（二）注重活动效果。各地要围绕“素质提升工程”整体安排，根据机动车驾驶培训管理，特别是教练员管理中存在的突出问题，抓住重点，深化措施，确保各项工作取得明显成效。

（三）加强宣传和信息报送。各地要积极争取公安等部门的支持，形成部门配合、社会支持、全员参与、协调高效的工作机制。要做好“素质提升工程”的宣传工作，加强舆论引导，构建良好的活动氛围。实施过程中，好的经验和做法要及时报送（电子邮箱：yssclc@ 126. com）。

联系人：交通运输部道路运输司　柴晓军

电　话：010－65293754

传　真：010－65292740

交通运输部办公厅
关于开展客运驾驶人大培训活动的通知

（2013年6月3日　厅运字〔2013〕145号）

各省、自治区、直辖市、新疆生产建设兵团交通运输厅（局、委），上海市、天津市交通运输和港口管理局：

为贯彻落实《交通运输部　公安部　安全监管总局关于印发2013年“道路客运安全年”活动方案的通知》（交运发〔2013〕230号）要求，深入开展好“客运驾驶人大培训”活动，今年年底前对所有客运驾驶员进行一次以安全驾驶、文明行车为主要内容的再培训、再教育，进一步提升客运驾驶员综合素质，现将有关事项通知如下：

一、充分认识开展“客运驾驶人大培训”活动的重要意义

开展“客运驾驶人大培训”活动是道路运输驾驶员继续教育的重要内容，对于提升驾驶员安全意识和应急处置能力，提高驾驶员综合素质，从源头上预防和减少道路运输事故，具有十分重要的意义。各级道路运输管理机构要充分认识这项活动的重要性和紧迫性，切实加强组织领导，结合本地实际，制定切实可行的活动方案，及时解决活动中存在的问题，认真组织开展好活动。要做好活动的宣传工作，营造良好的活动氛围，充分调动道路运输企业和从业人员的积极性和主动性，把活动的各项工作落到实处。

二、突出安全意识和应急处置的教育培训

为提高继续教育培训质量，提高客运驾驶员安全意识和应急处置能力，部组织编写了《道路客货运输驾驶员继续教育教材》和《道路运输典型事故案例评析》。各地要以客运驾驶员继续教育教材和典型事故案例为大培训的主要内容，重点从典型事故案例警示以及恶劣天气和复杂道路驾

驶常识、紧急避险、应急救援处置等方面，对所有客运驾驶员进行一次再教育，以提升客运驾驶员的职业道德和安全文明素质，切实解决客运驾驶员中存在的安全意识淡薄、应急处置能力不强的问题。

三、以道路客运企业为主体，扎实开展好活动

"客运驾驶人大培训"活动的实施主体，要以具有道路运输驾驶员继续教育培训资格的道路运输企业组织为主，督促其落实对所属客运驾驶员的培训教育。要充分发挥道路运输从业资格培训机构、机动车驾驶培训学校等社会化培训机构的作用，为不具备培训条件的运输企业提供培训服务。要督促运输企业从安全经费中安排专项资金，为所属客运驾驶员参加"客运驾驶人大培训"活动提供培训时间和教育经费保障。各地要对承担"客运驾驶人大培训"的运输企业和培训机构进行备案，客运驾驶员参加"客运驾驶人大培训"活动的学时要纳入本年度道路客运驾驶员继续教育学时。

四、加强"客运驾驶人大培训"活动师资队伍培养

为确保"客运驾驶人大培训"活动落到实处，部委托部职业资格中心适时举办继续教育及"客运驾驶人大培训"活动骨干师资培训班。各地要根据本省培训量，组织骨干师资参加学习培训，积极推进继续教育师资队伍建设，并逐步建立师资数据库，各地继续教育骨干师资应从师资库中选取。

五、建立健全"客运驾驶人大培训"活动监督制度

各级道路运输管理机构要把"客运驾驶人大培训"活动作为道路运输驾驶员诚信考核、道路运输企业质量信誉考核的一项重要内容，要对"客运驾驶人大培训"活动开展较好、质量较高、效果明显的企业和单位给予表彰，对落实不好的要依法给予相应的处罚。各地好的经验和做法要及时报送。

联系人：道 路 运 输 司　柴晓军　电话 010－65293754
职业资格中心　刘大鹏　电话 010－65299040
传真 010－65299020

交通运输部关于公布《机动车驾驶员计时培训系统　平台技术规范》等两项技术规范的公告

（2013 年 8 月 9 日　　交通运输部公告　　2013 年第 49 号）

为规范机动车驾驶员计时培训系统建设的技术要求，部组织编制了《机动车驾驶员计时培训系统　平台技术规范》和《机动车驾驶员计时培训系统　计时终端技术规范》，现予以发布，自发布之日起实施。

附件：1.《机动车驾驶员计时培训系统　平台技术规范》
　　　2.《机动车驾驶员计时培训系统　计时终端技术规范》

附件 1

机动车驾驶员计时培训系统 平台技术规范

Vehicle drivers training time recording system —Technical specification for platform

目　　录

前　言

本规范由中华人民共和国交通运输部提出。

本规范负责起草单位：中国交通通信信息中心、交通运输部公路科学研究院、中国道路运输协会。

机动车驾驶员计时培训系统　平台技术规范

1　范围

本规范规定了机动车驾驶员计时培训系统平台的功能要求、平台与接口技术要求、平台安全与运行环境要求。

本规范适用于机动车驾驶员计时培训管理平台和企业平台，是机动车驾驶员培训机构开展计时培训及道路运输管理机构实施计时培训管理的基础。

2　规范性引用文件

下列文件对于本文件的应用是必不可少的。凡是注日期的引用文件，仅所注日期的版本适用于本文件。凡是不注日期的引用文件，其最新版本（包括所有的修改单）适用于本文件。

GB 17859　计算机信息系统安全保护等级划分准则

GB/T 2659　世界各国和地区名称代码

GB/T 2261.1　个人基本信息分类与代码　第1部分：人的性别代码

GB/T 2260　中华人民共和国行政区划代码

3　术语和定义

下列术语和定义适用于本文件。

3.1

机动车驾驶员计时培训管理平台 management platform of vehicle drivers training time recording system

部署在道路运输管理机构，对学员计时培训全过程进行监督和管理，并与相关管理机构进行信息共享的平台，以下简称管理平台。

3.2

机动车驾驶员计时培训企业平台 enterprise platform　of vehicle drivers

training time recording system

部署在机动车驾驶员培训机构，对学员计时培训全过程进行管理和服务，并为相关管理机构提供信息的平台，以下简称企业平台。

3.3

车载计时计程终端 time and distance recording terminal for vehicle

安装在教练车上，采集和记录车辆的位置、速度和运行状态，学员的培训阶段、培训起止时间、培训里程等信息，以及学员、教练员的图像信息，并能通过记录卡或无线通信网络将信息上传到管理平台和企业平台的终端设备。

4 平台功能要求

4.1 企业平台

4.1.1 身份信息采集功能

应能采集学员、教练员身份信息，身份信息内容应符合机动车驾驶员培训相关规定。

4.1.2 图像采集功能

应能在教学过程中对学员、教练员身份信息进行确认和记录，存储和显示车载计时计程终端采集的图像信息。

4.1.3 计时功能

4.1.3.1 应记录教学培训过程中学员理论学习（含课堂学习和远程网络学习）和模拟驾驶阶段学习信息，包括：学员信息、教练员信息、培训学时等。

4.1.3.2 应能实时接收车载计时计程终端上传的动态信息，并在电子地图中显示教练车的位置。

4.1.3.3 应能根据车辆号牌、教练员、学员、培训时间等条件查询教练车。

4.1.3.4 应能记录教学培训过程中学员实际驾驶操作训练信息，包括：学员信息、教练员信息、培训学时、培训里程、教练车位置、行驶速度及运行方向信息等，并在电子地图上显示和回放指定时间内的车辆行驶轨迹。

4.1.3.5 当学员道路训练或场地训练超出预设的电子围栏范围时，

应在企业平台、车载计时计程终端进行报警提示，企业平台应停止记录培训信息。

4.1.3.6 当教练员、教练车不符合规定条件进行培训教学时，应在企业平台、车载计时计程终端进行报警提示，企业平台应停止记录培训信息。

4.1.3.7 应能自动生成培训记录及教学日志。培训记录和教学日志应符合机动车驾驶员培训相关规定。

4.1.4 培训信息查询功能

4.1.4.1 应能查询培训基本信息和培训过程信息。

4.1.4.2 培训基本信息包括：学员信息、教练员信息、培训机构信息、教练车信息和培训记录审核信息等。

4.1.4.3 培训过程信息包括：理论学时记录、模拟驾驶学时记录、场地和道路驾驶学时记录、场地和道路驾驶行驶轨迹记录以及场地和道路驾驶培训过程中采集的图像等。图像按照时间先后顺序排序。

4.1.5 数据传输功能

应能完整地将培训基本信息、培训过程信息等传输到管理平台。

4.1.6 数据存储和备份功能

应能存储和备份培训基本信息和培训过程信息。

4.1.7 统计分析功能

应能对学员学时审核情况、学习状态、教练员准教情况、教练车类型等信息进行统计分析。

4.1.8 违规处理及信息查询功能

应能对教练员违规教学进行处理，并记录处理情况。

应能查询教练员违规教学时间、地点、原因及处埋措施等信息。

4.1.9 培训过程及结果打印功能

应能打印学员的教学日志、培训记录、结业证等证表，并进行电子化管理。

4.2 区（县）、市（州）级管理平台

4.2.1 培训机构管理功能

应能对辖区内所有机动车驾驶员培训机构的基本信息、教练车及教学设备等相关信息进行监督和管理，对机动车驾驶员培训机构的培训能力进行核定。

4.2.2 计时监督管理功能

4.2.2.1 应能对辖区内所有机动车驾驶员培训机构的教练员、教练车、学员的基本信息，以及学员的培训记录、培训进度、结业考核和驾驶证考试合格等情况进行管理。

4.2.2.2 应能设定道路训练及场地训练电子围栏，对学员培训全过程进行监督和管理。当学员道路训练或场地训练超出预设的电子围栏范围时，应在平台上报警提示。

4.2.2.3 应能对学员实操训练过程中记录的车辆动态信息进行轨迹回放，并对车辆的实时位置进行动态管理。

4.2.2.4 应能设置教练员的教学质量信誉考核等级、继续教育培训时间。超过考核和换证规定日期的，平台应给出提示。

4.2.2.5 应能设置教练车定期维护、检测和技术等级评定。超出规定时限的，平台应给出提示。

4.2.2.6 应能查询教练员违规教学处理信息。

4.2.3 培训记录管理功能

应能对辖区内机动车驾驶员培训机构的培训记录进行审核，并支持培训记录表防伪的要求。

4.2.4 统计分析功能

应能对辖区内学员培训情况、教练员情况、教练车情况、教学质量等信息进行统计分析。

4.2.5 信息发布功能

4.2.5.1 应能向辖区内机动车驾驶员培训机构发布行业相关法律法规、政策、重要通知等。

4.2.5.2 应能对辖区内机动车驾驶员培训机构的基本信息、培训能力、信誉考核、教练员、教练车等信息进行发布。

4.2.6 信息共享功能

4.2.6.1 应预留与道路运政管理信息系统的信息共享接口，共享信息应符合相关要求。

4.2.6.2　应预留与公安交通管理部门、省级管理平台的信息共享接口，共享信息应符合相关要求。

4.2.7　综合评价功能

应能对辖区内机动车驾驶员培训机构进行质量信誉考核、教练员继续教育认定、考试合格率和综合能力考核，并生成综合评价日志，实现综合评价管理和查询。

4.2.8　计时终端远程管理功能

应能下发和查看计时终端的管理参数，并对终端实现远程升级管理。

4.3　省级管理平台

4.3.1　信息查询功能

应能对全省机动车驾驶员培训机构、教练员、教练车以及学员的培训情况、结业学员档案等相关信息进行查询。

4.3.2　统计分析功能

应能对全省学员情况、教练员情况、教练车情况等进行统计分析。

4.3.3　信息发布功能

4.3.3.1　应能向全省机动车驾驶员培训机构发布行业相关法律法规、行业政策、重要通知等。

4.3.3.2　应能对全省机动车驾驶员培训机构的基本信息、培训能力、信誉考核、教练员、教练车、培训记录审核、结业证书发放等信息进行发布。

4.3.4　综合评价功能

应能对全省机动车驾驶员培训机构质量信誉考核、教练员教学质量信誉考核情况进行综合评价，并生成综合评价日志，实现综合评价管理和查询。

4.3.5　信息共享功能

4.3.5.1　应预留与道路运政管理信息系统的信息共享接口，共享信息应符合相关要求。

4.3.5.2　应预留与公安交通管理部门、市（州）级管理平台的信息共享接口。共享信息应符合相关要求。

5 平台与接口技术要求

5.1 平台技术要求

5.1.1 平台运行应满足以下技术要求：

a）支持7×24小时不间断运行；

b）在没有外部因素影响下，故障恢复时间不超过2小时；

c）平均无故障时间不小于10,000小时。

5.1.2 平台平均响应时间应小于5秒。

5.1.3 网络传输环境应满足以下要求：

a）平台之间应支持专线网络、互联网或互联网VPN连接；

b）平台应采用多层缓存机制，采用双网双线访问策略控制。

5.1.4 平台应记录卫星定位坐标数据和对应的采样时间等信息，采样时间间隔不得大于30秒。学时记录以分钟为单位，里程记录以公里为单位。

5.1.5 数据存储及备份应满足以下要求：

a）数据存储（包括：学员基本信息、培训基本信息和培训过程信息等）时间应不少于4年，且应在学员获得驾驶证后至少保存3年。

b 应建立数据备份机制，每月对数据进行全量备份，每周对数据进行增量备份。数据恢复时间不能超过5小时，省级管理平台数据恢复时间不能超过12小时。

5.1.6 图片尺寸应为320×240像素，格式为JPEG，图片文件应不小于10KBytes。

5.2 接口技术要求

5.2.1 平台应支持与其它系统或平台进行数据交互。采用数据接口或者文件传输等方式实现数据交互，数据至少每天同步1次。

5.2.2 数据通信格式应采用XML格式传输，数据传参以字符串方式传递，各数据项之间以“ $ ”符号分隔。

5.2.3 数据项中应增加安全码，数据接收后比对安全码进行回调验证。验证通过后保存数据，不能通过验证则给出失败提示。

5.2.4　数据格式应为：数据项1 $ 数据项2 $ 数据项3 $ ……数据项N $ 安全码。

5.2.5　返回信息格式应为：接收结果 $ 结果描述 $ 安全码。其中接收结果的值为：0 – 成功；1 – 失败。

6　平台安全与运行环境要求

6.1　平台安全要求

平台应满足以下安全要求：

a）满足GB 17859第2级及以上安全要求；

b）数据库的关键数据应加密存储；

c）采用日志对操作、接收及发送的数据进行记录，日志至少存储6个月；

d）采用备份平台，主平台出现问题能够自动切换到备份平台。

6.2　运行环境要求

平台应满足以下运行环境要求：

a）数据库服务器支持大数据量存储与检索；

b）局域网网络交换速度不低于100Mbps。

附录A

(规范性附录)

平台记录信息格式要求

A.1 机动车驾驶员培训机构信息格式基本要求

机动车驾驶员培训机构信息格式基本要求见表A.1。

机动车驾驶员培训机构信息格式基本要求　表A.1

名　　称	字段类型	格式	备注
培训机构编号	字符型		
培训机构名称	字符型		
培训机构地址	字符型		
邮政编码	字符型		
法人代表	字符型		
联系人	字符型		
联系电话	字符型		
经营范围编码	字符型		
经营状态	字符型		
分类等级	字符型	1－一级 2－二级 3－三级	
核定每期培训能力	数值型		
服务方式	字符型		
教练员总数	数值型		
理论教练员数	数值型		
驾驶操作教练员数	数值型		
结业考核员数	数值型		
安全管理人员数	数值型		
教练车总数	数值型		
大型客车总数	数值型		
牵引车总数	数值型		
城市公交车总数	数值型		
中型客车总数	数值型		
大型货车总数	数值型		

续上表

名　称	字段类型	格式	备注
小型汽车（含小型自动挡汽车）总数	数值型		
低速汽车（含低速载货汽车、三轮汽车）总数	数值型		
残疾人教练车总数	数值型		
摩托车（含三轮摩托车、二轮摩托车、轻便摩托车）总数	数值型		
其他车型（含轮式自行机械车、无轨电车、有轨电车）总数	数值型		
教室总面积	数值型		
理论教室面积	数值型		
多媒体教学设备总数	数值型		
多媒体理论教学软件总数	数值型		
教学磁板总数	数值型		
汽车驾驶模拟器总数	数值型		
其他教具和设备总数	数值型		
教练场总面积	数值型		
场地驾驶教练场	数值型		
实际道路驾驶教练路线	数值型		
停车场面积	数值型		
倒车入库数	数值型		
倒车移位数	数值型		
侧方停车数	数值型		
坡道定点停车和起步数	数值型		
直角转弯数	数值型		
曲线行驶数	数值型		
通过连续障碍数	数值型		
通过单边桥数	数值型		
通过限宽门数	数值型		
起伏路行驶数	数值型		
窄路掉头数	数值型		
模拟高速公路数	数值型		
模拟连续急弯山区路数	数值型		
模拟隧道数	数值型		
模拟雨（雾）天湿滑路数	数值型		
停靠站台数	数值型		
停靠货台数	数值型		

A.2 学员信息格式基本要求

学员信息格式基本要求见表 A.2。

学员信息格式基本要求　　表 A.2

名　称	类型	格　式	备　注
学员编号	字符型		
学员姓名	字符型		
证件类型	数字型	1－居民身份证; 2－护照; 3－军官证; 4 其他	
证件号	字符型		
国籍	字符型		应符合 GB/T 2659
性别	字符型	1－男性;2－女性	应符合 GB/T 2261.1
出生年月	日期型	yyyy－mm－dd	
联系地址	字符型		
行政区划	数字型		应符合 GB/T 2260
邮政编码	字符型		
联系电话	字符型		
业务类型	数字型	0－初领;1－增驾	
驾驶证号	字符型		
驾驶证初领日期	日期型	yyyy－mm－dd	
原准驾车型	数字型		
申请车型	字符型		
培训机构编号	字符型		
暂住证号	字符型		
照片	字符型	Base64 格式	

A.3 教练员信息格式基本要求

教练员信息格式基本要求见表 A.3。

教练员信息格式基本要求 表 A.3

名　称	类型	格　式	备　注
教练员编号	字符型		
教练员姓名	字符型		
证件类型	数字型	1－居民身份证； 2－护照； 3－军官证； 4 其他	
证件号	字符型		
国籍	字符型		应符合 GB/T 2659
性别	字符型	1－男性；2－女性	应符合 GB/T 2261.1
出生年月	日期型	yyyy－mm－dd	
联系地址	字符型		
行政区划	数字型		应符合 GB/T 2260
邮政编码	字符型		
联系电话	字符型		
驾驶证号	字符型		
驾驶证初领日期	日期型	yyyy－mm－dd	
教练证号	字符型		
教练证有效期至	日期型	yyyy－mm－dd	
准教类别	字符型		
准驾车型	字符型		
准教车型	字符型		
培训机构编号	字符型		
照片	字符型	Base64 格式	

A.4　学员培训记录信息格式基本要求

学员培训记录信息格式基本要求见表 A.4。

学员培训记录信息格式基本要求　　表 A. 4

名　称	类型	格　式	备　注
学员编号	字符型		
教练员编号	字符型		
培训机构编号	字符型		
培训类型	数字型	1 - 实操，2 - 理论，3 - 模拟	
培训类别	数字型	1 - 实操，2 - 理论	
培训科目/阶段	数字型	1 - 科目一/第一阶段 2 - 科目二/第二阶段 3 - 科目三/第三阶段	
设备编号	字符型	机动车号牌/教室号	
培训开始时间	时间型	yyyy - mm - dd - hh - mm - ss	GMT +8
培训结束时间	时间型	yyyy - mm - dd - hh - mm - ss	GMT +8
培训时长	数字型	单位：分钟	
培训里程	数字型	单位：公里	
SIM 卡号	字符型	长度：11 位	
最高速度	数字型	单位：公里/小时	
学员签退标识	数字型	1 - 成功；2 - 失败	
教练员签退标识	数字型	1 - 成功；2 - 失败	

A. 5　教练车信息格式基本要求

教练车信息格式基本要求见表 A. 5。

教练车信息格式基本要求　　表 A. 5

名　称	类型	格　式	备注
车辆号牌	字符型	机动车号牌	
生产厂牌	字符型		
型号	字符型		
车架号	字符型		
发动机号	字符型		
车型代码	字符型		
购买日期	日期型	yyyy - mm - dd	
二级维护日期	日期型	yyyy - mm - dd	
培训机构编号	字符型		

附录 B

（参考性附录）

机动车驾驶员培训考试相关法律法规

《中华人民共和国道路交通安全法》

《中华人民共和国道路交通安全法实施条例》（国务院令 2004 年第 405 号令）

《国务院关于加强道路交通安全工作的意见》（国发〔2012〕30 号）

《机动车驾驶员培训管理规定》（交通部 2006 年第 2 号令）

《机动车驾驶证申领和使用规定》（公安部令 2012 年第 123 号）

《机动车驾驶证业务工作规范》（公交管〔2010〕66 号）

《机动车驾驶培训教学与考试大纲》（交运发〔2012〕729 号）

附件 2

机动车驾驶员计时培训系统
计时终端技术规范

Vehicle drivers training time recording system
—Technical specification for time recording terminal

目　　录

前　　言

本规范由中华人民共和国交通运输部提出。

本规范负责起草单位：中国交通通信信息中心、交通运输部公路科学研究院、中国道路运输协会

机动车驾驶员计时培训系统　计时终端技术规范

1　范围

本规范规定了机动车驾驶员计时培训系统计时终端的功能要求、技术要求及记录卡读写设备功能要求、记录卡技术要求。

本规范适用于机动车驾驶员培训机构开展理论培训、模拟驾驶训练和实际操作训练的计时终端，是驾驶培训机构开展培训业务、道路运输管理机构实施机动车驾驶员计时培训管理的依据。

2　规范性引用文件

下列文件对于本文件的应用是必不可少的。凡是注日期的引用文件，仅所注日期的版本适用于本文件。凡是不注日期的引用文件，其最新版本（包括所有的修改单）适用于本文件。

JT/T 794　道路运输车辆卫星定位系统车载终端技术要求

JT/T 808　道路运输车辆卫星定位系统终端通讯协议及数据格式

GB/T 2423.6　电工电子产品环境试验　第2部分：试验方法　试验Eb和导则：碰撞

GB/T 2423.8　电工电子产品环境试验　第2部分：试验方法　试验Ed和导则：自由跌落

GB/T 2423.11　电工电子产品环境试验　第2部分：试验方法　试验Fd：宽频带随机振动——一般要求

GB/T 17626.2　电磁兼容　试验和测量技术　静电放电抗扰度试验

GB/T 17626.3　电磁兼容试验和测量技术　射频电磁场辐射抗扰度试验

GB/T 19056　汽车行驶记录仪

ISO 8601—2000　数据存储和交换形式　信息交换　日期和时间的表示方法

ISO/IEC 7816—4—2005　识别卡—集成电路卡—第4部分：用于交换的结构、安全和命令

ISO/IEC 14443—1—2008　识别卡—非接触式集成电路卡—感应卡—第1部分：物理特性

3　术语和定义

3.1

计时终端 time recording terminal

采集、记录和传输学员的培训类型、培训阶段、培训起止时间、教练员教学等信息的终端设备，包括车载计时计程终端、理论（模拟）计时终端。

3.2

车载计时计程终端 time and distance recording terminal for vehicle

安装在教练车上，采集和记录车辆的位置、速度和运行状态，学员的培训阶段、培训起止时间、培训里程等信息，以及学员、教练员的图像信息，并能通过记录卡或无线通信网络将信息上传到管理平台和企业平台的终端设备。

3.3

理论（模拟）计时终端 time recording terminal for theory (simulation) training

安装在理论教室内或者汽车驾驶模拟器上，采集和记录学员的培训阶段、培训起止时间等信息，并能通过记录卡或无线通信网络将信息上传到管理平台和企业平台的终端设备。

3.4

学时记录卡 time recording card

识别学员或教练员身份，记录各种培训信息或参数设置信息的智能卡，包括学员培训学时记录卡、教练员教学学时记录卡。

3.5

学员培训学时记录卡 time recording card for learner

识别学员身份，记录学员身份验证信息、学时信息、培训记录等基本信息的智能卡。

3.6

教练员教学学时记录卡 time recording card for instructor

识别教练员身份，记录教练员身份验证信息、教学学时信息等基本信息，以及采集计时终端内学员培训记录信息的智能卡。

3.7

计时终端设置卡 configuration card for time recoeding terminal

用于设置计时终端相关参数的智能卡。

4 计时终端功能要求

4.1 一般要求

4.1.1 签到和签退

计时终端应能通过学时记录卡实现学员、教练员签到、签退，并对学员、教练员的身份进行验证。

4.1.2 计时

计时终端应能记录从学员签到开始，到学员签退之间的累计培训时间，并能实现中途抽查点名。

4.1.3 数据显示

在培训过程中，计时终端应能实时显示当前时间、培训时长等信息，提示信息应准确、无误。显示界面应为中文。

4.1.4 无线数据传输

计时终端应能通过无线通信网络实时上传学员的培训学时、卫星定位、报警、图片等信息。

4.1.5 培训记录存储

计时终端应能存储学员的培训记录。

4.1.6 学时查询

4.1.6.1 计时终端应能查询最后一次采集的学员培训记录信息，以及存储的所有学员培训记录信息。

4.1.6.2 计时终端在刷学员培训学时记录卡时，应能显示该学员实际驾驶培训总学时、总里程及阶段二、阶段三培训学时、里程信息。

4.1.7　断电保护

计时终端应具备断电保护功能。当计时终端断电时，应自动进入断电保护状态。

4.1.8　参数设置

4.1.8.1　通过计时终端设置卡对设备编号、SIM 卡号码、设备日期、时间、里程参数、无线通信参数等相关信息进行设置及调整。

4.1.8.2　通过计时终端设置卡设置启用学员或教练员签退功能。启用学员或教练员签退功能，在学员或教练员签退时需要身份验证；不启用学员或教练员签退功能时，在学员或教练员签退时直接刷卡签退，不需要身份验证。

4.1.8.3　通过计时终端设置卡对设备各项违规防范功能进行设置，也可以预先将本地区启用防范功能项及初始化数据写入卡中，通过设置卡更新设备设置。

4.1.9　电源开关

计时终端应装备直连式电源开关，教学车辆启动时，即为打开电源；停止时，即为关闭电源。

4.1.10　开机自检

计时终端在通电开始工作时，应首先进行自检。自检正常后，设备应以闪烁信号、显示屏显示或语音播报方式指示工作正常，如出现故障，则应以闪烁信号、显示屏显示或语音播报方式指示故障信息。

4.2　车载计时计程终端特殊要求

4.2.1　车载计时计程终端应具备身份验证、卫星定位、无线数据传输、学时记录卡和计时终端设置卡读写等功能。

4.2.2　车载计时计程终端应仅支持一名教练员在同一时间段内教一名学员。

4.2.3　车辆行驶速度、里程采集

车载计时计程终端应能记录车辆的行驶速度，通过卫星定位信息实时获取车辆位置信息。

4.2.4　培训记录采集

4.2.4.1　车载计时计程终端应能采集并记录学员编号、学员培训学时记录卡号、教练员编号、教练员教学学时记录卡号、培训类型（实际操作）、培训类别（场地和道路驾驶）、培训阶段、设备编号、培训时长、培训里程、SIM 卡号码、学员和教练员签到/签退标识及速度等培训记录信息。

4.2.4.2 车载计时计程终端可补充和重复采集培训记录信息。

4.2.5 图像抓拍

4.2.5.1 应能按照定时、间隔时间和指令，记录教练车牌号、时间、经纬度信息、学员信息和教练员信息等图片信息。

4.2.5.2 学员、教练员签到、签退时，可触发摄像头拍照，并上传至管理平台和企业平台。

4.2.5.3 在学员实际驾驶培训过程中，可随机进行至少 1 次拍照身份验证。

4.2.6 数据通信

4.2.6.1 应能通过规定的通信接口或介质，实现对车载计时计程终端参数和信息的输入、设定和存储，参数和信息应包括：

a）驾校编号；

b）车型；

c）车辆号牌；

d）无线通信信息（IP、端口号）；

e）实时时钟；

f）车辆特征系数；

g）教学大纲。

4.2.6.2 应能通过规定的通信接口或介质，采集车载计时计程终端存储的培训记录。

4.2.7 卫星定位及报警

4.2.7.1 车辆出现超速等异常情况、车辆偏离预定线路或超出训练场区域时，应能自动向企业平台报警。

4.2.7.2 车辆偏离预定线路或超出训练场区域时，应停止记录培训信息。

4.2.7.3 提醒功能应符合 JT/T 794 的要求。

4.3 理论（模拟）计时终端特殊要求

4.3.1 理论（模拟）计时终端应具备身份验证、记录卡读写功能，对学员和教练员身份进行验证，记录培训学时。

4.3.2 培训记录采集

4.3.2.1 应能采集并记录学员编号、学员培训学时记录卡号、教练员编号、教练员教学学时记录卡号、培训类型（理论培训或模拟驾驶）、培训类别（理论培训或模拟驾驶）、培训阶段、设备编号、培训时长、学员签退标识和教练员签退标识等培训记录信息。

4.3.2.2 理论（模拟）计时终端可补充和重复采集培训记录信息。

4.3.3 数据通信

4.3.3.1 应能通过规定的通信接口或介质，实现对理论（模拟）计时终端如下参数和信息的输入、设定和存储：

a）驾校编号；

b）实时时钟；

c）身份验证使用方式。

4.3.3.2 应能通过规定的通信接口或介质，采集理论（模拟）计时终端存储的培训记录。

5 计时终端技术要求

5.1 一般要求

5.1.1 外观

5.1.1.1 计时终端各部件外表面应光洁、平整，不应有凹痕、划伤、裂缝、变形等缺陷。

5.1.1.2 显示屏应清晰、完整，不得有缺损现象。

5.1.1.3 计时终端上使用的文字、图形、标志应符合以下要求：

a）耐久、醒目、规范；

b）显示器、操作说明、铭牌、标志中的文字应使用中文，根据需要也可以使用其他文字。

5.1.2 铭牌

5.1.2.1 铭牌应安装在计时终端主机外表面的醒目位置，铭牌尺寸应与主机结构尺寸相适宜。

5.1.2.2 铭牌上应标出制造商名称、产地、商标、产品中文名称、规格型号、计时终端主机可识别的唯一性编号、制造日期等内容。

5.1.3 数据通信接口

计时终端应配置至少一个 USB 数据通信接口。

5.1.4 技术指标

5.1.4.1 计时终端的数据存储器应满足以下要求：

a）存储器应采用非易失性存储芯片；

b）存储容量不小于 512k，可扩充；

c）擦写次数不小于 10 万次；

d）数据保存时间不小于 10 年。

5.1.4.2 计时终端的读写模块应满足以下要求：

a）应支持读写以下类型的接触式或非接触式卡：

接触式的接口应符合 ISO/IEC 7816 系列标准，非接触式的接口应符合 ISO/IEC 14443A；

b）卡座插拔次数不小于 10 万次。

5.1.4.3 计时终端的计时模块应满足以下要求：

a）符合 ISO 8601－2000 要求；

b）计时存储精度到分钟；

c）计时每小时误差小于 ±1 分钟；

d）单次培训计时范围不大于 240 分钟；

e）累计计时范围不低于 0～999 小时 59 分钟。

5.1.4.4 计时终端的实时时钟应满足以下要求：

a）符合 ISO 8601—2000 要求；

b）断电后时钟工作时间应不小于 1 年；

c）应能提供 GMT＋8 时间，时钟制式应为 24h。

5.1.4.5 计时终端的显示模块应满足以下要求：

a）车速显示范围不低于 0～220 公里/小时；

b）车速显示分辨率不低于 0.1 公里/小时；

c）计时显示精确到分钟；

d）计程显示精确到公里。

5.1.4.6　计时终端的操作按键设置应满足使用要求，并应在对应的位置标识出各按键的功能。

5.1.4.7　计时终端的工作环境应满足以下要求：

a）工作温度至少为 -20 ~ 70℃；

b）工作湿度至少为 0 ~ 90% RH；

c）电源输入电压应在 DC9 ~ 80V 自适应。

5.1.4.8　计时终端的电源电压适应性、耐电源过电压性能等电气性能应满足以下要求：

a）按表 1 给出的电源电压波动范围进行电压适应性试验时，试验后计时终端各项功能均应正常。

电器性能试验参数（单位：伏特）　表 1

标称电源电压	电源电压波动范围	过电压
12	9 ~ 16	24
24	18 ~ 32	36
36	27 ~ 80	80

b）在表 1 规定的过电压下，计时终端应能承受 1 分钟的电源过电压试验。试验后设备各项功能均应正常。

5.1.4.9　计时终端的数据安全性应满足以下要求：

a）应符合 GB/T 19056 要求；

b）计时终端应防止数据被更改或删除。系统参数信息，一般情况下只能读，不能更改或删除；

c）在设备初始化调试、校准、维修或其他特殊情况下需对系统参数进行设置时，需经授权；

d）培训记录信息不能通过外部设备进行任何改写。

5.1.4.10　计时终端的气候环境适应性应满足以下要求：

a）应符合 GB/T 19056 要求。计时终端在承受各项气候环境试验后，应无任何电气故障，机壳、插接器等不应有严重变形；

b）其记录功能、显示功能等应保持正常；试验前存储的数据不应丢失或改变。

5.1.4.11　计时终端的机械环境适应性应满足以下要求：

a）应符合 GB/T 2423.6—1995、GB/T 2423.8—1995、GB/T 2423.11—1997 要求；

b）计时终端在承受振动、冲击各项机械环境试验后，应无永久性结构变形；

c）零部件应无损坏；

d）应无电气故障，紧固部件应无松脱现象，插头、通信接口等接插件不应有脱落或接触不良现象；

e）记录功能、显示功能等应保持正常；试验前存储的数据不应丢失。

5.1.4.12　计时终端的静电放电抗扰性应满足以下要求：

a）应符合 GB/T 17626.2 要求；

b）抗静电放电干扰试验等级为 3 级，试验中及试验后设备不应出现电气故障，数据记录功能应正常，贮存的数据不应丢失或发生变化。

5.1.4.13　计时终端的射频电磁场辐射抗扰性

a）应符合 GB/T 17626.3 的要求；

b）抗射频电磁场辐射干扰试验等级为 3 级，试验中及试验后设备不应出现电气故障，数据记录功能应正常，贮存的数据不应丢失或发生变化。

5.2　车载计时计程终端特殊要求

5.2.1　组成

5.2.1.1　车载计时计程终端应包括微处理器、数据存储器、记录卡读写模块、卫星定位模块、无线数据传输模块、计时模块、计程模块、摄像头、实时时钟、显示器、操作键和数据通信接口等硬件。

5.2.1.2　车载计时计程终端应安装学时监控终端软件，车载计时计程终端功能符合 4.1、4.2 的要求。

5.2.2　电气部件

5.2.2.1　车载计时计程终端的主电源应为车辆电源。

5.2.2.2　车载计时计程终端所有导线均应有适当的绝缘保护。

5.2.2.3 车载计时计程终端使用插接器时，插头两端应有防插错设置。在插接完毕后，插头和插座的连接应牢固可靠，不应有松动、接触不良现象。

5.2.2.4 车载计时计程终端使用熔断器时，应在使用熔断器处清晰地标出熔断器的额定电流值。

5.2.3 技术指标

5.2.3.1 计程模块应满足以下要求：

a）计程存储精度至少到公里；

b）K 值范围应为 1～60000 脉冲/公里，最小间隔为 1 个脉冲；

c）计程误差每 5 公里允许误差为 ±0.1 公里；

d）行驶里程的测量范围为 0～999999.9 公里。

5.2.3.2 卫星定位模块应满足以下要求：

a）定位精度小于 10 米（98%）；

b）第一次开机冷启动不大于 48 秒（平均）；

c）热启动不大于 8 秒（平均）；

d）天线 26dB、电缆长度 3～5 米。

5.2.3.3 无线数据传输模块应满足以下要求：

a）应能至少支持基于通用 GSM、CDMA、TD-SCDMA、WCDMA、CDMA2000、FDD-LTE 等多种无线通信网络传输机制下的通信模式之一；

b）传输协议为 TCP/IP 协议、UDP 协议、JT/T 808 协议等；

c）无线数据传输上传频率：至少每 30 秒上传 1 次。

5.2.3.4 摄像模块应满足以下要求：

a）波特率 2400～115200bps（可调）；

b）输出方式为 RS232，RS485，TTL，SPI（可选）；

c）工作温度为 −20℃～70℃；

d）工作湿度不大于 90%，无凝结；

e）压缩算法为优化后的标准 JPEG 格式；

f）图片尺寸为 320×240 像素，图片文件不小于 10kBytes。

5.2.3.5 抗汽车点火干扰性能应满足以下要求：

a）应符合 GB/T 19056 要求；

b）车载计时计程终端在汽车点火时，不应出现异常现象；应保证记录、显示、通信等功能正常。

5.3 理论（模拟）计时终端特殊要求

5.3.1 理论（模拟）计时终端应包括主机、学时监控终端软件，理论（模拟）计时终端功能应符合 4.1、4.3 的要求。

5.3.2 主机包括微处理器、数据存储器、记录卡读写模块、计时模块、实时时钟、显示器、操作键和数据通信接口等。

6 学时记录卡功能要求

教练员教学学时记录卡、学员培训学时记录卡应具有读、写培训记录等信息的功能。

7 学时记录卡技术要求

7.1 一般要求

7.1.1 学时记录卡可采用大容量接触式或非接触式智能卡。非接触式智能卡的读写距离应不小于 3 厘米，无盲区，响应时间应小于 300 毫秒。

7.1.2 学时记录卡应具备完整严密的数据存储格式及数据读、写方法设计，提供调用接口，以方便数据读、写操作。

7.1.3 学时记录卡中的数据应采用严密的加密算法对数据进行加密。

7.1.4 学时记录卡应满足表 2 的技术指标。

学时记录卡技术指标 表 2

技术指标	接触式	非接触式
卡类型	逻辑加密卡	射频卡
存储容量	不小于 32KBytes	不小于 32KBytes
遵循标准	ISO/IEC 7816.4—2005	ISO/IEC 14443—1—2008
卡信息是否加密	是	是

7.2 特殊要求

7.2.1 教练员教学学时记录卡应包含教练员姓名、身份证号码、驾校编号、准教车型、准教类别、教练证有效期、合同有效期、身份验证、教练员签到/签退等信息。

7.2.2 学员培训学时记录卡应包含学员姓名、身份证号码、驾校编号、学习车型等基础资料，以及学员培训总学时、总里程，各阶段/科目培训学时、培训里程和学员签到/签退等信息。

附录 A
（规范性附录）
计时终端记录信息格式要求

A.1 培训记录信息格式基本要求

培训记录信息格式基本要求见表 A.1。

培训记录信息格式基本要求　　表 A.1

字段名	描述及要求	类　型	备　注
教练员编号		理论、实际驾驶、模拟驾驶	
学员编号		理论、实际驾驶、模拟驾驶	
培训类型	1，2，3	理论、实际驾驶、模拟驾驶	1:实操,2:理论,3:模拟
培训类别	1，2	理论、实际驾驶、模拟驾驶	1:实操,2:理论
培训阶段	1，2，3	理论、实际驾驶、模拟驾驶	1:第一阶段,2:第二阶段,3: 第三阶段
设备编号	机动车号牌或教室号	理论、实际驾驶、模拟驾驶	
培训开始时间	日期型 YYYY－MM－DD hh：mm：ss	理论、实际驾驶、模拟	GMT ＋8 时间
培训结束时间	日期型 YYYY－MM－DD hh：mm：ss	理论、实际驾驶、模拟驾驶	GMT ＋8 时间
培训时长	培训起止时间间隔， 单位为分钟	理论、实际驾驶、模拟驾驶	最小值＞0
SIM 卡号	定长 11 位	实际驾驶	
培训里程	单位：km	实际驾驶	
最高速度	单位：km/h	实际驾驶	
学员身份验证签退标识	1，2	理论、实际驾驶、模拟	1:成功,2:失败, 3:无验证
教练员身份验证签退标识	1，2	理论、实际驾驶、模拟驾驶	1:成功,2:失败, 3:无验证

A.2 教练员教学学时记录卡信息格式基本要求

教练员教学学时记录卡信息格式基本要求见表 A.2。

教练员教学学时记录卡信息格式基本要求　　表 A.2

字段名	描述及要求	备　注
驾校编号		
教练员编码		
教练员姓名	定长 20 个中文字符	
身份证号	定长 18 位字符	
准教车型	A1，A2，A3，B1，B2，C1，C2，C3，C4，C5，D，E，F，M，N，P	
准教类别	1，2，3	1：理论教练员 2：实操教练员 3：理论、实操教练员
教练证有效期	日期型，YYYY－MM－DD	
合同有效期	日期型，YYYY－MM－DD	
身份验证标识	1，2	1：需要身份验证，2：不需要身份验证
身份验证信息	写入身份验证特征值	

A.3　学员培训学时记录卡信息格式基本要求

学员培训学时记录卡信息格式基本要求见表 A.3。

学员培训学时记录卡信息格式基本要求　　表 A.3

字段名	说　明	备　注
驾校编号		
学员编号		
学员姓名	定长为 20 个中文字符	
车型	A1，A2，A3，B1，B2，C1，C2，C3，C4，C5，D，E，F，M，N，P	
身份证号	定长 18 位字符	
身份验证标识	1，2	1：需要身份验证， 2：不需要身份验证
身份验证信息	写入身份验证特征值	

交通运输部办公厅关于印发道路运输从业人员从业资格证件编码规则和印制发放办法的通知

（2013 年 9 月 16 日　　厅运字〔2013〕242 号）

各省、自治区、直辖市、新疆生产建设兵团交通运输厅（局、委）：

现将《道路运输从业人员从业资格证件编码规则和印制发放办法》印发给你们，请遵照执行。原交通部办公厅 2007 年发布的《道路运输从业人员从业资格证印制发放办法》（厅职评字〔2007〕65 号）同时废止。

道路运输从业人员从业资格证件编码规则和印制发放办法

第一条 为规范道路运输从业人员从业资格证件编码规则和印制发放管理工作，根据《道路运输从业人员管理规定》（交通部令 2006 年第 9 号）和有关规章，制定本办法。

第二条 本办法所称道路运输从业人员是指经营性道路客货运输驾驶员、道路危险货物运输从业人员、放射性物品道路运输从业人员、机动车检测维修从业人员、机动车驾驶培训教练员、道路运输经理人、出租汽车驾驶员、城市公共汽电车驾驶员、城市轨道交通运输从业人员和其他道路运输从业人员。

第三条 道路运输从业人员按照国家有关要求，通过岗位培训并参加从业资格考试合格后，取得《中华人民共和国道路运输从业人员从业资格证》（式样见附件 1）或《中华人民共和国机动车驾驶培训教练员证》（式样按照《机动车驾驶员培训管理规定》（交通部令 2006 年第 2 号）执行）。

《中华人民共和国道路运输从业人员从业资格证》和《中华人民共和国机动车驾驶培训教练员证》统称道路运输从业人员从业资格证件（以下简称从业资格证件）。

第四条 从业资格证件编码规则（详见附件 2）包括从业资格证号（简称证号）和从业资格类别。

从业资格证号采用中华人民共和国居民身份证号。

从业资格类别分为汉字全称、汉字简称和数字代码等 3 种形式。汉字全称记录于从业资格证件的发证机关栏和信息化管理系统中；汉字简称记录于从业资格证件的注册（登记）、继续教育、诚信（信誉）考核、违章和记分等记录和信息化管理系统中；数字代码仅记录于信息化管理系统中，不在从业资格证件上体现。

《中华人民共和国机动车驾驶培训教练员证》中的证件编号对应从业资格证号，准教类别对应从业资格类别。

第五条 在《中华人民共和国道路运输从业人员从业资格证》中设置二维码。二维码（使用说明详见附件3）包含从业人员基本信息，以及包含详细信息的信息化管理系统查询网址。发证机关具体负责二维码的生成和打印。

第六条 受交通运输部委托，交通运输部职业资格中心具体负责从业资格证件的印制和发放工作。

设区的市级以上地方人民政府交通运输主管部门、道路运输管理机构的从业资格证件管理机构具体负责本行政区域内的从业资格证件管理工作。

第七条 省级道路运输管理机构应建立从业资格证件分发登记制度，严格从业资格证发放、登记和领取手续。

第八条 从业资格证件发放人员应逐项填写和审核从业资格证件内容，确保填写内容齐全、信息准确。

第九条 交通运输主管部门和道路运输管理机构应建立道路运输从业人员从业资格档案和信息化管理系统。

第十条 《中华人民共和国道路运输从业人员从业资格证》使用直径为20mm（少数民族地区名称过长的可用25mm）的红色圆章，内嵌“××市（州）道路运输管理处从业资格证专用章”字样，由发证机关加盖在发证机关栏内。

第十一条 《中华人民共和国道路运输从业人员从业资格证》钢印为直径30mm的钢质圆章，内嵌“××市（州）道路运输管理处从业资格证专用章”字样，由发证机关加盖在照片上。

第十二条 本办法自发布之日起施行，原交通部办公厅2007年发布的《道路运输从业人员从业资格证印制发放办法》（厅职评字〔2007〕65号）同时废止。

附件：1. 中华人民共和国道路运输从业人员从业资格证式样

2. 道路运输从业人员从业资格证件编码规则

3. 中华人民共和国道路运输从业人员从业资格证二维码使用说明

附件1

中华人民共和国道路运输从业人员从业资格证式样

中华人民共和国交通运输部制	中华人民共和国 道路运输从业人员 **从业资格证**
（封底）	（封面）

编号：No.	照片 （二寸） 发证机关（钢印）
（封二）	（第1页）

姓名		性别	
出生日期		国籍	
住址			
证号			
准驾车型			
二维码区			

（第2页）

发证机关	从业资格类别：			
	初次领证日期	年	月	日
	有效起始日期	年	月	日
	有效期限		（盖章）	
发证机关	从业资格类别：			
	初次领证日期	年	月	日
	有效起始日期	年	月	日
	有效期限		（盖章）	
发证机关	从业资格类别：			
	初次领证日期	年	月	日
	有效起始日期	年	月	日
	有效期限		（盖章）	

（第3页）

注册（登记）记录

从业资格类别	记录内容

（第4页）

继续教育记录

从业资格类别	记录内容

（第5页）

诚信（信誉）考核记录		
从业资格类别	年度	考核结果

（第6页）

违章和记分记录	
从业资格类别	记录内容

（第7页）

违章和记分记录	
从业资格类别	记录内容

（第8页）

证书使用说明

1.本证为道路运输从业资格的有效证件，在全国范围内通用，必须随身携带。

2.本证有效期届满30日前需到原发证机关办理换证手续。本证件遗失、毁损或变更的，需到原发证机关办理证件补发或变更手续。

3.持证人员需按从业资格管理规定进行注册（登记），并按期进行继续教育、诚信（信誉）考核、违章和记分记录，否则本证视为无效。

（封三）

说明：

1. 封面

字体字号分别为：

“中华人民共和国道路运输从业人员”——17 磅汉仪楷体简体，烫金压凹。

“从业资格证”——24 磅汉仪楷体简体，烫金压凹。

“国徽”——宽 33mm，高 35mm，烫金压凹。

2. 封底

“中华人民共和国交通运输部制”——10 磅汉仪楷体简体，压凹。

3. 成品尺寸：宽 80mm，高 115mm。

4. 第 2、3 页内容只能打印，禁止手写或者涂改。采用电子证件的，应当包含本式样所确定的相关信息。

5. 第 3 页发证机关栏中，每栏的从业资格类别打印 1 类从业资格类别汉字全称，示例：经营性道路旅客运输驾驶员。每证不超过 3 类从业资格类别，按取得从业资格的先后顺序由上到下依次打印。

6. 第 4～8 页注册（登记）、继续教育、诚信（信誉）考核、违章和记分等记录对应的从业资格类别栏打印从业资格类别汉字简称，示例：客运驾驶员。

附件 2

道路运输从业人员从业资格证件编码规则

一、从业资格证号

从业资格证号采用中华人民共和国居民身份证号。

二、从业资格类别

（一）按照现有从业人员从业类别进行划分。依据《道路运输从业人员管理规定》（交通部令 2006 年第 9 号）对道路运输从业人员类别的界定，并结合《放射性物品道路运输管理规定》（交通运输部令 2010 年第 6 号）、《出租汽车驾驶员从业资格管理规定》（交通运输部令 2011 年第 13 号）、《道路危险货物运输管理规定》（交通运输部令 2013 年第 2 号）等规章对道路运输从业人员种类的扩展以及行业发展的需要，将道路运输行业划分为道路旅客运输、道路货物运输、道路危险货物运输、放射性物品道路运输、机动车检测维修、机动车驾驶培训、道路运输经理人、出租汽车运输、城市公共汽电车运输、城市轨道交通运输、其他道路运输等 11 类。其他道路运输从业人员除按《道路运输从业人员管理规定》分类外，增加了汽车租赁业务员。

（二）从业资格类别汉字简称由汉字全称简化而成。示例："客运驾驶员"表示"经营性道路旅客运输驾驶员"。

（三）从业资格类别数字代码由 5 位数字构成，仅记录于信息化管理系统中。前 3 位参照《道路运输电子政务平台编目编码规则》（JT 415—2006，简称 JT 415）规定的道路运输行业分类代码保持一致，后 2 位为职业编码。示例："01001"表示经营性道路旅客运输驾驶员，其中"010"表示道路旅客运输（与 JT 415 一致），"01"表示驾驶员。

JT 415 未将城市公共汽电车运输和城市轨道交通运输区分开来，未设立道路运输经理人、其他道路运输等行业分类，因此另行制定了前 3 位编码。

道路运输从业人员从业资格类别编码表

序号	行 业 类 别	从业资格类别		
		汉 字 全 称	汉字简称	数字代码
1	道路旅客运输	经营性道路旅客运输驾驶员	客运驾驶员	01001
2	道路货物运输	经营性道路货物运输驾驶员	货运驾驶员	02001
3	道路危险货物运输	道路危险货物运输驾驶员	危货驾驶员	03001
		道路危险货物运输装卸管理人员	危货装卸员	03002
		道路危险货物运输押运人员	危货押运员	03003
		道路危险货物运输专职安全管理人员	危货安全员	03004
		剧毒化学品道路运输驾驶员	剧毒品驾驶员	03005
		剧毒化学品道路运输装卸管理人员	剧毒品装卸员	03006
		剧毒化学品道路运输押运人员	剧毒品押运员	03007
		剧毒化学品道路运输专职安全管理人员	剧毒品安全员	03008
		爆炸品道路运输驾驶员	爆炸品驾驶员	03009
		爆炸品道路运输装卸管理人员	爆炸品装卸员	03010
		爆炸品道路运输押运人员	爆炸品押运员	03011
		爆炸品道路运输专职安全管理人员	爆炸品安全员	03012
4	放射性物品道路运输	放射性物品道路运输驾驶员	放射品驾驶员	03013
		放射性物品道路运输装卸管理人员	放射品装卸员	03014
		放射性物品道路运输押运人员	放射品押运员	03015
		放射性物品道路运输专职安全管理人员	放射品安全员	03016
5	机动车检测维修	机动车维修技术负责人员	维修·技术负责	04001
		机动车维修质量检验人员	维修·质检	04002
		机修技术人员	维修·机修	04003
		电器维修技术人员	维修·电器	04004
		钣金（车身修复）技术人员	维修·钣金	04005
		涂漆（车身涂装）技术人员	维修·涂漆	04006
		车辆技术评估（含检测）技术人员	维修·技术评估	04007

续上表

序号	行业类别	从业资格类别		
		汉 字 全 称	汉字简称	数字代码
6	机动车驾驶培训	理论教练员	理论教练员	05001
		驾驶操作教练员	操作教练员	05002
		道路客货运输从业资格培训教练员	客货教练员	05003
		道路危险货物运输从业资格培训教练员	危货教练员	05005
		放射性物品道路运输从业资格培训教练员	放射品教练员	05006
		机动车残疾人驾驶培训教练员	残疾人教练员	05007
7	出租汽车运输	出租汽车驾驶员	出租车驾驶员	09001
8	道路运输经理人	道路旅客运输及客运站经理人	客运经理人	11001
		道路货物运输及站场经理人	货运经理人	11002
		机动车检测维修经理人	维修经理人	11003
		机动车驾驶培训经理人	驾培经理人	11004
9	其他道路运输	汽车租赁业务员	租赁业务员	12001
		道路旅客运输乘务员	客运乘务员	12002
		机动车驾驶员培训机构教学负责人	驾培负责人	12008
		机动车驾驶员培训机构结业考核人员	驾培考核员	12009
		机动车检测维修企业价格结算员	维修结算员	12010
		机动车检测维修企业业务接待员	维修接待员	12011
10	城市公共汽电车运输	城市公共汽电车运输驾驶员	公交驾驶员	13001
11	城市轨道交通运输	城市轨道交通运输车辆驾驶员	轨道驾驶员	14001
		城市轨道交通运输行车调度员	轨道调度员	14002
		城市轨道交通运输行车值班员	轨道值班员	14003

附件 3

中华人民共和国道路运输从业人员从业资格证二维码使用说明

一、二维码信息内容

二维码信息包括：基本信息，以及以姓名、证号为查询入口的信息化管理系统查询网址。各地发证机关可以根据本地实际情况建设基于因特网的信息化管理系统。

基本信息为：姓名、性别、国籍、证号。

查询网址中包含的信息为：姓名、性别、国籍、证号、出生日期、准驾车型、住址、照片、从业资格类别及其对应的初次领证日期、有效起始日期、有效期限、注册（登记）记录、继续教育记录、诚信（信誉）考核记录、违章和记分记录等。

例如：下图所示的二维码中，包含的信息为："周龙，男，中国，证号：420106198308232763，查询网址：www. site. gov. cn/search. apsx？姓名＝周龙 & 证号＝420106198308232763"。

二、二维码的生成和打印

二维码采用 QR 码。交通运输部职业资格中心负责提供生成二维码的 dll 和 jar 包，以及打印软件。

三、二维码的使用

道路运输管理机构、企事业单位可以通过配有二维码扫描功能的计算机或手机，快速获得从业人员的基本信息和动态管理信息。

四、其他事项

各地道路运输管理机构应提醒从业人员注意保持二维码区的清晰完整，防止污损，严禁私自填涂、篡改。

交通运输部办公厅关于做好机动车驾驶员计时培训系统技术规范实施工作的通知

（2013 年 9 月 22 日　　厅运字〔2013〕249 号）

各省、自治区、直辖市、新疆生产建设兵团交通运输厅（局、委）：

今年 8 月，部发布了《机动车驾驶员计时培训系统　平台技术规范》和《机动车驾驶员计时培训系统计时　终端技术规范》（部 2013 年第 49 号公告，以下简称《技术规范》）。为深入做好《技术规范》的实施工作，现就有关事项通知如下：

一、充分认识《技术规范》实施的重要意义

驾驶员是影响道路交通安全最关键的因素。实施机动车驾驶员计时培训，对于提高机动车驾驶培训质量和水平，从根本上减少和预防道路交通事故具有重要意义。认真贯彻实施《技术规范》，是道路运输行业贯彻落实《国务院关于加强道路交通安全工作的意见》（国发〔2012〕30 号）的重要举措，是实现机动车驾驶培训管理信息化、标准化及规范化的有效途径。各级交通运输主管部门和道路运输管理机构要充分认识《技术规范》实施的重要意义，加大宣贯力度，精心组织实施，抓好各项工作的落实。

二、《技术规范》实施的有关要求

各地要认真组织道路运输管理机构、机动车驾驶员培训机构人员学习《技术规范》，切实掌握和理解规范的具体内容和要求；要对照《技术规范》的要求，尽快建立或升级改造计时培训系统平台；要督促培训机构尽快安装符合《技术规范》要求的计时终端，已安装计时终端的，要确保按照《技术规范》要求上传培训记录信息，保持终端正常工作。

各级道路运输管理机构要切实采取有效措施，加强指导和监督，确保所有机动车驾驶员计时培训系统平台和终端在 2014 年 10 月 1 日前，全部符合《技术规范》要求。部将从 2014 年 1 月起，结合相关安全检查等工作对《技术规范》的实施情况进行督导检查。

三、认真做好《技术规范》的宣贯培训工作

各地要把做好宣贯工作，作为贯彻实施《技术规范》的一项重要任务，认真抓好。为促进各级道路运输管理机构、驾驶员培训机构迅速、全面地理解和掌握《技术规范》的内容和要求，帮助各地进一步深入贯彻实施《技术规范》，部拟从10月中下旬开始，委托中国交通通信信息中心，分片区开展《技术规范》宣贯培训（具体事宜由中国交通通信信息中心另行通知），各地要按照要求，认真组织相关人员参加。在此基础上，根据各地的实际，广泛开展宣贯工作，力争各级道路运输管理机构、驾驶培训机构的相关人员以及平台开发运营、终端生产单位都能够熟悉了解《技术规范》内容和要求。

交通运输部办公厅关于规范出租汽车驾驶员从业资格考试等有关事项的通知

（2013年12月12日　　厅运字〔2013〕313号）

各省、自治区、直辖市、新疆生产建设兵团交通运输厅（局、委），天津市、上海市交通运输和港口管理局：

为贯彻落实《出租汽车驾驶员从业资格管理规定》（交通运输部令2011年第13号），进一步规范出租汽车驾驶员从业资格考试、证件管理等工作，经交通运输部同意，现将有关事项规范要求如下：

一、规范从业资格考试

一是推广应用出租汽车驾驶员从业资格考试系统。省级道路运输管理机构要组织市级道路运输管理机构加快推进从业资格考试无纸化进程，指导具备计算机考试条件的地区安装部职业资格中心配发的出租汽车驾驶员从业资格考试系统，开展从业资格考试。要参照道路运输从业资格考试考务管理有关要求和工作规则，做好出租汽车驾驶员从业资格考试考务工作人员、考点和考场管理，规范考务工作流程，严格保密要求。

二是做好全国公共科目考试题库保密工作。《出租汽车驾驶员从业资格考试全国公共科目考试题库》不得向社会公开。各级道路运输管理机构要做好题库保密工作，与题库管理人员签订保密责任书，层层落实保密责任，严禁以任何方式泄露考试题库内容。

三是做好区域科目考试工作。省级道路运输管理机构要指导市级道路运输管理机构做好区域科目基础知识考试题库建设工作，制定应用能力考核操作规程和评分标准。各地要加快组织编写区域科目考试培训教材，以便从业资格考试申请者学习和使用，提高从业资格培训质量。

二、规范从业资格证管理工作

各地道路运输管理机构对出租汽车驾驶员从业资格考试合格人员，要按照《出租汽车驾驶员从业资格管理规定》发放统一的《中华人民共和国道路运输从业人员从业资格证》。根据《交通运输部办公厅关于印发道路运输从业人员从业资格证件编码规则和印制发放办法的通知》（厅运字〔2013〕242号）要求，出租汽车驾驶员从业资格证号采用中华人民共和国居民身份证号，从业资格类别分为汉字全称、汉字简称和数字代码等3种形式，分别为出租汽车驾驶员、出租车驾驶员、09001。

为实现出租汽车驾驶员新旧从业资格证平稳过渡，本通知发布之日前已取得出租汽车驾驶员、经营性道路旅客运输驾驶员从业资格证（或者地方交通运输主管部门规定的其他出租汽车从业资格相关证件）并从事出租汽车经营服务的驾驶员，不再另行组织出租汽车驾驶员从业资格考试，在原证件有效期内，根据本人自愿申请，换发新的出租汽车驾驶员从业资格证。原证件未设定证件有效期的，道路运输管理机构根据各地实际情况逐步完成换证。在此期间，有关执法部门不得以出租汽车驾驶员未持新版从业资格证为由进行处罚。

三、规范从业资格注册和继续教育工作

各地道路运输管理机构要按照《出租汽车驾驶员从业资格管理规定》要求，对出租汽车经营者聘用并拟安排上岗的出租汽车驾驶员实行注册管理，并在从业资格证“注册（登记）记录”栏中加盖注册专用章，对完成继续教育的出租汽车驾驶员，应在其从业资格证“继续教育记录”栏中加盖继续教育专用章。注册专用章和继续教育专用章式样及使用要求，由省级道路运输管理机构规定。

交通运输部办公厅关于做好《机动车驾驶员培训机构资格条件》等两项国家标准实施工作的通知

（2014 年 1 月 14 日　　厅运字〔2014〕11 号）

各省、自治区、直辖市、新疆生产建设兵团交通运输厅（局、委），上海市、天津市交通运输和港口管理局：

交通行业标准《机动车驾驶培训机构资格条件》（JT/T 433—2004）和《机动车教练场技术要求》（JT/T 434—2000）作为交通运输部门对机动车驾驶员培训机构实施管理的重要基础性标准，多年来对规范机动车驾驶员培训市场经营秩序、提升机动车驾驶员培训质量与服务水平、不断完善道路交通安全源头管理发挥了重要作用。为进一步贯彻落实《机动车驾驶培训教学与考试大纲》（交运发〔2012〕729 号），交通运输部组织制订了国家标准《机动车驾驶员培训机构资格条件》（GB/T 30340—2013 以下简称《资格条件》）和《机动车驾驶员培训教练场技术要求》（GB/T 30341—2013 以下简称《技术要求》）。日前，国家标准化管理委员会发布了两项国家标准，两项标准自 2014 年 6 月 1 日起正式实施。为积极稳妥地做好两项标准的贯彻实施工作，现就有关工作提出如下要求：

一、充分认识《资格条件》和《技术要求》实施的重要意义

驾驶员是影响道路交通安全最重要的因素。实施机动车驾驶员培训机构资格条件和教练场技术要求，对于机动车驾驶员培训机构贯彻执行《机动车驾驶培训教学与考试大纲》，提高机动车驾驶员培训质量和水平，从根本上减少和预防道路交通事故具有重要意义。认真贯彻实施国家标准《资格条件》和《技术要求》，是道路运输行业贯彻落实《国务院关于加强道路交通安全工作的意见》（国发〔2012〕30 号）的重要举措，是强化机动车驾驶员培训机构监管，严格驾驶员培训机构准入的有力保障。各级交通运输主管部门和道路运输管理机构要充分认识《资格条件》和《技术要求》实施的重要意义，加大宣贯力度，精心组织实施，抓好各项工作的落实。

二、《资格条件》和《技术要求》实施的有关要求

各级地方交通运输管理部门要认真组织道路运输管理机构、机动车驾驶员培训机构人员学习《资格条件》和《技术要求》，切实掌握和理解标准的具体内容和要求。道路运输管理机构要切实采取有效措施，加强指导和监督，督促现有的机动车驾驶员培训机构按照《资格条件》和《技术要求》的要求于2014年12月31日前完成改造；自2014年6月1日期，对新申报机动车驾驶员培训业务许可的，一律按照《资格条件》和《技术要求》标准执行，保证满足《机动车驾驶培训教学与考试大纲》的培训要求。

三、认真做好《资格条件》和《技术要求》的宣贯培训工作

各级地方交通运输管理部门要把做好宣贯工作，作为贯彻实施《资格条件》和《技术要求》的一项重要任务，认真抓好。为促进各级道路运输管理机构、机动车驾驶员培训机构迅速、全面地理解和掌握《资格条件》和《技术要求》的内容和要求，帮助各地进一步深入贯彻实施《资格条件》和《技术要求》，交通运输部委托交通运输部公路科学研究院做为技术支持单位开展相关服务。在此基础上，各地要根据实际，广泛开展宣贯工作，力争各级管理部门、机动车驾驶员培训机构的相关人员都能够熟悉或了解《资格条件》和《技术要求》的内容和要求。

交通运输部办公厅关于印发出租汽车驾驶员从业资格培训教学大纲的通知

（2014年3月20日　　厅运字〔2014〕59号）

各省、自治区、直辖市、新疆生产建设兵团交通运输厅（局、委），天津市、上海市交通运输和港口管理局：

为贯彻落实《出租汽车驾驶员从业资格管理规定》（交通运输部令2011年第13号），做好出租汽车驾驶员从业资格培训工作，提升出租汽车驾驶员职业素质和服务能力，经交通运输部同意，现将《出租汽车驾驶员从业资格培训教学大纲》印发给你们，请遵照执行。

出租汽车驾驶员从业资格培训教学大纲

培训目标：掌握出租汽车驾驶员的职业基本知识，培养出租汽车驾驶员的职业道德；掌握国家和地方出租汽车法律法规、规章、政策、标准等相关规定；掌握出租汽车运营服务规范；掌握安全营运、治安防范和紧急情况处理知识；掌握汽车使用与常见故障处理知识；了解汽车节能与环保知识；掌握事故处理与应急救护知识；熟知地方人文地理和地名线路；掌握运营服务规范运用、出租汽车设施设备使用、电召服务、驾驶、线路选择和应急处置能力。

培训说明：各地可在完成不少于本大纲规定的总学时前提下，根据本地实际，对本大纲的教学项目适当调整学时安排，便于从业资格考试申请者掌握符合区域特点的运营服务要求。

第一部分　全国公共科目培训教学大纲

教学项目	教学内容	学时安排
		28
1. 职业基本知识	出租汽车服务方式； 出租汽车行业作用； 出租汽车驾驶员职业特点； 出租汽车驾驶员社会责任和职业道德； 出租汽车运价知识	3
2. 法律法规知识	国家出租汽车管理法规、规章、政策	6
	道路交通安全法、合同法、劳动法、突发事件应对法等相关知识； 行政诉讼、行政复议、信访等相关知识	3
3. 服务规范知识	出租汽车驾驶员服务要求； 出租汽车车辆服务要求； 出租汽车服务流程； 出租汽车电召服务要求； 出租汽车服务技巧与服务禁忌； 出租汽车特殊人群服务	6

续上表

教学项目	教 学 内 容	学时安排
		28
4. 安全营运知识	安全文明行车与紧急情况处理； 复杂天气和危险路段的安全行车； 出租汽车驾驶员心理健康与调节； 出租汽车驾驶员安全防范知识； 常见危险化学品的识别与处置原则	4
5. 汽车使用与故障处理知识	出租汽车车辆技术要求； 汽车维护基本知识； 出租汽车车辆常见故障处理	3
6. 汽车节能与环保知识	汽车环保知识； 新能源与清洁能源车辆知识； 节能与环保驾驶知识	1
7. 事故处理与应急救护知识	交通事故处理程序； 保险常识和交通事故理赔； 公共服务与应急保障知识； 消防基本知识； 乘客救护基本知识	2

教学主要参考资料：

一、法律法规

1.《中华人民共和国道路交通安全法》及其实施条例相关内容；

2.《中华人民共和国合同法》相关内容；

3.《中华人民共和国劳动法》、《中华人民共和国劳动合同法》相关内容；

4.《中华人民共和国突发事件应对法》相关内容；

5.《中华人民共和国行政许可法》、《中华人民共和国行政诉讼法》、《中华人民共和国行政复议法》、《中华人民共和国行政强制法》等相关内容；

6.《中华人民共和国保险法》相关内容。

二、部门规章及规范性文件

1.《出租汽车驾驶员从业资格管理规定》（交通运输部令2011年第13号）；

2.《出租汽车服务质量信誉考核办法（试行）》（交运发〔2011〕463号）；

3.《交通运输部　人力资源和社会保障部　全国总工会关于在出租汽车行业开展和谐劳动关系创建活动的通知》（交运发〔2012〕13号）；

4.《交通运输部　人力资源和社会保障部　全国总工会关于深化开展出租汽车行业和谐劳动关系创建活动的通知》（交运发〔2013〕546号）；

5.《交通运输部关于规范发展出租汽车电召服务的通知》（交运发〔2013〕144号）；

6.《交通运输部办公厅关于进一步开展打击“黑车”等非法从事出租汽车经营活动的通知》（厅运字〔2013〕21号）；

7.《交通运输部办公厅关于印发出租汽车驾驶员从业资格考试大纲的通知》（厅运字〔2012〕115号）；

8.《交通运输部办公厅关于发布出租汽车驾驶员从业资格考试全国公共科目考试题库的通知》（厅运字〔2013〕83号）；

9.《交通运输部办公厅关于规范出租汽车驾驶员从业资格考试等有关事项的通知》（厅运字〔2013〕313号）。

三、国家标准

1.《出租汽车运营服务规范》（GB/T 22485—2013）；

2.《出租汽车计价器》（JJG 517—2009）。

四、相关教材

《出租汽车驾驶员从业资格考试全国公共科目培训教材》。

第二部分　区域科目培训教学大纲

基础知识

教学项目	教 学 内 容	学时安排
		14
1. 地方法规知识	地方出租汽车法规、规章、政策、标准	6
2. 人文地理	地方历史文化、风土人情等； 地方主要风景名胜、旅游景点等位置	2
3. 地名线路	地方行政区划、街道布局等； 地方交通枢纽、标志性建筑、机关企事业单位、住宅小区、医院、学校、酒店、商场及其他服务机构的位置； 行驶路线选择	6

应用能力

教学项目	教 学 内 容	学时安排
		18
1. 服务规范运用	练习车辆安全检视及车容车貌检视； 练习使用文明用语和常用外语； 练习规范化运营服务流程； 情境练习文明服务礼仪和沟通技巧	8
2. 设施设备使用	练习使用计价器及刷卡计费； 练习使用卫星终端设备； 练习使用服务评价设施； 练习使用安全防范设施	1
3. 电召服务能力	练习手机电召软件的下载与使用； 演练电召平台的呼叫与响应	1

续上表

教学项目	教 学 内 容	学时安排
		18
4. 驾驶能力	练习安全、文明、节能驾驶	2
5. 线路选择能力	模拟行驶线路选择	4
6. 应急处置能力	模拟运营特殊情况处理； 模拟出租汽车车辆突发情况处置； 模拟乘客突发疾病、受伤处置	2

教学主要参考资料：

1. 地方出租汽车法规、规章、政策、标准；
2. 地方旅游交通地图册；
3. 《出租汽车运营服务规范》（GB/T 22485—2013）；
4. 地方出租汽车驾驶员从业资格培训教材。

出租汽车驾驶员从业资格培训教学日志

No.

<table>
<tr><td colspan="8">培训机构名称:</td><td colspan="3">学员姓名:</td></tr>
<tr><td colspan="11">培训目标:掌握出租汽车驾驶员的职业基本知识,培养出租汽车驾驶员的职业道德;掌握国家和地方出租汽车法律法规、规章、政策、标准等相关规定;掌握出租汽车运营服务规范;掌握安全营运、治安防范和紧急情况处理知识;掌握汽车使用与常见故障处理知识;了解汽车节能与环保知识;掌握事故处理与应急救护知识;熟知地方人文地理和地名线路;掌握运营服务规范运用、出租汽车设施设备使用、电召服务、驾驶、线路选择和应急处置能力。
培训说明:各地可在完成不少于本大纲规定的总学时前提下,根据本地实际,适当调整学时安排。每次培训应相应签注培训教学日志。</td></tr>
<tr><td rowspan="2">全国公共科目
学时:28</td><td colspan="2">教学项目</td><td colspan="8">教学内容</td></tr>
<tr><td colspan="2">1. 职业基本知识
2. 法律法规知识
3. 服务规范知识
4. 安全营运知识
5. 汽车使用与常见故障处理知识
6. 汽车节能与环保知识
7. 交通事故处理与应急救护知识</td><td colspan="8">1. 出租汽车服务方式,出租汽车行业作用,出租汽车驾驶员职业特点、社会责任和职业道德,出租汽车运价知识;
2. 国家出租汽车管理法规、规章、政策,道路交通安全法、合同法、劳动法、行政诉讼法、突发事件应对法等相关知识,行政诉讼、行政复议、信访等相关知识;
3. 出租汽车驾驶员、车辆服务要求,出租汽车服务流程、电召服务要求、服务技巧与服务禁忌、特殊人群服务;
4. 安全文明行车要求与紧急情况处理,复杂天气和危险路段的安全行车,出租汽车驾驶员心理健康与调节、安全防范知识,常见危险化学品的识别与处置原则;
5. 车辆技术要求,汽车维护基本知识,出租汽车车辆常见故障处理;
6. 汽车环保知识,新能源与清洁能源车辆知识,节能与环保驾驶知识;
7. 交通事故处理程序,保险常识和交通事故理赔,公共服务与应急保障知识,消防基本知识,乘客救护基本知识</td></tr>
<tr><td>次数/日期</td><td>1/</td><td>2/</td><td>3/</td><td>4/</td><td>5/</td><td>6/</td><td>7/</td><td>8/</td><td>9/</td><td>10/</td></tr>
<tr><td>教学项目</td><td></td><td></td><td></td><td></td><td></td><td></td><td></td><td></td><td></td><td></td></tr>
<tr><td>所用学时</td><td></td><td></td><td></td><td></td><td></td><td></td><td></td><td></td><td></td><td></td></tr>
<tr><td>学员签字</td><td></td><td></td><td></td><td></td><td></td><td></td><td></td><td></td><td></td><td></td></tr>
<tr><td>教练员评价及签字</td><td></td><td></td><td></td><td></td><td></td><td></td><td></td><td></td><td></td><td></td></tr>
</table>

<table>
<tr><td rowspan="2">区域科目
基础知识
学时:14</td><td>教学项目</td><td colspan="4">教 学 内 容</td></tr>
<tr><td>1. 地方法规知识
2. 人文地理
3. 地名线路</td><td colspan="4">1. 地方出租汽车法规、规章、政策、标准;
2. 地方历史文化、风土人情等,地方主要风景名胜、旅游景点等位置;
3. 地方行政区划、街道布局等,地方交通枢纽、标志性建筑、机关企事业单位、住宅小区、医院、学校、酒店、商场及其他服务机构的位置,行驶路线选择</td></tr>
<tr><td>次数/日期</td><td>1/</td><td>2/</td><td>3/</td><td>4/</td><td>5/</td></tr>
<tr><td>教学项目</td><td></td><td></td><td></td><td></td><td></td></tr>
<tr><td>所用学时</td><td></td><td></td><td></td><td></td><td></td></tr>
<tr><td>学员签字</td><td></td><td></td><td></td><td></td><td></td></tr>
<tr><td>教练员评价及签字</td><td></td><td></td><td></td><td></td><td></td></tr>
<tr><td>考核意见</td><td colspan="5">考核人签字:</td></tr>
</table>

<table>
<tr><td rowspan="2">区域科目
应用能力
学时:18</td><td>教学项目</td><td colspan="5">教 学 内 容</td></tr>
<tr><td>1. 服务规范运用
2. 设施设备使用
3. 电召服务能力
4. 驾驶能力
5. 线路选择能力
6. 应急处置能力</td><td colspan="5">1. 练习车辆安全检视及车容车貌检视,练习使用文明用语和常用外语,练习规范化运营服务流程,情境练习文明服务礼仪和沟通技巧;
2. 练习使用计价器及刷卡计费、卫星终端设备、服务评价设施、安全防范设施;
3. 练习手机电召软件的下载与使用;演练电召平台的呼叫与响应;
4. 练习安全、文明、节能驾驶;
5. 模拟行驶线路选择;
6. 模拟运营特殊情况处理,模拟出租汽车车辆突发情况处置,模拟乘客突发疾病、受伤处置</td></tr>
<tr><td>次数/日期</td><td>1/</td><td>2/</td><td>3/</td><td>4/</td><td>5/</td><td>6/</td></tr>
<tr><td>教学项目</td><td></td><td></td><td></td><td></td><td></td><td></td></tr>
<tr><td>所用学时</td><td></td><td></td><td></td><td></td><td></td><td></td></tr>
<tr><td>学员签字</td><td></td><td></td><td></td><td></td><td></td><td></td></tr>
<tr><td>教练员评价及签字</td><td></td><td></td><td></td><td></td><td></td><td></td></tr>
<tr><td>培训机构审核意见</td><td colspan="6">(盖章)</td></tr>
</table>